综合运输通道发展理论与实践

丁金学　著

人民交通出版社股份有限公司
China Communications Press Co.,Ltd.

内 容 提 要

本书系统阐述了综合运输通道的基本内涵,研究了综合运输通道的内部结构及发展机理,分析了综合运输通道的空间结构与空间效应,并分别从城市、区域和国家三个层面,研究了不同空间尺度综合运输通道发展演变的异同及其对空间发展的影响,在此基础上探讨了综合运输通道的空间组织问题。同时,还以近年来国内快速发展的高速铁路通道为实践研究对象,围绕高铁经济,重点分析了高速铁路通道对沿线产业和人口流动的影响。

本书可供交通运输、交通地理等相关领域的研究学者和规划工作者以及相关部门的管理者参考使用。

图书在版编目(CIP)数据

综合运输通道发展理论与实践／丁金学著.— 北京：
人民交通出版社股份有限公司, 2018.10
ISBN 978-7-114-15022-7

Ⅰ. ①综… Ⅱ. ①丁… Ⅲ. ①综合运输—交通运输—研究—中国 Ⅳ. ①F512.4

中国版本图书馆 CIP 数据核字(2018)第 221875 号

Zonghe Yunshu Tongdao Fazhan Lilun yu Shijian
书 名：**综合运输通道发展理论与实践**
著 作 者：丁金学
责任编辑：刘 博
责任校对：宿秀英
责任印制：刘高彤
出版发行：人民交通出版社股份有限公司
地 址：(100011)北京市朝阳区安定门外外馆斜街 3 号
网 址：http://www.ccpress.com.cn
销售电话：(010)59757973
总 经 销：人民交通出版社股份有限公司发行部
经 销：各地新华书店
印 刷：北京虎彩文化传播有限公司
开 本：787×1092 1/16
印 张：16
字 数：243 千
版 次：2018 年 10 月 第 1 版
印 次：2022 年 7 月 第 2 次印刷
书 号：ISBN 978-7-114-15022-7
定 价：48.00 元

(有印刷、装订质量问题的图书由本公司负责调换)

前言

（一）

综合运输通道和综合交通枢纽是综合交通运输体系的重要组成部分,二者构成了综合交通运输网络的主骨架。综合交通枢纽是综合交通运输网络的节点,是衔接多种运输方式、辐射一定区域的客、货转运中心,既包括宏观层面上的枢纽区域,也包括中观层面上的枢纽城市,还包括微观层面上的枢纽站点。综合运输通道是综合交通运输网络的大动脉,是资源要素高效流转的载体。狭义上讲,综合运输通道是联系一定方向上各综合交通枢纽,并承担较大规模客货流运输的交通运输线路的集合。综合运输通道将综合交通枢纽有机连接在一起,根据连接综合交通枢纽类型的不同,综合运输通道可分为国家综合运输通道、区域综合运输通道和城市综合运输通道。

综合运输通道和综合交通枢纽还是点—轴系统的两大核心构成。根据点—轴系统理论,"点"是各级区域的集聚点,从综合交通运输体系的视角即为枢纽;"轴"是在一定方向上连接各级区域集聚点而形成的相对密集轴带,从综合交通运输体系的视角即为通道。点—轴系统关于生产力地域组织开发模式的基本理论,很好地阐释了综合运输通道和综合交通枢纽之间的关系,二者作为点—轴系统在综合交通运输领域的具体表现和应用,协调配合共同促进了国土开发和区域发展。

鉴于综合运输通道和综合交通枢纽的协同联动关系,以及其在构建现代综合交通运输体系和支撑引领经济社会发展中的重要作用,二者向来都是交通运输工程学、交通地理学、运输经济学和城市交通规划学等相关学科共同关注的核心领域。然而,目前相关研究更多地集中于综合交通枢纽及枢纽经济,并取得了丰硕研究成果;而对综合运输通道及通道经济的研究成果则较少,出版的专著更是少之又少。

（二）

1949 年以来,我国交通基础设施快速发展。截至 2017 年,我国综合交通网络规模超过

490 万 km,高速铁路营业里程、高速公路通车里程、城市轨道交通运营里程、港口万吨级及以上泊位数等均位居世界第一位,有力支撑了经济社会发展。从交通运输与经济社会发展的关系来看,1949 年以来,我国交通运输发展历经长期滞后、瓶颈制约、基本缓解、总体适应等几个发展阶段,设施规模不断扩大,服务水平不断提升,对经济社会发展的支撑引领功能不断增强。综合运输通道作为综合交通网络的主骨架,其空间布局决定了综合交通网络的基本空间结构,其容量反映了综合交通网络的基本通行能力,是城市、区域乃至国家经济社会发展的重要支撑和引领,对国土开发和优化具有重要意义。鉴于综合运输通道的重要作用,我国对综合运输通道的空间布局进行了持续的实践探索。随着铁路客运专线建设由"四纵四横"迈向"八纵八横",高速公路建设由"7918"迈向"71118",国家综合运输通道建设也由"五纵五横"迈向"十纵十横"。

综合运输通道不但是经济社会发展的重要支撑和引领,而且具有明显的空间效应,即在国土空间上形成显著的"通道经济"。按照交通经济带理论,沿重要交通线路,能够汇集各类经济活动,促进较大规模的产业集聚或新极点和点状经济地域的出现和扩大,形成经济轴带。综合运输通道能够显著提高沿线地区的空间可达性,改善区域投资环境,为沿线地区经济发展和生产要素集聚创造条件,进而在国土空间上形成通道经济布局形态。通道经济既是开放型经济发展模式,也是资源开发型经济发展模式,是各区域尤其是欠发达区域发展经济的主要战略模式。通过综合运输通道建设,推动区域国土开发向纵深拓展;同时,通过加强国家、区域综合运输通道建设,连接全国主要经济中心,吸引沿线客货流、资金流、信息流等集聚,形成带状地域经济通道,培育国土开发新轴线。近年来,依托交通综合运输通道,我国不断进行通道经济的实践探索。例如,为基本满足主要经济区、城市群、重要国境门户之间的通道空间布局优化和通道集聚、辐射功能强化的需要,规划布局了 11 条国内物流大通道;根据资源环境承载能力构建科学合理的城镇化宏观布局,以城市群作为主体形态,为促进大中小城市和小城镇合理分工、功能互补、协同发展,规划布局了"两横三纵"全国城市化战略格局。

(三)

综合运输通道既是点—轴系统理论的重要体现形式,也是交通经济带理论的核心,深入研究综合运输通道的发展理论与实践是对点-轴系统理论和交通经济带理论的进一步深化和丰富。

近年来,对综合运输通道的研究虽然取得了一些进展,但相比整个交通运输体系的研究进程,综合运输通道的研究仍处于起步阶段,尚有许多问题值得进一步研究和完善。一是既有研究多是针对某一层面的综合运输通道进行的专项研究,缺乏对综合运输通道的系统梳理,对综合运输通道的理解不同、概念不一,尚未形成完整的理论体系。二是当前研究关注较多的是综合运输通道与经济发展的关系,而对综合运输通道本身的一些问题缺乏研究,对综合运输通道的形成机理、演化机制等方面研究较少。三是综合运输通道空间结构及空间组织效率值得进一步探讨,从不同空间尺度研究综合运输通道与空间发展的耦合关系。四是对单一空间尺度的综合运输通道进行了比较深入的研究,但是不同空间尺度综合运输通道如何衔接,以及在综合交通运输体系中与综合交通枢纽的一体化研究等方面有待进一步深化。五是当前对综合运输通道的相关研究结论多是基于对某条或某段通道的分析得出的,而对综合运输通道的系统性研究(如将某一空间的综合运输通道整体作为研究对象)不足。

(四)

本书综合了交通运输工程学和交通地理学等学科的研究优势,侧重于综合运输通道的整体系统,力求对综合运输通道进行较为系统、客观的研究,并对综合运输通道的空间效应,即通道经济进行探讨分析。一是从交通运输工程学的角度研究综合运输通道的内部结构及其发展机制,将综合运输通道作为客观存在的空间实体,分析其形成与演化的普遍性规律,并从城市、区域、国家三个地域尺度研究综合运输通道形成与演化的特殊性规律。二是从交通地理学的角度研究综合运输通道的空间结构及其发展模式,从城市、区域、国家三个地域尺度研究综合运输通道的不同空间效应与空间效率,分析综合运输通道与不同空间的耦合关系。三是从不同地域尺度综合运输通道的空间衔接、综合运输通道与综合交通枢纽的协调发展等角度出发,研究综合运输通道网络的空间组织问题,分析综合运输通道网络空间组织模式。四是以高速铁路为典型研究对象,从高速铁路对沿线产业发展和人口流动的影响两个方面,分析高速铁路通道的通道经济。

全书共分理论和实践两大部分。第一至七章为理论部分,围绕综合运输通道这一空间客观实体的发展机理及其空间效应问题,本着总—分—总的思路,既有对共性的分析,也有对特性的阐释,其中第一、二、三章是对综合运输通道的客观描述和总体分析,第四、五、六章则是分别从不同地域尺度的个别分析,第七章是对四、五、六三章的综合研究。第八至十章为实践部分,以近年来国内快速发展的高速铁路通道为研究对象,围绕高铁经济,重点分析高速铁路对沿线产业和人口流动的影响。具体内容安排如下:

　　第一章,阐释综合运输通道的基本内涵。鉴于当前学者对综合运输通道的理解不同、概念不一,相关研究尚未形成完整的理论体系,本章在既有研究的基础上,重新梳理相关研究成果,对综合运输通道的基本概念进行辨析,分析综合运输通道的构成要素、基本特征、研究层次与空间界定等,构建相对完善的综合运输通道理论框架。

　　第二章,分析综合运输通道的内部结构及发展机理。综合运输通道作为一个客观存在的空间实体,必然有其自身的结构,以及产生、发展乃至消亡的规律。本章从综合运输通道自身角度出发,研究综合运输通道的内部结构、形成机理、演化机制问题。综合运输通道的形成与演变同生物种群的进化具有相似性,基于生物种群进化论以及自组织理论,阐述综合运输通道的自组织过程;综合运输通道的形成与演变同时还受空间其他系统的影响,基于空间相互作用理论及他组织理论,阐述综合运输通道的他组织过程。在此基础上,总结综合运输通道的形成机理,分析其演化的动力机制。

　　第三章,分析综合运输通道的空间结构及空间效应。从空间的角度出发,将综合运输通道作为空间客观存在的物理实体,分析其在空间上表现出的基本空间结构和发展模式,以此为基础,分析综合运输通道的空间效应及其与空间的耦合效率。空间效率是衡量综合运输通道与空间互动效果的主要因素,通过分析评价综合运输通道空间效率的一般性指标,构建评价指标体系,从其与空间的耦合关系的角度评价综合运输通道的空间效率。

　　第四章,从微观尺度研究城市综合运输通道与城市功能的耦合。首先分析城市综合运输通道的演进规律,总结其发展的动力机制;分析城市综合运输通道的廊道效应原理,通过具体实例,运用 GIS 和 RS 技术方法,研究城市综合运输通道对土地利用的廊道效应;同时分析综合运输通道的负外部性,主要研究对城市空间的介入效应。在此基础上,分析城市综合运输通道对城市空间结构的作用机理,通过具体实例,评价城市综合运输通道对城市空间扩展的交通适应性,总结城市综合运输通道与城市空间的空间耦合效率。

　　第五章,从中观尺度研究区域综合运输通道与城市群的协同发展。在总结区域综合运输通道的空间结构和发展模式的基础上,研究区域综合运输通道的基本发展机理,分析其形成演进过程和发展机制;对区域综合运输通道导向的城市群空间组织以及城市群发展演化对区域综合运输通道的优化进行分析。区域综合运输通道与城市综合运输通道的主要区别之一就是城市综合运输通道对沿线地区都产生影响,而区域综合运输通道主要是对沿线节点产生影响,区域综合运输通道与城市群的发展更多的是表现出一种协同发展的关系。因此,本章还将研究区域综合运输通道与城市群发展的协同效应,从协同性角度定量分析综合运输通道与城市群发展的协同程度,剖析城市群内综合运输通道和城市群发展演化的协同规律。

第六章,从宏观尺度研究国家综合运输通道与国土开发的优化。分析国家综合运输通道形成与发展的影响因素,研究综合运输通道的发展机理;基于 OD 分布,结合社会经济、产业布局、城镇体系以及交通设施等方面识别我国的综合运输大通道,在此基础上从经济发展、产业布局、资源配置与人口流动等方面分析我国既有运输通道的空间效应,并对其空间可达性进行分析,评价运输通道布局带来空间可达性的差异;分析我国综合运输通道与国土开发的耦合机理,定量评价国家综合运输通道的空间效率。

第七章,研究综合运输通道网络的空间组织问题。综合运输通道的空间组织网络是确保综合运输通道乃至综合交通运输体系畅通运行的前提,而综合运输通道与综合交通枢纽的协同发展是实现综合运输通道网络空间优化组织的关键。在分析综合交通枢纽发展演进的基础上,研究不同尺度综合运输通道在空间上如何衔接、综合运输通道与综合交通枢纽如何协调发展,以形成运行有序的通道网络,由此归纳总结综合运输通道网络的空间组织模式。

第八章,分析高速铁路通道及其空间效应。高速铁路是近年来发展非常迅速的交通工具之一,以高速铁路为核心的综合运输通道及其沿线区域成为最具发展活力的区域。本章从实证的视角,在总结国内外高速铁路发展概况的基础上,以近年来我国快速发展的高速铁路为研究对象,分析高速铁路与民航的竞争关系及其竞争效应,以及以高速铁路为核心的综合运输通道的空间效应。高速铁路的空间效应即高铁经济,既表现为对区域发展的影响,又表现为对城市空间结构的影响。

第九章,分析高速铁路对沿线产业发展的影响。交通运输与区域经济是协调发展的关系。国内外高速铁路运营的实际情况表明,高速铁路建成运营后,会对沿线地区的产业发展带来较大影响。高速铁路不但能够带动现代服务业发展,促进沿线产业带的形成,还可以加快沿线产业转移,推动产业转型升级。尤其是对旅游业、地产业、零售业等对客专和高速有较高要求的产业,高速铁路带来的影响更加明显;而对第二产业的直接影响则相对有限,更多的是表现为间接影响。在高速铁路影响下,沿线产业通过产业升级、产业转移和产业链分工等会逐步形成以高速铁路站为核心的"三圈层"式和以高速铁路线为轴线的"轴带"式产业空间布局形态,表现出明显的产业空间吸引与分异并存、产业布局趋同与互补同在的特征。我国高速铁路沿线地区既要抓住高速铁路机遇,又要谨慎对待"高铁热",避免高速铁路带来的产业同构以及"过道效应"和"虹吸效应"。

第十章,分析高速铁路对人口流动的影响。高速铁路是人口流动的重要载体,人口流动为高速铁路提供了稳定客流,二者具有互相促进的关系。促进人口流动是高速铁路的主要社会效应之一,高速铁路对人口流动的基本影响主要体现在对出行方式、出行频次、出行目的、空间分布等方面的影响,其影响的主要路径有三:经济路径、社会路径和个体行为路径。高速铁路与人口流动具有很强的空间耦合关系,但我国高速铁路客运影响潜力分布特征与人口空间分布特征存在分异性。基于二者关系,在高速铁路线路规划、路线和车次安排、票制票价制定以及旅客联程联运发展等方面具有较强的指导意义。

(五)

本书是作者博士研究和工作实践的结晶。攻读博士期间,作者完成了博士论文《交通运输走廊发展机理与空间效应研究》,工作后,又相继参与了"复合型综合运输走廊布局规划研究"等多项有关综合运输通道的课题研究,不断深化了对综合运输通道的认知。随着综合运输通道的不断完善和通道经济的快速发展,有关综合运输通道的研究将进一步深化。本书的出版既是作者科研工作的阶段性总结,更是后续深入研究的开启。

本书的出版得到了国家发展和改革委员会综合运输研究所各位领导和同事的大力支持,中国科学院地理科学与资源研究所金凤君研究员对作者给予了悉心指导。由于作者水平有限,本书还存在有待深入研究和完善的地方,甚至不可避免地存在争议之处,敬请同行专家和读者批评指正。

作　者
2018 年 9 月

目录

第一章
综合运输通道的基本内涵

★ 交通运输系统是复杂的巨系统,综合运输通道作为交通运输系统的主要组成部分,同样具有复杂性。正是由于综合运输通道的复杂性,对综合运输通道的理解也就仁者见仁、智者见智。单从称谓来看,综合运输通道也称交通走廊、交通廊道、运输通道等等,目前尚没有统一定义。尽管理解不一,但综合运输通道在经济社会尤其是城市和区域经济发展中的重要作用,已为人们所普遍认识。对综合运输通道的理解和研究,既要考虑其赖以生存的外部环境,还要考虑其内部构成要素之间的相互关系,这有助于全面把握综合运输通道对经济社会发展的作用机理,推动通道经济发展。

第一节　综合运输通道相关概念解析

一、通道与综合运输通道

通道,一般指连接两个较大地区的狭长地带。曹小曙(2003)认为通道在地域上主要表现为具有相同地形、地貌特征的,由几个大城市或城市群沿着发达的交通基础设施形成的狭窄地带。毛敏(2005)等学者将通道定义为一种地域经济空间系统,认为通道是由高度发达的多模式交通网络连接至少两个以上的大中城市或城市群而形成的廊道状地域经济空间系统。从发展的角度来看,通道是一个历史的、发展的空间概念,不同的历史阶段,通道具有不同的特点和形态。起初,通道可以看作是城市体系的一种重要形态,随着经济社会的发展,通道在区域经济发展过程中扮演的角色越来越重要,从某种意义上讲,通道已逐渐演变成为区域的发展轴。近年来,国外学者在以整个欧洲为对象进行研究时,提出了巨型通道和欧洲通道的概念。这些概念将基础设施、城市化和经济发展等整合起来,进一步拓展了通道本身的涵义。

运输通道(Transportation Corridor)的概念最早产生于20世纪60年代的美国,是交通运输产业发展到综合运输阶段的必然产物。20世纪60年代末70年代初,运输通道理论引入中国,我国才开始了对运输通道的研究。国内学者对运输通道的研究是从运输通道理论及系统的研究开始的。1991年,北方交通大学系统工程研究所的张国伍教授在参考国内外有关论述的基础上,对交通运输通道的概念、类型、研究意义等方面进行了系统分析,成为国内较早对运输通道作出较为详细介绍的学者。2001年,中国科学院地理科学与资源研究所的张文尝研究员在《运输通道系统分析》中对运输通道进行了系统分析,为进一步研究运输通道的相关问题打下了良好的理论基础。此后,我国学者在运输领域进行了大量与运输通道相关的研究,不同学科领域研究运输通道的侧重点也不尽相同。运输经济学者与经济地理学者侧重于研究运输通道对区域经济发展的影响,并提出了"交通经济带"的概念及相关理论;交通运输工程学者则侧重于运输通道交通系统本身的研究,如通道内运输需求分析、通道内运输线路布局以及通道系统配置等等。

自运输通道概念从20世纪60年代最早在美国出现以来,国内外学者根据各自的研究角度对综合运输通道给出过不同的定义。其中,比较有影响力的解释见表1-1。

综合运输通道的主要定义   表1-1

出　　处	定　　义
国际公共运输联盟(联邦德国公共运输企业联盟)	在某一地域内,连接主要交通发源地,有共同流向,可以有几种运输方式可供选择的宽阔地带,是客货密集带,也是运输的骨干线路
William W. Hay	在湖泊、河流、溪谷、山脉等自然资源分布、社会经济活动模式、政治等因素的影响下而形成的客货流密集地带,通常可以提供多种方式的运输服务
William L. Garrison	在交通运输投资集中的延伸地带内,运输需求非常大,交通流非常密集,各种不同的运输方式在此地带内互相补充,提供运输服务
张国伍(1991)	某两地之间具有已经达到一定规模的双向或单向交通流,为了承担此强大交通流而建设的交通运输线路的集合,称为交通运输通道
刘舒燕(1998)	运输通道是国家的产业通道,是运输的大动脉。运输通道具有高密度、高效能、高效益的特点。它是各种运输方式的最佳组合和相互补充
彭其渊(2000)	区域间货物势能和货物运输动能相互转化中起到纽带作用的多模式交通干线的集合

出 处	定 义
黄承锋（2001）	运输通道是客货流的流经地、线路、运载工具以及管理系统的总和
张文尝（2002）	运输通道是连接不同区域的重要和便捷的一种或多种运输干线的组合
曹小曙、阎小培（2003）	综合运输通道由巨大的综合交通枢纽和多条基本平行的高效率交通干线组成，承担所有空间相互作用的廊道状地域空间系统
毛敏（2005）	综合运输通道指在一定的地域范围内，由发达的、线路走向基本相同的交通设施连接不同地域，通过相应的运输组织输送达到一定规模的、共同的、稳定的交通流的系统
李德刚（2006）	由起讫点相同，具有强大的交通流，且中途主要经由大体相同的诸路径及其附属配套服务设施所组成的交通运输带称为运输通道
张铱莹（2010）	在一定区域内，联系客货流源地与目的地的交通流密集地带、走向基本相同、平行的、相互协作的多种运输方式的综合体
邵俊杰（2010）	连接一系列经济点、生产点和重要城市；所在区域有共同主流向的客货流密集地带；一般含多种交通运输方式，并有大型的枢纽、港口、机场等服务于通道的配套设施

综观上述综合运输通道的各种定义和解释，由于研究的侧重点不同，对综合运输通道的称谓和理解也有所不同，而且随着时间的推移，综合运输通道所包含的内容也越来越宽泛。事实上，由于研究的范围尺度有别，研究的侧重点也不尽相同。因此，难以用一个通用的定义精确地描述综合运输通道这一客观实体。但是，通过既有的定义和研究，可以从中总结出综合运输通道的一些共同要素：

（1）交通运输线路。

（2）交通运输枢纽。

（3）交通运输工具。

（4）交通运输影响区域，一般为客货流比较密集的带状区域。

基于上述要素分析，综合运输通道可以定义为：某一地域范围内，在两个或多个重要节点之间，由发达的、线路走向基本一致的高效率交通干线组成的，与周边土地利用存在密切联系的廊道状地域空间系统。针对这一定义，需要做两点说明：一是此处的地域范围既可以为微观地域，此时对应的两端节点为城市组团；也可以为中观地域，此时对应的两端节点是两个重要城市；还可以为宏观地域，此时对应的两端节点是两个区域群体。二是综合运输通道的廊道状地域空间有自己的边界，与行政区等不同之处在于，其边界在一般情况下是模糊的,基本上是按照其物质流和信息流的辐射和吸引范围来确定。

二、综合运输通道与产业带、交通经济带辨析

与综合运输通道概念相似的还有产业带、产业密集带、交通经济带等。其中交通经济带与综合运输通道的概念最为接近,但是两者研究的内容各有侧重。

产业带是建立在一个巨大经济空间中、企业之间彼此联系的基础上的,并由众多的彼此配合、协作密切的产业部门,围绕资源富集区、中心城市或交通方便的区域(或结点)集聚,形成由线状基础设施束彼此连接的若干大小不等的、相互联系密切的中心共同组成的具有内在联系的产业集聚区域。在产业带概念的基础上,郭振淮(1995)等定义了产业密集带的概念,认为产业密集带是产业空间布局的一种典型形式,表现为产业、人口和城市在特定的大地域空间内沿各种基础设施束(多种交通运输线路、输电线路、水源供给线路、通信联络线路等)呈带状的高度集中,并形成庞大的空间巨系统。

交通经济带是以综合运输通道为发展主轴,以轴上或其紧密吸引域内的大中城市为依托,建立在沿线经济部门技术联系和生产协作基础上的,由产业、人口、资源、信息、城镇、客货流等集聚而成的带状空间地域综合体。交通干线、以二三产业为主的产业体系、城市群是交通经济带的三个基本要素。其中交通干线是交通经济带形成发育的前提条件;大中城市、城市群是交通经济带的依托,是其发展的客观要求及增长极核;产业集聚、扩散及其结构的演进、升级是交通经济带得以维持的重要因素,是推进其发展的动力。

无论是产业带、产业密集带、交通经济带,还是综合运输通道,均包含在通道的概念范围之内,只不过各种概念强调的侧重点有所不同。产业带强调产业活动和其他经济活动在带状区域的集聚;交通经济带更加突出交通干线在经济带中的作用;而综合运输通道则强调运输干线的优化组合,其主要研究内容为交通通道的规划及其对土地开发和经济的影响、客货运输及交通流形成的经济地理基础、运输网络和交通枢纽的合理布局,以及交通运输密集地带内运输结构的合理配置等。

除研究内容外,综合运输通道与交通经济带在空间范围大小、研究的地域尺度等方面均有所区别。从空间范围来讲,综合运输通道的范围要小于交通经济带的范围;从研

究的地域尺度来看,交通经济带更多的是一个区域层面的概念,而综合运输通道则存在于城市、区域、国家各个地域尺度空间。张文尝(2002)等指出,在综合运输通道沿线地带,辅以其他条件,就会形成连绵的交通经济带。

第二节　综合运输通道的基本构成

一、交通线路

交通线路是综合运输通道的最主要组成部分。综合运输通道内的线路设施一般由不同运输方式、走向大体一致的多条运输线路构成,即使同一种运输方式,也可能存在多条线路。交通线路在综合运输通道中承担着运输任务,是运输通道内集中客货流迅速、及时、安全通过的重要保障。由于运输方式的不同,综合运输通道内相同走向的各线路具有不同的特征,而且不同地域空间的综合运输通道的线路构成也各异。

城市层面综合运输通道以旅客运输为主,运输线路主要由城市道路和轨道线路构成,运输速度一般在 60 ~ 120km/h。区域综合运输通道以客运为主、货运为辅,客运以铁路和公路线路为主,货运则有铁路、公路、水路和管道线路等,运输线路主要由高速公路、城际轨道交通等构成,运输速度一般在 80 ~ 200km/h。国家综合运输通道旅客和货物运输均占有较大比重,其中客运以公路、铁路和航空线路为主;货运以铁路、水运和管道线路为主,包括客运专线、货运专线和客货混用线路,运输速度一般在 120 ~ 300km/h。不同地域尺度综合运输通道线路特征见表1-2。

不同地域尺度综合运输通道线路特征　　　　　　　　　　　表1-2

综合运输通道	线 路 特 征		
	运输任务	主要运输方式	一般运输速度
城市综合运输通道	客运为主	城市道路、轨道线路	慢 (60 ~ 120km/h)
区域综合运输通道	客运为主、货运为辅	高速公路、城际轨道交通	中 (80 ~ 200km/h)
国家综合运输通道	客运、货运	铁路、公路,水运、航空、管道	快 (120 ~ 300km/h)

二、交通枢纽

交通枢纽是综合运输通道内大宗客货流中转、换乘、集散之地。相对于综合运输通道的线路而言,交通枢纽是综合运输通道内的"点"。其在城市综合运输通道层面主要表现为枢纽场站,如客运中心或物流中心等;而在区域或国家综合运输通道层面主要表现为城市节点,包括各大中小城市。交通枢纽是综合运输通道客货流的"源"和"汇",随着枢纽间交流和联系的日趋紧密,必将加大综合运输通道的运输压力。

交通枢纽作为综合运输通道的连接节点,与综合运输通道的地域空间尺度相对应,通道内的交通枢纽可划分为国际性交通枢纽、全国性交通枢纽、区域性交通枢纽和地方性交通枢纽四个级别。各级别交通枢纽与综合运输通道的空间层级具有一一对应关系(图1-1)。根据综合运输通道的空间层次,各层级综合运输通道之间分别对应有不同级别的交通枢纽为其服务(表1-3)。

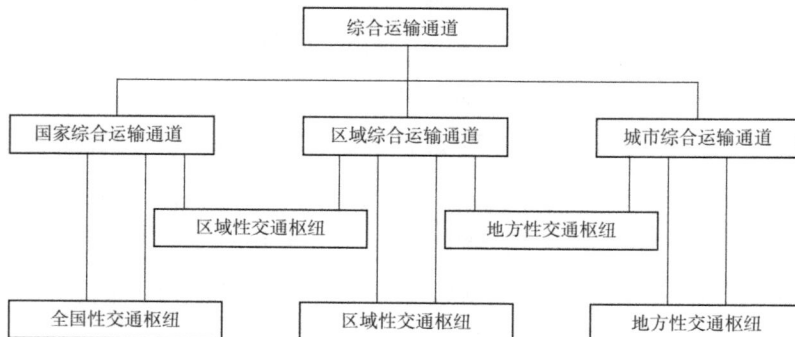

图1-1 综合运输通道与交通枢纽的对应关系

各等级交通枢纽的功能定位 表1-3

名 称	主 要 特 征	主 要 业 务 性 质	主 要 服 务 对 象
全国性交通枢纽	主要为大区域经济中心城市	直通、中转、地方作业	国家综合运输通道
区域性交通枢纽	主要为城市群内经济中心城市	直通、地方作业	区域综合运输通道
地方性交通枢纽	主要为城市客运中心或物流中心	直通、集散	城市综合运输通道

三、交通方式

综合运输通道的交通方式可以是公路、铁路、水运、航空和管道等的一种或多种,也可以是几种交通方式的联运。由于各交通方式的技术经济特性不同,具有各自的优缺点,综合运输通道的交通方式也渐趋多样化。一般而言,交通方式越多样化,综合运输通道也就越发达。

从研究的地域空间尺度来看,城市综合运输通道内的交通方式主要以小汽车和公共交通为主,区域综合运输通道内的交通方式主要以汽车和城际轨道交通为主,国家综合运输通道内的交通方式则主要以火车、航空和水运为主。随着综合运输体系的发展,各交通方式之间的密切配合对提高综合运输通道的运输效率具有重要的意义。城市综合运输通道交通方式间的衔接换乘、区域或国家综合运输通道交通方式间的多式联运是改善综合运输通道交通运输条件的主要方向之一。

近年来,随着运输技术和高速交通的发展,主要综合运输通道内交通方式的构成格局发生明显变化。传统的交通方式在通道内所承担的运输份额将逐渐减少,而以高速公路、高速铁路和航空为代表的高速交通方式将担负起运输通道内主要的运输任务。

四、影响区域

综合运输通道的影响区域是指与运输通道交通干线周边土地利用存在密切联系的区域,一般为客货流比较密集的带状区域。按与交通干线联系的性质,可将影响区划分为三类:直接影响区、间接影响区和联合影响区。

直接影响区是指与综合运输通道内交通线路有直接运输联系的所有经济单位组成的完整地带。该影响范围内的客货运输主要由通道内的交通枢纽和线路承担,由通道内运输线路所承担的所有客货运输的起讫点均在通道范围内。

间接影响区是指与综合运输通道有一定运输联系、所有客货运输的起讫点均不在通道范围内的经济单位组成的区域。该影响区客货运输的一部分由运输通道内的交通枢纽和线路承担,运输的起终点不在本通道范围内,只是途借运输通道的运输线路或枢纽进行作业。

联合影响区是指与运输通道有一定运输联系,且只有客货运输的起点或讫点位于本通道范围内的区域。该影响范围内的客货运输任务部分发生在通道范围内,是运输通道服务的延伸区域。

综合运输通道基本构成如图 1-2 所示。

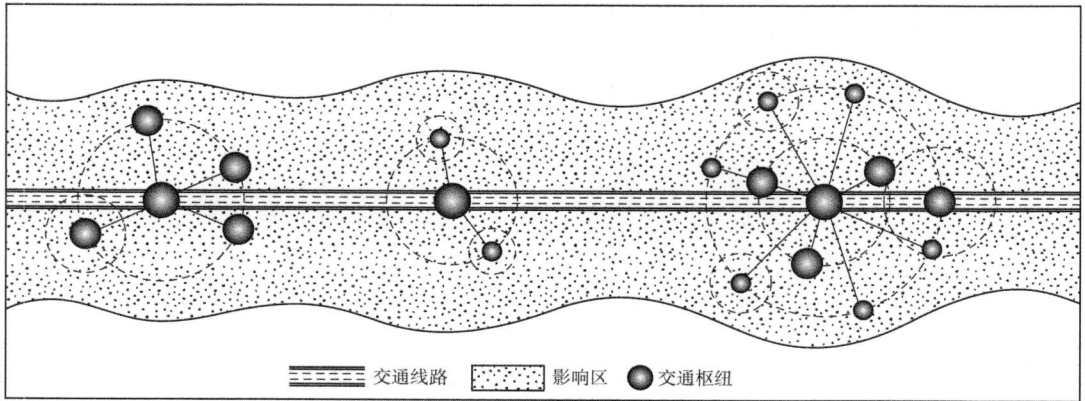

图 1-2　综合运输通道基本构成示意图

第三节　综合运输通道的基本特征

一、统领性

综合运输通道是整个交通运输系统的骨干,其在交通运输网中具有全局意义;作为经济区域或行政区域内交通运输系统的重要组成部分,其承担了区域内主要的客货运输任务。综合运输通道具有运输能力大、运输成本低、信息化程度高、管理水平高等一系列优点,其相对先进的技术、设备和管理方式基本能够反映交通运输系统的整体水平。

二、集聚性

综合运输通道的集聚性不但体现在交通线路的集中,而且还体现在对周边产业和人口的吸引。综合运输通道客货运输不但运量大,而且运输集中,不同运输方式、多条运输线路在空间上集聚,互相协作,有助于降低运输成本,进而吸引产业、人口、经济活动向通道沿线地区集中,从而形成连绵的发展轴线。

三、扩展性

除直接联系和经过的区域外,综合运输通道对客货运输的吸引还影响到非相邻的区域,即综合运输通道的间接影响区或联合影响区。综合运输通道的发展过程即是其影响范围的扩展过程,随着综合运输通道发展演变,通道的规模和范围不断扩大,其间接影响区和联合影响区将逐渐演变为直接影响区。

四、层次性

综合运输通道具有一定的层次,这不仅体现在地域尺度上的层次性,还体现在同一地域尺度的综合运输通道在级别上的层次性。高层级的综合运输通道往往由多种运输方式构成,通行能力大,能适应各种运输需求;而低层级的综合运输通道则一般由单一运输方式组成或以某一运输方式为主。低层级综合运输通道在具备一定条件后能发展成高层级的运输通道,但并非全部使然。

五、开放性

综合运输通道并非是空间中孤立存在的实体系统,它跟外界具有密切的联系,与人口、环境、资源、经济与社会等外部环境之间有着不断的物质、能量和信息的交换。作为开放的空间子系统,综合运输通道在接受区域空间结构对其影响的同时,也在不断对社会空间产生介入效应。在开放的条件下,这两种效应互相作用,使得综合运输通道进入相对有序的状态。

六、生命性

综合运输通道作为一个社会经济有机体,其形成是运输通道与经济活动在空间相互作用长期演化的结果。在与环境的适应过程中,综合运输通道不断进行内部结构的调整、功能的优化、地域范围的伸缩、外部形态的演变,在动态的变化过程中表现出顽强的生命力。既然是生命系统,综合运输通道就有其特有的生命周期,同样存在新陈代谢乃至变异、衰亡的过程。

第四节　综合运输通道的空间解析

一、空间层次

按照研究角度的不同,综合运输通道可以划分为不同的类型。目前,国内外学者对综合运输通道的划分主要有以下几种:按照研究的地域广度,综合运输通道可划分为城市综合运输通道、区域综合运输通道、国家综合运输通道三个层次(表1-4);按照运输方式的构成可以划分为综合型综合运输通道、单一运输方式综合运输通道;按照运输对象可以划分为客运综合运输通道或以客运为主的综合运输通道、货运综合运输通道或以货运为主的综合运输通道、客货兼有的综合运输通道;按照运输功能可以划分为干线综合运输通道、特殊用途综合运输通道、集散综合运输通道、城市综合运输通道等。

各空间层次综合运输通道的功能定位   表1-4

空 间 层 次	空间尺度	主 要 特 征	主 要 作 用	典 型 案 例
国家综合运输通道	宏观	国家综合运输网络的主骨架,技术先进、集成度高,战略意义大,影响范围广	沟通全国范围内各主要经济区或城市群的高效快速联系	京沪运输通道、京广运输通道、新亚欧大陆桥等
区域综合运输通道	中观	区域交通网络的骨干,集多种运输方式,承担城际间主要运输任务,客货流密集而稳定	沟通经济区或城市群内主要城市间的高效快速联系	沪宁运输通道,京津运输通道、广深运输通道等
城市综合运输通道	微观	城市大动脉,聚集城市内主要运输方式,以客运为主,运量大、速度快,影响范围小	沟通城市内主城与组团以及组团之间的高效快速联系	北京、上海、广州等大都市至各卫星城的交通干道等

综合运输通道是综合交通运输体系的主要组成部分,其与综合交通枢纽共同构成了交通运输网络的骨架。由综合运输通道的基本特征和分类可知,综合运输通道具有空间层次性,按地域广度可将综合运输通道划分为城市综合运输通道、区域综合运输通道、国家综合运输通道三个层次,不同层次的综合运输通道具有不同的功能,彼此间互相联系和影响,在空间上形成层级有序的运输通道体系。

城市综合运输通道主要是指城市重要的轴向交通性干道和与其平行的次要道路及其一定的影响区组成的廊道状地域系统,其两端连接城市内主要的交通流发源地(如城市组团),是城市道路网的核心部分。城市综合运输通道综合了城市内部各种交通方式,运量大、速度快,主要为城市内中长距离的运输服务,承担着城市中最大量的交通,是城市的大动脉,促进了通道影响区的开发和城市的合理布局,对保障城市基本功能的发挥具有重要意义。城市综合运输通道是空间中最低层次的运输通道,级别低、服务范围小。

区域综合运输通道主要是指联系经济区、城市群内各主要城市及沿线重要城镇,由多种运输方式和运输线路组成,为区域内同向、稳定、大量、高频客货运输提供高效、快速运输服务的运输服务系统。区域综合运输通道是区域客货联系的重要保证,对于促进区域空间开发和经济建设,加快城市群城市化进程具有重要意义,是区域经济社会发展的有力支撑。区域综合运输通道处于中间层次,联系着城市和国家综合运输通道,起着承上启下的作用。

国家综合运输通道主要是指由若干不同交通方式和现代、高效的综合交通枢纽共同组成的,连接国家主要经济区、城市群并承担所有空间相互作用的大流量、高效率的综合运输通道。国家综合运输通道是国家综合运输网络的主骨架,能够提高沿线地区的可达性,改变区位优势格局,对促进沿线地区资源合理开发利用,加快国家工业化、现代化和城市化进程具有重要战略意义。国家综合运输通道是最高层次的运输通道,在国家经济建设中具有战略地位,深刻影响着国土开发的空间布局与优化。

二、空间界定

尽管国内外对综合运输通道相关研究的关注点不一,但对综合运输通道的所有研究,最终均不可避免地会回归到空间尺度这个问题上来,所有研究不外乎于微观(城市)、中观(区域)和宏观(国家)三个空间尺度。只有明确了分析的空间层次,才能准备把握分析对象的本质。因此,对综合运输通道研究的首要前提是通道范围的空间界定,既要分析其作为空间实体系统所具有的共性,又要分析其在不同空间层次表现出的特性。由于需要考虑的基本因素比较多,例如人口密度、自然地理边界、交通基础设施、经济活动等,综合运输通道的范围界定难以进行精确的定量分析。从既有研究来看,国外对综合运输通道的范围研究多根据一些具体要素进行精确界定,而国内由于受客观因素的限制,多以较为宽泛和粗疏的范围作为综合运输通道的研究对象,对综合运输通道范围的划分多是以定性分析为主。从研究方法来看,当前关于空间边界划分的主要方法有聚类分析法、经济中心分析法、地域分工分析法等。这些方法主要依据区域属性,结合行政边界确定研究区域的空间边界,缺少对区域地理空间信息的分析。

综合运输通道空间边界的确定就是对通道影响范围的界定,即通道影响区边界的确定。综合运输通道对周围区域的影响同磁场中载流导体对周围质点产生的场强具有相似性,其影响程度同该区域至通道的距离密切相关。假设综合运输通道的运输能力为 L,其对周围任意一点 j 的影响强度可用类似于场强的表达式表示为:

$$B = \frac{\mu L}{2\pi R} \qquad (1\text{-}1)$$

式中,B 表示综合运输通道对周围区域的影响强度;L 表示综合运输通道的运输能力;R 表示区域任意一点 j 至综合运输通道的距离;μ 为影响强度系数。

如果对综合运输通道的影响程度设定一个阈值,则根据上式可以相对精确地确定综合运输通道的影响区域。但是该表达式仅考虑了综合运输通道的供给能力,而忽略了通道周围区域的需求水平。事实上,综合运输通道的影响区范围不但同自身的运输能力有关,还与周围区域的人口、经济等密切相关。

假设综合运输通道周围任意一点 j 的客货生成能力为 C(是人口和经济的函数),依据引力模型,综合运输通道任意一点 i 对周围区域任意一点 j 的引力 G 可表示为:

$$G = k \frac{CL}{R^2} \qquad (1\text{-}2)$$

式中,k 为常数(其取值依据具体情况而定),其他参数含义见式(1-1)。假设综合运输通道上任意点 i 与周围区域点 j 之间的交通阻抗力为 $f(R)$,则当 $G(R) > f(R)$ 时,j 点位于综合运输通道的边界范围之内;当 $G(R) < f(R)$ 时,j 点位于综合运输通道的边界范围之外。因此,综合运输通道的边界 $\varphi(R)$ 可由下式确定:

$$G(R) - f(R) = 0 \qquad (1\text{-}3)$$

一般而言,阻抗函数 $f(R)$ 的常用形式包含如下:

(1)幂型:$f(R) = R^{-\gamma}$。

(2)指数型:$f(R) = e^{-bR}$。

(3)幂指复合型:$f(R) = e^{-bR} \cdot R^{-\gamma}$。

(4)半钟型:$f(R) = \dfrac{1}{a + b R^{-\gamma}}$。

(5)离散型:$f(R) = \sum\limits_{m} r_m \delta_m$,其中 r_m 为第 m 级费用的阻抗平均值,δ_m 为狄拉克函数。

然而,以上方法仅是对综合运输通道空间边界的相对准确的定量分析,在实际分析过程中尚需定性考虑一些基本原则,例如综合运输通道内经济、社会条件的相似性,通道与周边地区经济、社会条件的差异性,地区生产专业化与综合发展相结合建立的合理的产业结构,中心城市与经济腹地相结合形成的具有比较完整的城市体系,行政区域界限等。

因此,对综合运输通道的空间界定应综合运用定性和定量分析相结合的方法。但同时也应注意的是,综合运输通道是一个特定时间与空间的范畴,其空间范围并非一成不变,而是随着自身和区域经济的发展而不断变化的。

第五节　综合运输通道研究的理论基础

一、点—轴系统理论

20 世纪 50 年代,法国经济学家 Perroux(1955)提出增长极理论。他认为经济增长在空间上是不均衡发展的,是在工业生产集聚点首先实现的。后来形成的增长中心理论认为,经济增长一般从城市或城镇集聚点开始逐步向整个空间扩散。20 世纪 60 年代初,德国学者 Werner Sombart 提出生长轴理论,认为联络各中心重要交通干线的建设,将导致运输费用大幅度降低,并使产业和人口密集于交通干线周围的趋势大为加强。

1984 年,中科院陆大道院士在增长极理论和生长轴理论的基础上提出了点—轴系统理论,其中的"点"即中心城镇,是各级区域的集聚点,也是带动各级区域发展的中心城镇;"轴"是在一定的方向上连接若干不同级别中心城镇而形成的相对密集的产业带或人口带。由于轴线及其附近地区已经有较强的经济实力和较大的潜力,因此又可称为"开发轴线"或"发展轴线"。这种发展轴线一般是指重要的线状基础设施经过的沿线地带。根据发展轴线的线状基础设施种类的不同,陆大道(1995)将发展轴分为海岸发展轴(如我国沿海重点开发轴线)、铁路干线沿线发展轴(如苏联东西向铁路干线形成的发展轴)、大河河岸发展轴(如我国黄河上游发展轴)、复合型发展轴(即两个或两个以上运输通道形成的轴线,如德国的莱茵发展轴)四种类型。

点—轴系统理论认为,生产力地域组织的开发模式是点—轴渐进式扩散——在一定区域范围内,首先选择具有良好发展条件及前景的以长大交通干线为主的线状基础设施束作为一定区域的主要发展轴线,重点优先开发该轴线及沿线地带内若干高等级区位点或点域(城市及城市区域等)及周围地区。随着该发展轴上或附近发展轴经济中心实力不断增强,辐射及吸引范围不断扩展,干线会逐渐扩展自己的支线,支线又形成次级轴线,将上级发展中心与次级优先区位点联系起来,主轴线及其上的发展中心会逐渐向与自己经济距离适当、功能互补、较有发展前途的次级轴线和发展中心扩散,促进次级区域或点域的发展,最终形成由不同等级的发展轴及其发展中心组成的具有一定层次结构的点—轴系统,从而带动整个区域发展。

二、交通经济带理论

1993 年,北方交通大学张国伍在参考国内外有关论述基础上,在国内首次创立了交通经济带的概念,并主张交通建设与沿线经济开发相结合。自 1996 年起,中科院地理所张文尝研究员开始主持国家自然基金项目"交通经济带发展机理及其模式研究",并于2002 年在点—轴系统理论的基础上系统地提出了交通经济带的基本理论,指出交通经济带是以交通干线或综合运输通道作为发展主轴,以轴上或其吸引范围内的大中城市为依托,以发达的产业、特别是二、三产业为主体的发达带状经济区域。

交通经济带理论认为,交通经济带是作为增长中心的城市沿交通运输线路分布的点—轴—带系统,由三大基本要素构成:交通干线或综合运输通道、以工业商贸业为主的第三产业、沿线分布的经济中心和大中城市。交通干线及以交通干线为主体的综合运输通道给经济活动及各要素的空间活动提供了最方便、快捷的通路和传播媒介,使要素的空间活动在以交通运输干线为主体的线状基础设施束方向上进行,且传输速度最快、辐射强度最大。其结果必然引起沿线方向上较大规模的产业集聚或新极点和点状经济地域的出现和扩大,最终将各类经济活动汇集在线状基础设施束上,连点成轴,构成点—轴系统,进而发展成为沿交通线的经济轴带。按照交通轴线的不同,交通经济带可划分为沿海型交通经济带、沿江(河)型交通经济带、沿路型交通经济带、综合运输通道型交通经济带四种形式。

交通经济带是一个具有耗散结构的空间经济系统,是具有明显生命特征的社会经济有机体,是近代产业、人口、城市等长期演变的结果,其演化具有可知性、宏观调控具有可能性。交通经济带的发展是一个客观的自然历史过程,从交通经济带的空间演替过程来看,大致经历了启动期、雏形期、形成期、延伸或连接期、发达的经济带进入后工业化时期五个阶段。

三、自组织与他组织理论

(一)自组织理论

自组织理论是 20 世纪 60 年代末期开始建立并发展起来的一种系统理论,它的研究对象主要是复杂自组织系统(生命系统、社会系统)的形成和发展机制问题,即在一定条件下,系统是如何自动地由无序走向有序、由低级有序走向高级有序的。自组织理论以新的基本概念和理论方法研究自然界和人类社会中的复杂现象,并探索复杂现象形成和演化的基本规律。

自组织理论是一个理论群,它主要由 20 世纪 60 ~ 70 年代以来兴起的一些系统理论构成,包括普里戈金等创立的耗散结构理论、哈肯等创立的协同学理论、托姆创立的突变论数学理论、艾根等创立的超循环理论,以及曼德布罗特创立的分形理论和以洛伦兹为代表的科学家创立的混沌理论等等。

耗散结构理论主要研究系统与环境之间的物质与能量交换关系及其对自组织系统的影响等问题。建立在与环境发生物质、能量交换关系基础上的结构即为耗散结构,如城市、生命等。

协同学研究的是体现自身如何保持自组织活力,它提出的重要概念和原理,如竞争、协同和支配(或役使)以及序参量,对于系统自组织演化以及自组织程度的提高,均具有重要的指导意义。

突变论研究的是系统在其演化中的可能路径,是关于演化途径的理论,认为突变过程是由一种稳定态经过不稳定态向新的稳定态跃迁的过程。突变论认为,即使是同一过程,对应于同一控制因素临界值,突变仍会产生不同的结果,即可能达到若干不同的新稳态,每个状态都呈现出一定的概率。

超循环理论是关于如何充分利用过程中的物质、能量和信息流的理论,它提供了一种如何有效展开事物之间相互作用以及结合成为更紧密的事物的方法。

分形理论研究系统走向自组织过程中的复杂性结构过程以及从简单到复杂的自组织演化问题,它表达了如何认识一个具有分形特征的物体或事物的思想。

混沌理论研究系统走向自组织过程中的时间复杂性问题。它通过体系对初始条件的敏感依赖性判断和非周期性的研究,找到了体系走向复杂性的根据和征兆。

(二)他组织理论

他组织是与自组织相比较而存在的。自组织指一种有序结构自发形成、维持、演化的过程,即在没有特定外部干预下由于系统内部组分相互作用而自行从无序到有序、从低序到高序、从一种有序到另一种有序的演化过程。广义地说,还包括反向的演化过程。他组织则指系统按照特定外部作用从无序到有序、从低序到高序、从一种有序到另一种有序的演化过程,以及反向演化过程。

他组织理论在城市发展中的应用主要表现在城市的职能部门依据城市的各项发展规划来对于城市中动态变化的各个要素进行引导性管理。从现有规划理论的发展来看,对于他组织的研究成果以绝对优势压倒了对于自组织的研究成果:从霍华德的"田园城市",到赖特的"广亩城市"、柯布西耶的"光明城"、Archigram 的"行走城市"等等,无一不是从他组织的视角探讨理想中的城市。

但是,他组织与自组织之间不存在不可逾越的鸿沟,他组织中可以包含自组织,绝对的自组织也是不存在的。他组织与自组织的区别是相对的,二者之间是互补的关系,一切合理地生成、存在和延续的系统都是自组织与他组织的辩证统一。同样,综合运输通道的发展同样是自组织与他组织的过程。

四、空间相互作用理论

空间相互作用是指为了保持生产和生活的正常进行,城市之间、城市与区域之间存在物质、能源、人员、资金、信息的交换和联系。该理论最早由美国地理学家乌尔曼(Ullman,1980)提出,用以描述两个地理区域间的相互依赖关系。空间相互作用理论是交通工程学和交通地理学中网络分析的重要理论,也是综合运输通道进行区域量化分析的基础之一。

描述空间相互作用的模型最早由 E. G. Ravenstein 提出,后经多名学者进行改进,形成了现在的一般的空间相互作用引力模型。其通用公式为:

$$F_{ij} = G \frac{m_i m_j}{r_{ij}^2} \tag{1-4}$$

式中, m_i、m_j 分别为区域 i、j 的规模,通常规模取作人口规模,所以 m_i、m_j 也写作 p_i、p_j;r 是区域 i、j 之间的距离;G 是介质常数。

在引力模型的基础上,Stewart 提出了空间相互作用的潜能模型。潜能表示两个物体之间产生的能,反映了某物体在整个体系中的集聚能力,也就是在空间上的吸引力。潜能模型的公式如下:

$$F_i = \sum_{j=1}^{n} F_{ij} = \sum_{j=1}^{n} \frac{p_i p_j}{r_{ij}^2} \qquad (1\text{-}5)$$

引力模型是分析和预测空间流的一种理论,而潜能模型主要不是解决相互作用本身,而是某一实体在整体中所受到的相互作用的机遇和概率。引力模型肯定了市场之间相互作用的存在,局限是主要应用在微观和中观层面上;而潜能模型则更多应用在宏观范围。

第二章 ◀
综合运输通道的内部结构及发展机理

★ 综合运输通道作为客观存在的空间实体,有其自身的内部结构,其内部各组成部分相互作用,推动了综合运输通道的不断发展。科学判断综合运输通道的形成条件,并系统考察其演进历程和机制,对于深刻理解综合运输通道的发展机理具有重要意义。对于单条综合运输通道,中国科学院地理科学与资源研究所的陆大道院士在其点—轴理论中已做了比较深入的研究;此外,张文尝研究员在交通经济带的研究中深化了这一研究成果。而且,单条的综合运输通道在不同空间尺度中的发展机理具有相似性,而综合运输通道体系在不同空间尺度的发展差异性却比较显著。因此,在既有研究的基础上,有必要立足系统观和空间观,从空间体系视角研究综合运输通道结构及演进问题。

第一节 综合运输通道的内部结构

前文分析表明,综合运输通道具有多种构成要素,各构成要素的空间组合形成综合运输通道的内部结构。因此,综合运输通道的内部结构是其基本构成要素的空间反映。具体而言,综合运输通道的内部结构主要包括线路结构、交通结构和运行结构等。

一、线路结构

综合运输通道既包括相互联系的起讫区域,又包括联系这些区域的交通线路,综合运输通道的线路结构以交通线路为研究对象。单从通道的交通线路来看,综合运输通道由多种运输方式或同种运输方式的多条线路组成,而每种运输方式又由为实现其运输过程的多种运输设备配置而成。交通线路是综合运输通道的主骨架,其布局方向决定了综合运输通道的基本走向,而其构成决定着综合运输通道的基本内部形态。因此,把握综合运输通道的线路结构,有助于深刻了解综合运输通道的发展机理。

综合运输通道的线路结构是一种静态结构,是指各运输方式交通线路在空间上的组合形态和基本连接方式。依据基本的连接方式,可将综合运输通道的线路结构划分为三种类型:串联结构、并联结构和混联结构。

(1)串联结构。各线路首尾相连将通道内的节点逐个顺次连接起来,之间无分叉和平行,如图2-1a)所示。串联结构多形成于综合运输通道的初期,通道起讫点之间的运输量不大,主要为单一交通方式运输。

(2)并联结构。各条线路分别直接连接通道内的节点,线路之间呈并列关系,如图2-1b)所示。并联结构是在串联结构的基础上发展起来的,在综合运输通道发展的成熟阶段,综合运输开始引进,多种运输线路逐渐形成,通道起讫点之间的交通运输是由相互并行的、多种运输方式构成的交通线路完成的。其主要特点是含有多种运输方式,线路间彼此平行。

(3)混联结构。串联结构和并联结构的混合,两种结构在通道内的节点处相连,组成混联结构,如图2-1c)所示。混联结构是介于串联和并联之间的中间状态,在综合运输通道发展的中期阶段,随着通道起讫点之间客货运输量的增加,单一线路和单种交通方式难以满足运输需求,通道内客货运输量相对较大、发展程度相对成熟的部分节点之间逐渐催发了平行线路和多运输方式的产生,此时串联结构和并联结构在运输通道内并存,从而形成混联结构形态。

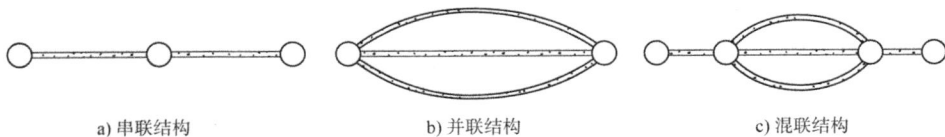

a) 串联结构　　　　　　b) 并联结构　　　　　　c) 混联结构

图2-1　综合运输通道线路结构示意图

二、交通结构

综合运输通道的交通结构以交通方式为研究对象,交通方式是综合运输通道的主要构成因素,综合运输通道内各交通方式之间的比例关系即为综合运输通道的交通结构。由于各交通运输方式的技术特性不一,其在综合运输通道内承担的作用也各异。从各交通运输方式的特点来看,铁路、公路、水路、航空和管道运输各具优缺点,分别有各自的适应范围。

铁路运输具有运能大、运价低,受气象、季节等自然条件的影响小,能保证运行的经常性和连续性等优点,其计划性强,运输能力可靠,比较安全,一般情况下准时性强,收益随运输业务量的增加而增长。但是,铁路运输始建投资大,建设时间长,且直接"门到门"的运输量小,灵活性较差,不利于运距较短的运输业务。

公路运输最显著的特点是在技术上和经济上的灵活性。技术上的灵活性主要表现在空间上的灵活性、时间上的灵活性、批量上的灵活性、运行条件的灵活性、服务上的灵活性等;经济上的灵活性主要表现在运输投资起点低、运输生产固定结构低、选择空间大、风险低等几个方面。公路运输因其灵活性而较适宜短距离运输。

水路运输具有点多、面广、线长的特点,可充分利用江、河、湖、海的天然水资源,与其他运输方式相比,具有对环境污染小、运输量大、水运价格低廉、对运输货物适用性强的优点。在各种货物运输方式,特别是国际货物运输中,水路运输是一种重要的运输方式。

航空运输的主要优点是速度快、机动性大、舒适安全、基本建设周期短、投资少等。缺点是机舱容积和载质量小,运输成本高,受气象条件影响大,存在航班延误。航空运输比较适宜于长途客运,以及时间性强的鲜活易腐和价值高的货物的中长途运输。

管道运输的运输量大、运费低、耗能少,安全可靠、对环境污染小,建设投资相对较少、占地面积小、受地理条件限制小,劳动生产率高,受气候环境影响小、易于长期稳定运行等。

上述五种交通运输方式在综合运输通道中的比例关系构成综合运输通道的交通结构,不同性质的综合运输通道具有不同的交通结构。从运输对象来看,以客运为主的综合运输通道,铁路、公路和航空占有较高比重,如京沪综合运输通道等;而以货运为主的综合运输通道,铁路、水运和管道运输占有较高比重,如沿江综合运输通道等。从地域广度来看,城市综合运输通道的交通结构多以公路运输为主,而运行在城市综合运输通道的交通方式中,机动车(小汽车)和公共交通往往占有较高比重;区域综合运输通道多以公路和铁路运输为主,在经济发达的经济区或城市群,城际轨道交通所占比重较高;国家综合运输通道中,各交通方式均占有一定比重,发展综合交通运输是国家综合运输通道的主要方向。不同类型综合运输通道的主要交通结构见表2-1。

不同类型综合运输通道的主要交通结构　　　　　　表 2-1

类　　型	综合运输通道	主要交通结构				
		铁路	公路	水运	航空	管道
按地域层次分	城市综合运输通道		✓			
	区域综合运输通道	✓	✓	✓		
	国家综合运输通道	✓	✓	✓	✓	✓
按运输对象分	客运综合运输通道				✓	
	货运综合运输通道	✓		✓		✓

三、运行结构

综合运输通道的运行结构以客货运量为描述对象,主要是指按通道完成的任务而划分的结构,即通道完成客运量和货运量的比重。综合运输通道作为交通运输网络的骨架,承担着主要的客货运输任务,按通道的运行结构,综合运输通道可分为客运、货运和客货兼运三种类型。综合运输通道的运行结构在一定程度上反映了通道影响区域内的用地结构。

以客运为主的综合运输通道在微观和中观两个地域层面发展较为成熟,通道中的旅客运输占较高比重,其影响区域主要为人口比较密集的聚居区,通道的起讫区域与沿线地区的客流联系比较密切,且公共交通方式在通道运输中占有重要地位。

以货运为主的综合运输通道主要体现在中观和宏观两个地域层面,通道内以货物运输为主,铁路和水路是其主要运输方式,往往连接主要的物流园区和工业园区,沿线地区工业比较发达。

客货兼运的综合运输通道则比较综合,所经区域一般既是人流密集区,又是工业发达区,其运行结构中客运和货运均占有较高的比重。

四、内部结构总述

综合运输通道的线路结构、交通结构、运行结构共同构成了综合运输通道的内部结构,三者之间互相联系,共同影响着综合运输通道的发展机理和演进机制。

线路结构反映了综合运输通道的发育程度,其发展变化在一定程度上体现了综合运输通道的演变过程。在线路结构"串联—混联—并联"的发展过程中,综合运输通道规模不断壮大,逐渐走向成熟。交通线路的并联结构是综合运输通道发展到较高级形态的主要标志之一。

交通结构反映了综合运输通道赖以生存发展的外部基础。不同类型的运输对象和运输距离都有各自适宜的运输方式,因此,综合运输通道的运输对象在很大程度上决定了通道的交通结构,而综合运输通道的交通结构反过来影响着通道沿线地区的发展,进而对综合运输通道生存发展的外部基础——要素流产生影响。

运行结构反映了综合运输通道影响区的用地特点。以客运为主的综合运输通道,其沿线地区往往为人口密集区,密集的人口集聚带有助于客运通道的发展;而在物流园区或工业园区,工业发展较好的地带,更有利于货运通道的发展。客运或货运等专业综合运输通道通过其集聚—扩散效应,对沿线影响区的用地结构产生深刻影响。

综上,对综合运输通道的线路结构、交通结构和运行结构进行深入分析,有助于研究综合运输通道的形成机理和演进机制。

第二节 综合运输通道的形成与发展

一、综合运输通道的形成条件

综合运输通道是一个复杂而特殊的交通运输系统,有其自身的构成要素和内部结构。综合运输通道经历了从无到有、从简单到复杂、从低级到高级的形成发展过程,其形成与发展是多种条件与因素长期作用的结果。随着其形成条件与因素的变化及其相互作用,综合运输通道的空间地位和重要程度也将随之变化。分析综合运输通道的构成要素与内部结构,及其形成过程与发展特征,可以归纳出综合运输通道的基本形成条件主要包括自然条件、交通条件、社会经济条件、区位条件等几个方面。

(一)自然条件

综合运输通道的形成和发展须具备一定的自然条件,自然条件是综合运输通道形成和演化的重要条件之一。自然条件的优劣往往同经济基础和人口分布等一起共同影响综合运输通道的建设时序、通行能力、方式构成、线路走向以及枢纽定位等。通常情况下,综合运输通道多形成于自然条件优越的地区,客观上为经济活动沿综合运输通道集聚提供了基础。

(二)交通条件

交通线路、交通枢纽、交通方式等组成的交通基础设施是综合运输通道形成与发展的基础。其中,交通线路主要决定综合运输通道的空间分布范围和走向,交通干线的数量意味着通道运输能力的高低;交通枢纽是相邻区域综合运输通道的衔接中心,交通枢纽的等级意味着通道的客货集散能力和中转能力;交通方式是综合运输通道客货运输的主要载体,交通方式的构成意味着综合运输通道发展水平的高低。

(三)社会经济条件

社会经济条件是综合运输通道发展壮大的主要动力。综合运输通道与城市区域相共生,并在相互促进中不断发展,其表现为经济总量、经济联系和人口规模及流动方向。经济总量和人口规模的高低表征城市及区域腹地的客货生成能力,规模较大的经济总量和人口总量往往会生成大量的客流和货流,进而培育综合运输通道的形成与发展。经济联系和人口流动反映了城市区域对外交流的主要方向,经济联系在某一方向的相对集中往往会形成综合运输通道。

(四)区位条件

区位是综合运输通道形成与发展的关键因素。交通干线等形成的优势地理区位对综合运输通道的形成和发展具有决定意义,对通道内部经济中心的形成与发展具有重要作用。地理位置优越的区域意味着在区域经济中具有优先发展的可能性,其与其他地域有良好的联系和经济协作条件,能方便获取经济发展所需要的原料、信息和市场等。世界上大多数的综合运输通道往往形成于沿江、沿海和交通干线沿线等优越地理位置形成的良好区位。城市或区域中心等具有较好交通枢纽地位的优势区域在综合运输通道的发展中也往往发挥比较重要的作用。

综合运输通道的形成是多因素共同作用的结果,上述每一个条件又可细分为多种因素集,每一因素都在不同程度上影响着综合运输通道的形成与发展(表2-2),在它们各自及交互作用下,将导致类型各异的综合运输通道空间布局形态的出现。

综合运输通道形成的主要影响因素解析 表2-2

影响因素类	影响因素集	对综合运输通道形成的影响程度
自然因素	地理位置	+
	地形条件	+ + +
	水文条件	+ + + +

续上表

影响因素类	影响因素集	对综合运输通道形成的影响程度
交通因素	交通线路数量	+ + +
	路网密度	+ + + +
	交通可达性	+ + + +
	客运量	+ + + + +
	货运量	+ + + + +
社会经济因素	GDP	+ + +
	工业产值	+ +
	人口数量	+ + +
区位因素	—	+ + + + +

二、综合运输通道的形成过程

综合运输通道的形成是一个长期的历史过程,其形成既有必然性也有偶然性。必然性体现在当综合运输通道各形成条件成熟时,其自然而然地形成;偶然性体现在综合运输通道形成条件的突变,比如国家政策的改变导致区位优势发生变化等。从客观角度来看,综合运输通道的形成与社会经济活动的空间优化具有密切联系。

经济活动的空间优化是综合运输通道形成的基本动力,综合运输通道等基础设施是经济空间结构演变和优化的基本条件。综合运输通道的形成是社会经济活动在交通设施体系的影响下,在空间上集聚与扩散综合作用的结果。

首先,在自然条件优越的地区,基础设施体系空间网络的不断完善,增强了特定地点或地区空间的连通性和可达性,引起空间区位优势的变化,导致在交通区位等具有有利形成条件的地点产生增长极,并通过社会经济的集聚逐步成长壮大,发展成为具有高区位势能的经济中心。经济中心的形成能够凭借其惯性和既得优势以快于其他地点的速度持续集聚,为综合运输通道的形成奠定基础。

其次,在空间经济以某一经济中心集聚到一定阶段以后,会沿着交通干线向外扩散产业,形成若干个规模不等、产业特征不同的副经济中心,主副经济中心之间具有密切的经济联系和运输联系,其间日益强化的交流与联系逐步形成产业发达和城市化程度较高的发展轴线。随着发展轴线吸引范围的扩展,轴线规模日趋扩大,促使通道各构成因素逐步发育成熟,综合运输通道最终形成。

可见,综合运输通道的形成过程就是与社会经济活动空间相互作用的过程。Whebell(1969)在分析美国综合运输通道的形成发展时,从其与空间的互动过程进行研究,认为综合运输通道历经以下五个阶段,在空间中不断发展壮大。

第一阶段,自给自足的农业阶段。在原始农业时期,由于土地肥沃程度的差异[图 2-2a)中数字 1~4],在土地条件较好的地区沿主要路线逐渐形成人口集聚区,成为地区增长极。首先,农业产品的集聚促进了增长极的扩大;随后,不断增长的农业产品产生剩余并开始向外扩散输出。此时,具有最低阻力的路线(一般为河谷)被最大利用,增长极沿着这些路线往往能够享受到增强的服务,区位条件得到进一步改善。

第二阶段,农业商业化阶段。随着土地开发的数量和强度的增加,农产品的数量也得以迅速增加,对外交流日益频繁,由此对交通的运输条件提出了更高需求。此时,既有繁忙的运输道路或通航河流基本可以满足这种运输需求,这有助于沿线城镇进一步提高乡镇企业的发展,区域增长极规模得以迅速扩大[图 2-2b)]。

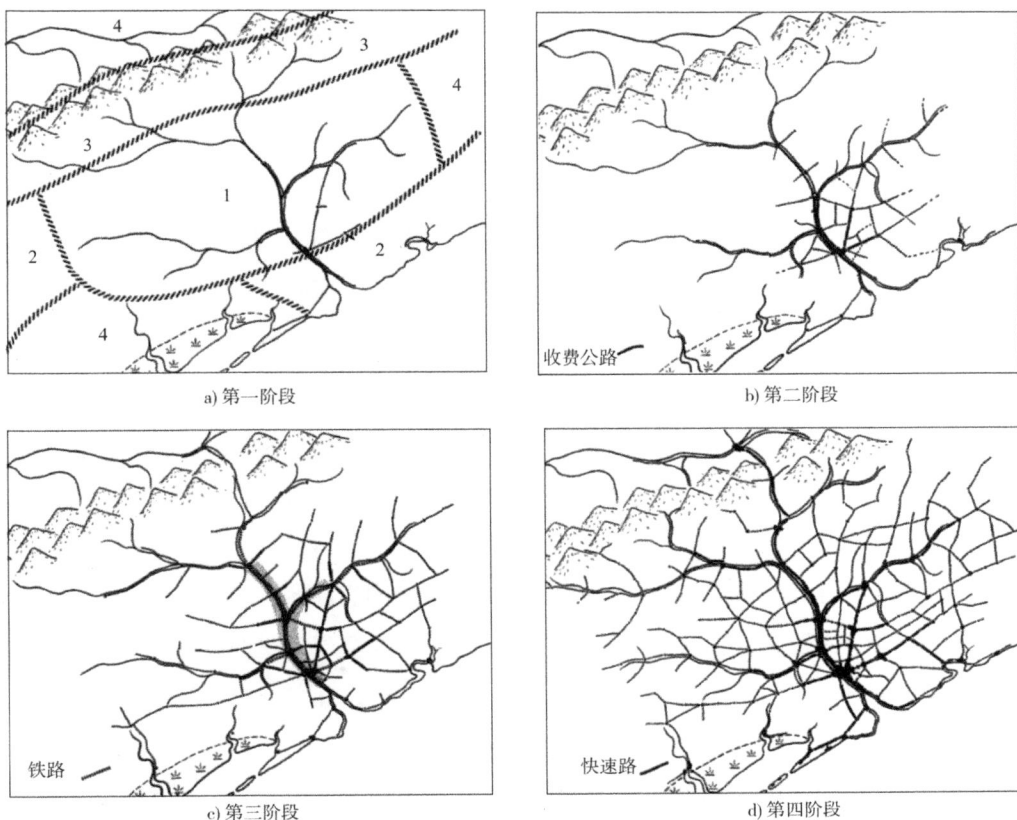

a) 第一阶段

b) 第二阶段

收费公路

c) 第三阶段

铁路

d) 第四阶段

快速路

图　2-2

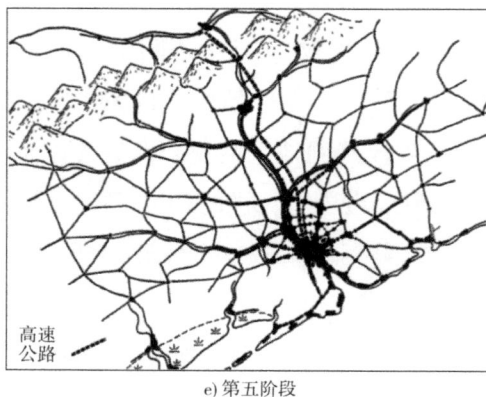

e) 第五阶段

图 2-2　综合运输通道的形成过程

(资料来源：Whebell C F J. "Corridors：a theory of urban systems", 1969)

第三阶段,铁路运输阶段。在主要城镇,出于对交通运输低成本的追求,企业家或政府开始改善或投资铁路建设。发展条件最好的线路往往是主要城镇之间的连接线路,这些线路不但为城镇的发展提供基础服务,而且城镇的发展又进一步强化了线路的规模,铁路沿线逐渐形成为运输通道的雏形(图 2-2c 中阴影部分)。

第四阶段,汽车运输阶段。同上一阶段不同,汽车运输作为铁路运输的重要补充,成为交通运输建设的新重点,在交通运输中占据重要地位。在主要城镇之间,汽车运输成为经济集聚和扩散的主要动力,并由以前铁路运输主导的制造业和批发业扩展到汽车运输主导的零售业和服务业。这一阶段,道路的改善导致城市和城市之间土地利用的迅速增长,城市化水平快速提升(图 2-2d)。

第五阶段,大都市化阶段。高速公路的出现极大地改变了大都市地区的土地利用格局。高速交通带来了交通可达性的改善,进一步强化了铁路和公路沿线的区位优势,吸引实体经济和人口向沿线地区迅速集聚,并逐步形成线性都市区,即交通经济带(图 2-2e)。

Whebell 对综合运输通道的形成过程理论是在美国交通运输发展历史的基础上提出来的,重点从交通运输与空间互动的关系阐述综合运输通道的形成过程,充分体现了交通变革对空间开发和通道形成的重要作用。虽然与我国国情有所差别,但是其倡导的综合运输通道的形成过程同样是点—轴式的渐进过程。

从以上分析可见,综合运输通道的形成过程实质上就是点—轴式的集聚与扩散的过程。然而,综合运输通道的演化过程却远不止于此,其发展是内因与外因相互作用的空间组织过程。

三、综合运输通道的空间组织

综合运输通道作为具有非线性系统的耗散系统,其发展演化不仅是规划者、工程师和政治家决策的结果,更是系统内大量微观主体非线性相互作用的结果,是自组织与他组织复合作用的发展过程。在综合运输通道的形成与发展过程中,综合运输通道各组成因素及其他外部因素互相作用,各组分在空间中通过自组织和他组织过程,导致综合运输通道的形成并逐步发展走向稳定,这一过程是通道从无序走向有序、从低级走向高级的过程。

(一)综合运输通道的自组织过程

综合运输通道是一个具有独立内在构成方式和运行机制的有机体,具有自组织系统的特征,即在一定条件下,综合运输通道能够自动地由无序走向有序,并由低级有序走向高级有序。

综合运输通道是交通运输系统以及地域系统发展到一定阶段的产物,在通道的形成初期,主要与交通流的形成与发展有关。在存在密切联系的两个地域,随着相互交通流的日益增加,开始在自然条件、交通条件、社会经济条件和区位条件都比较优越的区段逐渐形成具有较大运输能力的线路,虽然此时期的线路少、运输方式单一,但是交通流却相对集中,相对集中的交通流为综合运输通道的形成奠定了基础,综合运输通道形态初现。

随着生产力的进一步发展,使得对交通运输的需求越来越高,各种形态交通流也日益增加,由此产生多种运输方式。同时,受集聚效应的影响,各类生产要素日趋向综合运输通道沿线集中,由此导致各交通方式也逐渐向同一线路方向集聚,综合运输通道形态愈发明显。由于不同交通运输方式具有不同的运行特性,其在运输通道中具有竞争关系,通道内部运行处于博弈的非均衡状态。此时的综合运输通道虽然初步形成,但是内部形态仍处于无序状态。

综合运输通道形成之后,受区位优势和集聚效应的影响,各运输方式交通线路逐渐向同一线路方向聚集,通道的影响区逐渐扩大,自身的结构和功能不断完善,交通方式之间在竞争中走向协调。此时,综合运输通道开始以“量”的积累为发展特征步入以“质”的提升为发展特征,内部形态开始从无序走向有序,但是这种有序仍是一种低级有序。

社会经济的发展推动了综合运输通道的发展,综合运输通道内部构成因素均发育成熟之后,彼此间进入协调发展的均衡状态,各运输方式之间合理分工,通道内部结构和功能协调发展,与外界的联系也渐趋稳定,综合运输通道经过长期的自组织过程,最终进入高级有序状态。

(二)综合运输通道的他组织过程

事物的发展变化是内因与外因共同作用的结果,内因是事物发展的基础和根本,外因是事物发展的外部条件,且外因通过内因起作用。综合运输通道的发展变化也同样是外因和内因共同作用的结果,在空间上表现为自组织与他组织的过程。因此,综合运输通道在进行自组织的同时,还与外界作用进行他组织的过程。

综合运输通道的他组织过程实质上就是通道与外界发生集聚与扩散作用的过程,集聚与扩散是对立统一的两种趋势,二者对立统一,既互相依存,又互相制约,并在一定条件下互相转化。

综合运输通道的集聚使得通道周边区域的客货流、资本、劳动力、产业、技术和信息等资源要素逐渐转移、集聚到通道影响范围内,从而增大了综合运输通道的运输需求。为满足各种运输需求,必然会加快综合运输通道内多种运输方式和运输线路的集聚,促进通道结构的合理配置。因此,综合运输通道的集聚扩大了通道规模,优化了通道结构。

当集聚发展到一定阶段后,各资源要素又会沿运输通道向外扩散,逐步形成产业化和城市化程度都较高的交通经济带。综合运输通道的扩散有助于提高运输通道沿线地区的竞争优势,促进地区经济的发展。而发达的经济基础对提升综合运输通道的等级、加快综合运输通道的演进过程具有重要作用。

综合运输通道的集聚过程与扩散过程同时进行,两者之间的相互消长、相互作用共同维持并推动着综合运输通道的发展及其空间演进。有关综合运输通道空间集聚与扩散效应的详细分析见第三章。

第三节 综合运输通道的演进过程及机制

一、综合运输通道演进的过程

区域间不断强化的运输联系推动了综合运输通道的形成和发展。不同的社会经济发展阶段具有不同的运输需求,综合运输通道的空间演变是区域社会经济发展水平的直观体现,是社会发展对交通发展需求的直接反映。从最初的单方式、单线路运输通道到多方式综合的综合运输通道,再到综合运输通道网络,综合运输通道的发展经历了漫长的演变过程。从综合运输通道的空间演变形态来看,其形成和发展可以划分为四个阶段,如图 2-3 所示。

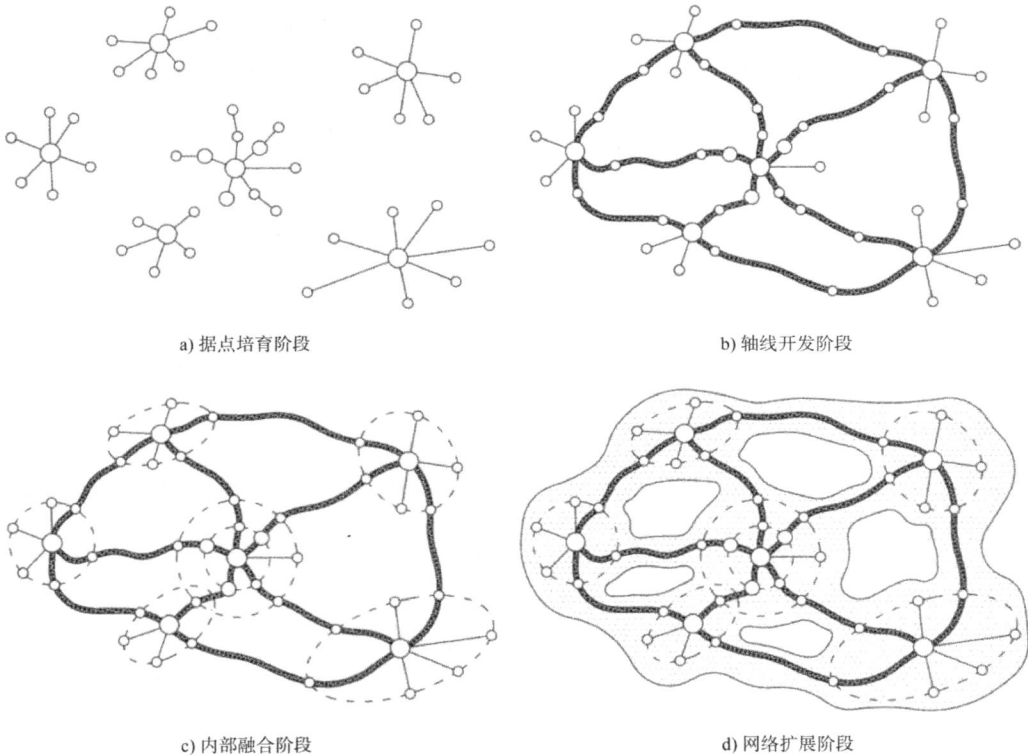

a) 据点培育阶段　　　　　　　　　　　　　　b) 轴线开发阶段

c) 内部融合阶段　　　　　　　　　　　　　　d) 网络扩展阶段

图 2-3　综合运输通道空间演变示意图

(1)据点培育阶段。在经济尚处于自给自足、对外联系极少的封闭时期,经济相对发达、交通区位相对优越的地区出现经济增长极,逐渐成为地区经济中心,成为综合运输通道形成的基础,但是彼此间联系较少,交通需求不高,在空间上表现为具有少量运输需求的孤立的"点"。由于"点"与"点"之间的联系较少,运输需求不大,虽然在部分发达枢纽点之间的交流开始起步,但是彼此间尚未形成固定的运输线路。这一时期是综合运输通道的节点重点发展时期,同时也是节点间线路的培育时期,综合运输通道处于萌芽阶段。

(2)轴线开发阶段。在社会经济发展较好的区域,随着区域内部分节点社会经济的发展和人口规模的扩大,主要节点之间的交流与合作日益频繁。经济发展推动了运输需求,为适应"点"与"点"之间运输需求的需要,交通运输线路开始在主要节点之间形成。由增长极带动,经济沿着主要交通线路向外扩散,促进了交通沿线地带的开发,主要节点之间交通轴线的规模日益加强,开始向着多方式和多线路的方向发展,综合运输通道的空间形态日益明显。这一时期综合运输通道以轴线开发为重点,综合运输通道的"线"状廊道轮廓初步形成。

(3)内部融合阶段。据点培育和轴线开发阶段是综合运输通道以"量"为发展特征的阶段,经过这两个阶段的发展,综合运输通道的规模日渐扩大,逐步发展成为复合式的综合运输通道,但是,随着通道规模的扩大,内部各要素之间的矛盾也开始显现。内部融合阶段是综合运输通道以"质"为发展特征的阶段,在该阶段,综合运输通道不断完善自身的结构和功能,内部各要素之间不断协调发展,最终使得系统处于相对稳定的状态。该时期综合运输通道以内部要素协调发展为主,同时,高速交通线路开始出现,综合运输通道的运输能力、速度和便捷性均有大幅提升,综合运输通道日趋成熟和稳定。

(4)网络扩展阶段。区域经济发展到相当高的阶段后,随着综合运输通道的扩散和辐射作用,各主要经济区域出现互相衔接、归并、融合的趋势,区域界限逐渐消失。原本孤立的综合运输通道开始产生紧密联系,一方面,当综合运输通道的影响范围存在重叠时,彼此融合进而导致巨型综合运输通道的形成;另一方面,不同尺度、不同地域的综合运输通道相互衔接与交织,在空间上形成综合运输通道网络。这一时期是不同类型综合运输通道的融合与衔接时期,各运输通道不再是孤立存在的个体,其在空间上互相联系共同构成综合运输通道网络。相互交织成网的综合运输通道将互不相连的腹地联系起来,扩大了运输通道的影响范围。

纵观世界各国综合运输通道的演变,无不是经历长期的发展历程,其形成发展的基本规律可简要概括为:规模由小到大、交通方式由单一到多种、功能由一般到综合、空间组织由独立走向联合。

综合运输通道作为社会产业的一个子系统,其演化过程同样遵循一般产业的生命周期模式,其演化轨迹类似于生物种群的进化过程。分析综合运输通道的时空演化阶段,综合运输通道从形成至消亡大致经历了启动期、雏形期、快速发展期、成熟扩展期、消融衰落期五个时期。其中,启动期对应综合运输通道发展的第一阶段,雏形期对应第二阶段,快速发展期对应第三阶段,成熟扩展期对应第四阶段,而消融衰落期则对应综合运输通道网络化的后发展阶段。

如图2-4所示,曲线 D 代表综合运输通道的完整演进过程。曲线 A 表示在综合运输通道形成的初期,受政策等外力作用的影响提前进入衰退期;曲线 B 表示规划条件的改变导致综合运输通道功能的弱化和地位的下降;曲线 C 表示因自然条件的变化或受灾害的影响(如地震等)导致综合运输通道突发性衰退。

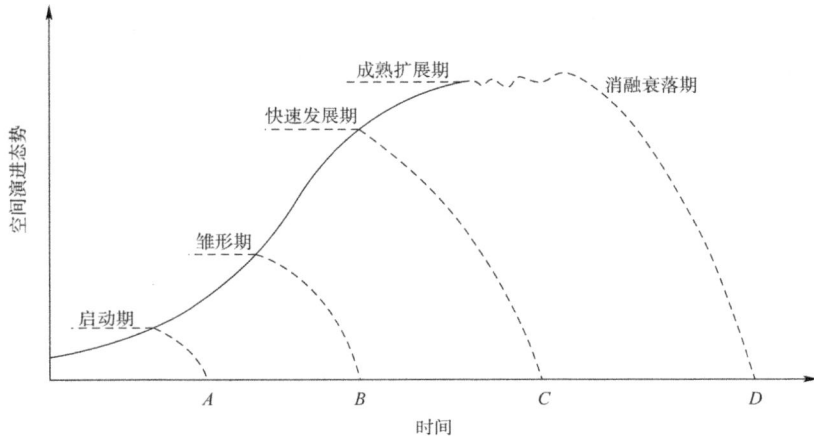

图2-4 综合运输通道生命周期模式图

二、综合运输通道演进的动力机制

综合运输通道的演进过程揭示了综合运输通道各发展阶段的形态和特点,演进的动力机制则揭示了综合运输通道在各阶段呈现不同形态和特点的根本原因。综合运输通道演进的动力机制引导、规范和支配综合运输通道各元素的行为,使彼此协同合作,形成有序的系统结构。综合运输通道的演进动力机制推动了综合运输通道从低级走向高级的过渡,是综合运输通道发展的深层次原因。

(一)竞争与协调机制

竞争机制是综合运输通道发展演进的内在动力之一。综合运输通道的竞争机制主要体现在不同运输方式之间对运输市场的竞争。综合运输通道内部各运输方式具有各自的特性和优点,竞争机制有助于各运输方式充分发挥自身的比较优势,使得运输方式在通道范围内结构比例达到最优,对优化综合运输通道的内部结构具有重要意义。

综合运输通道的协调机制是伴随竞争机制而存在的,是竞争机制的必然结果。在综合运输通道的演进过程中,协调机制可以确保通道内各运输方式之间因竞争导致的无序状态向有序状态转变,从而实现运力资源的优化配置,使各种运输方式相互合作与依赖。

在综合运输通道的演进过程中,常常伴随竞争机制和协调机制"竞争—协调—竞争—协调"的循环作用,二者的交替循环作用,共同推动了综合运输通道的持续快速发展。

(二)集聚与扩散机制

集聚机制在综合运输通道发展演化的初期起主要作用,主要是指综合运输通道依靠自身的通道优势,对周围区域产生吸引力和向心力,使通道周边区域的客货流、资本、劳动力、技术等资源要素转移、集聚到通道周围。综合运输通道的集聚机制使得综合运输通道的规模不断扩大、结构配置更趋合理。

扩散机制在综合运输通道发展演化的中后期起主要作用,当集聚规模超过一定限度时,集聚经济效益将会减少,为避免集聚不经济,需要充分利用运输通道,在一定区域内实施适当的通道扩散。综合运输通道的扩散机制对区域经济具有推动和辐射作用,区域经济发展水平的提高客观上又要求进一步加强建设和完善综合运输通道,进而不断完善综合运输通道的功能。

集聚机制和扩散机制是综合运输通道地域空间发展演化机制的最基本表现形式。综合运输通道的集聚机制和扩散机制之间不断进行的相互消长和相互作用维持并推动着综合运输通道的发展及其空间演进过程。

(三)反馈与优化机制

综合运输通道的反馈机制主要用于缓解运输供给和运输需求之间的矛盾。综合运输通道通过反馈机制获取其与区域社会经济适应程度的信息,进而促使综合运输通道的结构朝着更能满足社会经济发展需要的方向演进,而不能适应社会经济发展需要的系统则在演化中逐步衰落乃至消亡。此外,综合运输通道在发展演化过程中还需要反馈通道结构、规模同环境适应性的信息,确保综合运输通道朝着同环境相协调的方向演变。

优化机制是对反馈机制的响应,当综合运输通道同社会经济和环境的适应程度发生改变,综合运输通道首先通过反馈机制获取变化的情况,然后通过优化机制根据变化的情况对综合运输通道的结构进行优化。综合运输通道的优化机制不但可以有效地调整运输通道的方式结构以满足出行需求的多样性,而且还能确保综合运输通道始终以相对稳定有序的结构运行。

　　反馈机制和优化机制自始至终存在于综合运输通道的发展变化过程中,二者互相补充、互为条件。"反馈—优化—再反馈—再优化"过程的不断循环进行,促成了综合运输通道的形成与演进。

第三章

综合运输通道的空间结构及空间效应

★ 作为空间客观实体的综合运输通道,其在空间中的表现形式对经济社会空间产生深远影响。显然,分析综合运输通道的空间发展模式及其空间结构,有助于科学判断综合运输通道的空间布局和空间效应,对提升综合运输通道的空间组织与空间效率具有显著意义。空间发展模式、空间结构和空间布局均属于空间组织的内容,而衡量空间组织优劣的程度则属于空间效率的内容。空间效率是衡量空间秩序与结构优劣的尺子,到目前为止,有关综合运输通道空间效率的研究尚显薄弱,对综合运输通道与经济社会空间耦合发展的评价是揭示综合运输通道空间效率的重要方式之一。

第一节 综合运输通道的发展模式与空间结构

一、综合运输通道的基本发展模式

在不同的地域和发展阶段,综合运输通道的发展既表现出一定的共性,也存在差异,呈现出各种发展模式,其在空间上的布局虽具有历史的继承性,但并非一成不变,综合运输通道是一个不断发展变化的地理空间实体。分析国内外主要综合运输通道的发展过程,可以总结出综合运输通道主要有以下发展模式。

(一)传统发展型

综合运输通道最早主要形成于区域主要经济中心或地区增长极的中间地带,依托经济中心或增长极而发展。在各历史时期,经济发展最迅速的地区也往往是综合运输通道率先形成与发展的地区,这些地区较之其他地区更具备综合运输通道形成与发展的条件,因此,传统上的综合运输通道多与经济中心或地区增长极相伴相生。以传统模式发展起来的综合运输通道多为比较稳定的综合性综合运输通道,在空间布局中占有相当大的比例。

(二)交通方式引导型

当交通运输方式发生变化、新的运输方式出现的时候,特别是新出现的交通运输方式较原来传统的方式更为重要的时候,如某两地之间在原有水路运输的基础上,增加了高等级公路运输、铁路运输或航空运输中的一种或多种,势必会强化原有运输通道的规模、优化其运输结构,甚至可能形成新的综合运输通道。以交通方式引导发展起来的综合运输通道均为综合性的综合运输通道,在空间上多形成于沿江、沿海和主要铁路干线地带。

(三)交通干线引导型

这类综合运输通道的形成与交通运输干线的发育程度密切相关。当交通干线上产生新的运输需求的时候,即铁路或公路等干线上形成新的经济中心或增长极,交通干线沿线经济发展程度迅速提高,从而使原有次要干线逐渐成为新的主导性运输方向,则可能形成新的综合运输通道。以交通干线引导发展起来的综合运输通道主要形成于区域主要交通干线,多为单方式综合运输通道,级别较低,其功能和服务范围均受限。

(四)运输干线等级引导型

这类综合运输通道是在原有普通线路的基础上发展起来的。当交通线路的等级发生重大提升时,或各种线路归并时,使原来的交通线路交通运输量大为增加,以前某些不太重要的交通线路在区域交通中的地位迅速提升,形成新的综合运输通道。以干线等级引导发展起来的综合运输通道具有一定的发展基础,类似通道在我国道路网络中占有相当大的比重。

(五)经济发展引导型

同传统发展型类似,这类综合运输通道的形成与区域经济发展密切相关。当区域经济发展不平衡导致出现新的经济增长极或经济中心,或由于某种原因,如新的矿产资源的发现和矿产开发,导致区域内新的经济中心出现,形成了新的经济流向和交通运输方向,从而形成新的综合运输通道。由经济引导发展起来的综合运输通道多形成于自然资源丰富的地区,对于扩大综合运输通道服务范围,消除通道服务盲区具有重要作用。

二、综合运输通道的空间结构

综合运输通道的空间结构是指通道在地理空间的布局,即通道在空间的排列或配置方式。因地域尺度和发展模式的不同,综合运输通道具有不同的等级,不同等级的综合运输通道在空间中互相联系,随着历史的演进,其在空间上的布局从无序逐渐走向有序,其空间结构形态大致可以分为以下四种。

(一)环形放射形态

在某一地域范围内拥有一个强经济中心,该中心对周边的吸附能力较强,围绕强经济中心形成多个副经济中心,主副经济中心之间联系密切,其间形成具有高效运输能力的综合运输通道。各综合运输通道之间通过强经济中心相连,在空间上形成由内向外辐射的放射形态。在相邻副经济中心之间由于经济联系的加强亦会形成具有较强运输需求的综合运输通道,各综合运输通道首尾相接便形成了围绕强经济中心的环状形态。由此,各副中心依托综合运输通道从强中心汲取生存的"养料",在空间上形成"众星拱月"的形态,而联系各经济中心的综合运输通道则在空间上形成环形放射形态。

这一布局形态的综合运输通道主要存在于微观尺度的城市层面或中观尺度的城市群层面,强经济中心通常为城市核心区(或城市群中心城市),而副中心多为同城市核心区(或城市群中心城市)有密切经济联系和发达交通线路的城市组团(或城市群节点城市)。其间的综合运输通道多依托城市(际)快速路、城市(际)轨道交通而形成。

综合运输通道环形放射形态模式如图3-1所示。

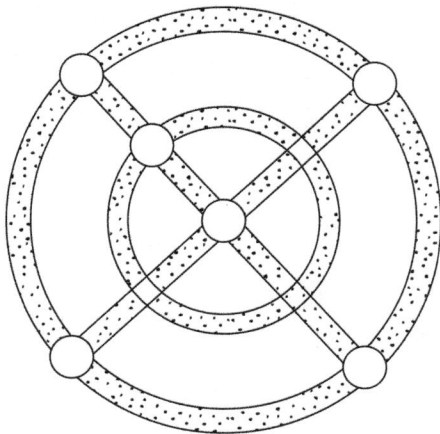

图3-1　综合运输通道环形放射形态模式图

(二)串珠形态

在经济中心的密集地区,各经济中心之间没有主副之别,每一经济中心主要同相邻的经济中心相联系,交通运输需求也主要形成于相邻经济中心之间。在具有较强运输需求的经济中心之间,综合运输通道率先形成,成为联系毗邻经济中心的主要媒介。综合运输通道将区域内各经济中心串联起来,在空间上表现为串珠状。由于区域经济中心的位置有别,其在空间上综合运输通道的连接方式也有所不同,大致包括两种形态,分别是直线串珠形态和环形串珠形态,如图 3-2 所示。

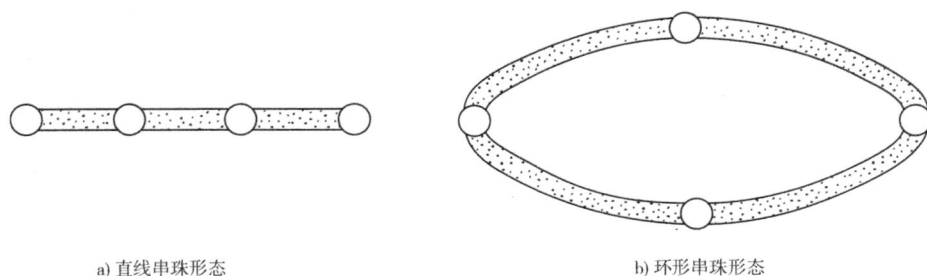

a) 直线串珠形态　　　　　　　　　　　　　　b) 环形串珠形态

图 3-2　综合运输通道串珠形态模式图

该形态综合运输通道受自然条件影响比较大,可存在于微观尺度的城市层面,中观尺度的区域层面,以及宏观尺度的国家层面(主要为直线串珠形态)。在自然条件受限的地区,城市沿河道或山麓带状发展,城市组团呈长条状布局,其间形成的综合运输通道主要呈直线串珠形态;在布局有序的城镇密集区,综合运输通道在空间上则更易形成环形串珠形态;而国家层面已形成的"五纵五横"和新规划的"十纵十横"综合运输大通道中的每一横或每一纵,均为典型的直线串珠形态。

(三)树状形态

综合运输通道的树状形态是在串珠形态的基础上发展起来的,与串珠形态不同,树状形态的综合运输通道联系了更多的经济中心,其影响范围也更广泛。在城镇密集区,综合运输通道将呈线性分布的经济中心串联起来,成为地区强经济中心联系的主要通道。此外,在部分经济中心,还有副经济中心与其存有密切联系,副经济中心依靠新的综合运输通道将其与主要通道上的强经济中心相连,这些新形成的综合运输通道便成为主要通道的分支。主要运输通道的分支通道向外不断蔓延,在空间上同主要通道发展形成树状形态。综合运输通道树状形态模式如图 3-3 所示。

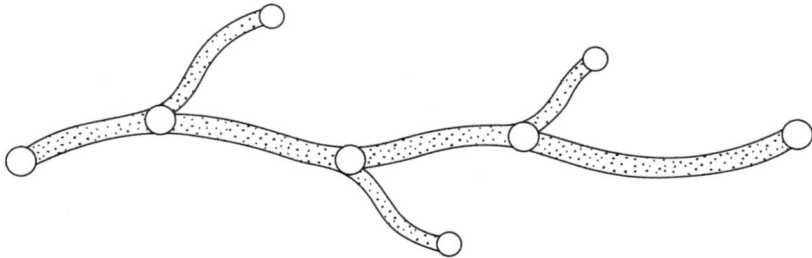

图 3-3   综合运输通道树状形态模式图

树状形态的综合运输通道主要形成于中观尺度的区域层面和宏观尺度的国家层面。主要方向上的综合运输通道规模要高于分支方向上的运输通道规模,且主要方向通道连接的经济中心一般强于分支方向上通道连接的经济中心。

(四)格网形态

格网形态的综合运输通道在空间中布局有序,每一经济中心均有两条以上通道经过,各运输通道彼此交织、纵横交错,在空间中呈现出棋盘状的格网形态。该形态综合运输通道联系的经济中心较多,各经济中心通过格网形态的综合运输通道可以与其上的任意经济中心相联系。而布局在综合运输通道相交处的节点一般为区域性综合交通枢纽,这些枢纽节点同综合运输通道一起共同组成运输通道网络系统。综合运输通道格网形态模式如图 3-4 所示。

该形态的综合运输通道主要存在于宏观尺度的国家层面,通道本身一般是关系国家经济命脉的运输大通道,通道内含有多条运输线路和多种运输方式,其连接的节点也多为区域经济中心。国家层面已形成的"五纵五横"和新规划的"十纵十横"综合运输大通道在空间上的布局形态就是典型的格网形态。

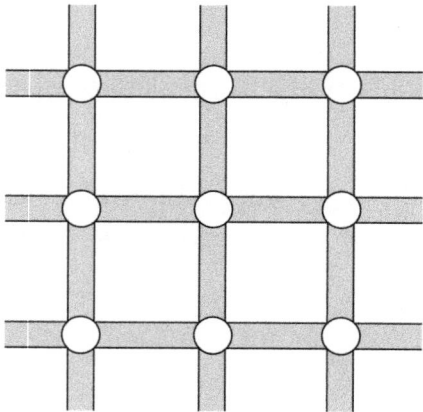

图 3-4   综合运输通道格网形态模式图

事实上,由于地区经济联系的日益密切,以及交通运输网络发展的日趋成熟,不同地域、不同尺度的综合运输通道互相连接并交织在一起,因此,综合运输通道的各种形态已很难区分,不同结构形态的综合运输通道构成了综合运输通道网络系统。而上述四种结构形态是构成综合运输通道网络的基本形态单元。

第二节　综合运输通道的空间效应分析

综合运输通道的基本发展模式和空间结构决定了综合运输通道空间效应的多样性,不同地域尺度的综合运输通道具有不同的发展模式和空间结构,而不同发展模式和空间结构的综合运输通道,其对空间的影响途径和程度也会不同。但是总体来看,综合运输通道对空间的所有影响均可归结为两种效应,即聚散效应和负外部效应。

一、集聚与扩散

在区域发展过程中,综合运输通道的作用至关重要。不断完善的综合运输通道不但增强了区域之间的连通性和可达性,而且引发了空间区位优势的变化,进而诱导客货流、资金流、信息流等向运输通道周围集聚。在集聚引力的作用下,综合运输通道周围的人口、产业、资源等不断向综合运输通道周边的优势区位移动,促进了通道周边区域的经济发展,逐步形成产业发达和城市化程度较高的经济走廊。当集聚发展到一定阶段以后,人口、产业、资源等又会沿运输通道向外扩散,对区域经济产生辐射作用。运输通道的扩散性将促进通道周边区域人口、资源、产业、技术和信息等在空间上均衡分布,有利于逐步缩小区际经济差异,促进区域经济协调发展。

综合运输通道的聚散效应主要表现为以"节点"为核心的经济圈形式的聚散效应,以及以"线路"为核心的经济带形式的聚散效应。综合运输通道通过对"节点"与"线路"的聚散效应对区域经济发展产生推动和辐射作用,进而促进产业集聚升级和区域经济的持续高效发展;产业的集聚升级和区域经济发展水平的提高,客观上又要求进一步加强和完善综合运输通道的建设。综合运输通道与区域经济相互作用的结果,使得区域经济空间结构发生显著变化,其在空间上的聚散效应深刻影响着区域经济发展的水平和空间扩展的方向。

总体来看,综合运输通道的空间聚散效应主要表现在以下几个方面:

(1)对交通方式的聚散。综合运输通道由多种运输方式和线路构成,其集聚效应能使各运输方式和交通线路向运输通道集中,从而有利于发挥规模效应;而其扩散效应则有助于各运输方式更趋专业化。总体而言,综合运输通道的聚散效应可以促进运输通道的结构配置更趋合理,以满足各种运输需求。

（2）对客、货流的聚散。综合运输通道以其便利性、可达性和较小的交通阻抗吸引了人口、就业和第三产业向综合运输通道周边集聚,从而引发大量的交通流产生。客、货流在综合运输通道周边的集聚加快了城市的快速增长,并加强了城市和区域间综合运输通道的相互作用。

（3）对生产要素的聚散。生产要素往往生成于"节点",并通过"节点"与"节点"之间的聚散力,沿着综合运输通道集聚与扩散,进而促进工业和其他经济活动的集散。生产要素在综合运输通道周边集聚与扩散的结果,一方面使区域产业不断升级、促进区域经济发展,另一方面使区域腹地不断扩大、改善地理区位条件。

（4）对区域空间的聚散。综合运输通道在发展过程中,随着运输空间范围和聚散规模的不断扩大,会对周围地区形成巨大的吸引力和辐射力,诱使更多的运输线路、人口、企业、城市等在通道的沿线区域空间中集聚,进而形成产业发达和城市化程度较高的交通经济带。

二、负外部性

综合运输通道的空间效应既有正面效应,也有负面效应,在对社会经济发展产生积极影响的同时也表现出一定的负面影响,即负外部性。

（1）对自然生态环境的破坏。综合运输通道是生态环境的重要组成部分,其承担着地区间人员、物质、能量和信息等的传输转运任务,是维系社会生产与消费高效平稳运行的重要保障。但是,综合运输通道在促进并改善社会环境和经济环境的同时,也给自然生态环境带来不利影响。综合运输通道的发展占用并消耗了大量的自然资源(如土地、能源等),同时也对区域大气环境、声环境等产生深远影响。

（2）对原社会空间的介入。综合运输通道有助于沟通区域之间的联系,加强彼此之间的交流。由于综合运输通道极大程度上便捷了区域间的联系交流,促进了大规模的人口流动,当一定数量的外来人口介入新的社会空间,必将打破原生存空间的平衡,除对原居住空间的生活方式产生影响外,还增加了公共服务设施的承受压力,进而导致居民生活质量的下降和生活环境的恶化。

（3）对连续空间的分割与阻断。综合运输通道是运输网络的骨干,运量大而集中,因综合运输通道多以高速交通线路为主轴,出于对容量和速度的追求,其往往具有一定的封闭性。综合运输通道的封闭性既保证了运输的快速性和安全性,但同时也在一定程度上阻隔了通道两侧的联系,分割了原本连续的国土空间。因此,综合运输通道对国土空间具有一定的碎化影响,其对国土空间的作用表现为"纵向联系、横向分割"。

第三节 综合运输通道的空间效率分析

一、综合运输通道的空间效率

空间组织是指人类为实现自身的发展目标而实施的一系列空间建构行动及其所产生的空间关联关系;空间效率是指其建构行动所产生的空间"集约利用""经济产出""社会协调""环境承载"的程度,以及所反映的"文明程度"和"生活质量"。空间结构是空间组织的结果,空间效率是衡量空间秩序与结构优劣的尺子。

交通运输网络是空间组织的主要动力和基础支撑之一。以城市空间组织为例,现代交通运输网络的形成,加强了城区与郊区相互作用的领域以及强度,推动城区与郊区的融合。对郊区而言,城郊现代化交通网络的形成,加速了郊区资源的开发利用程度,加快了农业产品商业化的步伐,为郊区剩余劳动力向城区迅速移动提供条件。对城区而言,交通网络促进了城区城市功能的完善,增强了城市的辐射带动作用。对城区和郊区总体而言,交通网络便利了要素的聚集与扩散,为城区与郊区间产业空间转移以及产业结构调整提供了条件。因此,现代交通网络的形成,极大地推动着城区与郊区的互动,对空间组织产生重要影响。

交通是经济发展的基础,而综合运输通道则是其中的大动脉。综合运输通道系统作为交通运输网络的主骨架,其对空间组织的影响往往具有引导性和全局性。空间效率反映了综合运输通道的空间组织效果,而综合运输通道空间效率的主要衡量指标就是其与空间发展的协调程度。综合运输通道与空间发展的协调关系归纳起来可以分为三种类型:整体优化型协调、适应型协调、互利(或双赢)型协调。其中,互利(或双赢)型协调主要是指如果两个或多个系统互利协调,则能各取所需,相互匹配,使双方都处在较好或最佳的运行状态,充分发挥各自的作用。综合运输通道与空间发展的协调演进关系如图3-5所示。

从图3-5可以看出,综合运输通道和空间结构的关系经历了孤立发展、协同发展、耦合发展的过程,空间组织也从松散式向紧凑式发展。这一过程中,综合运输通道的空间效率也在逐步提高。

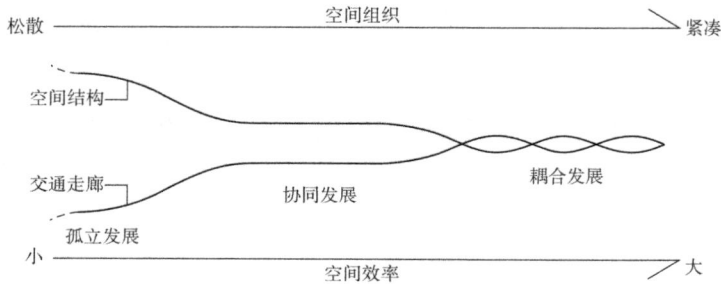

图 3-5　综合运输通道与空间结构的发展关系演进

二、综合运输通道与空间发展的耦合分析

交通运输与社会经济是密切联系的两个系统，两者之间的作用是相互的，在适当的条件下，两者可以形成相互促进的正反馈环，使双方协同发展，共同向更高水平演化。交通运输与社会经济协同发展的内在机制就是两者相互作用的机制。作为社会经济子系统的交通运输，其系统结构的改善和功能的提高不但可以增强社会经济系统的开放程度、加大社会经济系统的非平衡性，而且有助于强化社会经济系统的非线性作用机制，进而促使社会经济向更高阶段演化。而社会经济水平的提高，不但增加了对交通运输的需求，而且能够加大对交通基础设施的投资力度，从而推动交通运输系统的进一步发展完善。

交通运输与社会经济相互作用、相互影响，构成多环正反馈系统，每一环节功能的提高都会波及下一环节，促进其功能的增强，并逐次传递下去，形成相互影响的关系网，如图 3-6 所示。

综合运输通道是运输系统的主要组成部分，而空间发展是社会经济发展的主要体现，交通运输与社会经济的协同关系在综合运输通道与空间发展方面表现为一种耦合的关系。

耦合是一个物理学的概念，指两个或两个以上的系统或两种运动方式之间通过各种相互作用而彼此影响以至联合起来的现象。随着跨学科体系的发展，耦合的概念被广泛应用到物理学以外的许多学科之中。综合运输通道与空间发展同样具有耦合关系。考虑到本书研究内容，本书将耦合定义为综合运输通道与空间发展之间因存在着高度的关联性以致互相联合的现象。

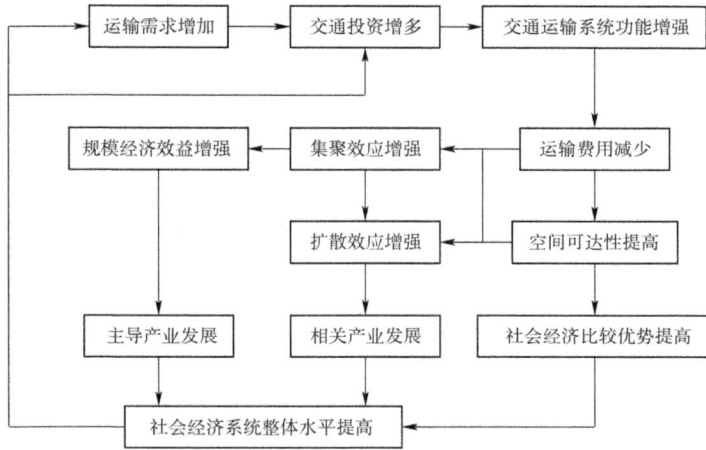

图 3-6　交通运输与社会经济协同发展的内在机制

综合运输通道与空间发展存在密切的联系,任何一方的变化都会对另一方产生影响。两者耦合的基本目标是综合运输通道与空间发展达到相互支持的和谐发展状态,促进二者的相互配合,实现城市和区域空间的有序发展。

一方面,地区空间发展结构极大程度上决定了综合运输通道的空间分布。城市或区域空间结构是由不同功能的场所在一定的空间分布原则下形成的,而人们的交流实质上是在不同的功能场所间的交换。因而,空间发展的结构决定了一定时期内人们出行的流量、流向和方式选择,进而在客观上决定了综合运输通道的空间分布。

另一方面,综合运输通道也对空间发展结构产生重大影响。完善的综合运输通道能够改变空间的可达性,而交通可达性的变化实际上决定了区位的优势或劣势,由于不同的功能区对区位的要求不同,因而综合运输通道对不同功能区的区位选择具有关键作用,能够引导各功能区的空间分布,进而强化或调整原有的空间结构。

因此,综合运输通道与空间发展是相互耦合的互动反馈关系(图3-7),在自组织力和它组织力的综合作用下,两者不断协调,通过耦合形成了不同的空间发展模式。

综合运输通道与空间发展的耦合具有时间和空间两方面的意义。在空间上,运输通道与空间结构的充分结合是实现两者耦合效应最大化的空间前提;在时间上,运输通道与空间结构达到良好的耦合状态通常需要一段较长的时间。因此,耦合实际上是时间与空间的统一。

三、综合运输通道与空间发展的耦合评价

耦合度是评价系统耦合程度的主要指标,描述了系统或要素相互影响的程度。系

统由无序走向有序的关键在于系统内部各要素之间的协同作用,它左右着系统变化的特征与规律,耦合度正是反映这种协同作用的度量,决定了系统由无序走向有序的趋势。由此,可以把综合运输通道与空间结构两个系统通过各自的耦合元素产生相互影响的程度定义为综合运输通道—空间结构耦合度,其大小反映了综合运输通道与空间发展的耦合程度。系统的耦合度可以利用耦合度模型进行计算评价。

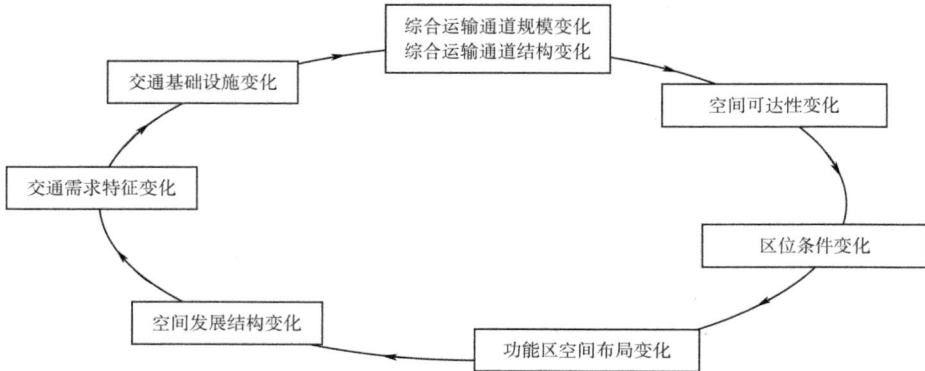

图 3-7　综合运输通道与空间发展的耦合机制

1. 功效函数

设变量 $u_i(i=1,2,\cdots m)$ 是综合运输通道—空间结构系统的序参量,u_{ij} 为第 i 个序参量的第 j 个指标,其值为 $X_{ij}(j=1,2,\cdots n)$。α_{ij},β_{ij} 分别是系统稳定临界点上序参量的上、下限值。则综合运输通道—空间结构系统对系统有序的功效系数 u_{ij} 可表示为:

$$u_{ij}=\begin{cases}(X_{ij}-\beta_{ij})/(\alpha_{ij}-\beta_{ij}) & u_{ij}\text{具有正功效}\\(\alpha_{ij}-X_{ij})/(\alpha_{ij}-\beta_{ij}) & u_{ij}\text{具有负功效}\end{cases} \tag{3-1}$$

式中,u_{ij} 表示变量 X_{ij} 对系统的功效贡献大小,反映了各指标达到目标的满意程度,u_{ij} 趋近 0 表示最不满意,u_{ij} 趋近 1 表示最满意,因此,$0\leqslant u_{ij}\leqslant 1$。

由于综合运输通道与空间结构分属不同的子系统,对子系统内各个序参量的有序程度的"总贡献"可通过集成方法来实现,一般可采用几何平均法和线性加权和法:

$$u_i=\sum_{j=1}^{m}\lambda_{ij}u_{ij}\qquad\sum_{j=1}^{m}\lambda_{ij}=1 \tag{3-2}$$

式中,u_i 为子系统对总系统有序度的贡献;λ_{ij} 为各个序参量的权重,具体可以利用层次分析法予以确定。

2. 协调度函数

常用的协调度计算是指距离协调度,是通过测量静态系统间距离的大小,来判断这些系统之间是否协调。设 u_1 和 u_2 分别为综合运输通道系统与空间发展系统的功效函数,综合运输通道与空间发展的协调意味着 u_1 和 u_2 的相对离差系数 d 越小越好,于是有:

$$d = 2 \left| u_1 - u_2 \right| / (u_1 + u_2) \tag{3-3}$$

经变换得:

$$d = 2 \sqrt{1 - (u_1 \cdot u_2) / \left[(u_1 + u_2) / 2 \right]^2} \tag{3-4}$$

由于 $u_1 \cdot u_2 \leqslant \left[(u_1 + u_2)/2 \right]^2$,因此,当 $(u_1 \cdot u_2) / \left[(u_1 + u_2)/2 \right]^2$ 越大时,d 越小,u_1 和 u_2 的协调程度也就越好。

令　　　　　　　　$$C = (u_1 \cdot u_2) / \left[(u_1 + u_2)/2 \right]^2 \tag{3-5}$$

显然 $0 \leqslant C \leqslant 1$,$C = 1$ 时,u_1 和 u_2 处于最协调的状态,$C = 0$ 时,u_1 和 u_2 处于最不协调的状态。

此外,有学者提出借鉴物理学中的耦合度函数来计算协调度,建立多个系统(或要素)相互作用的耦合度模型,即物理学中的容量耦合概念及容量耦合系数模型。借鉴物理学中的容量耦合概念及容量耦合系数模型,可推广得到多个系统(或要素)相互作用的耦合度模型,即:

$$C_n = \left\{ (u_1 \cdot u_2 \cdots u_m) / \left[\prod (u_i + u_j) \right] \right\}^{1/n} \tag{3-6}$$

依据协调度和物理学耦合度的基本理论,可直接定义综合运输通道系统与空间发展系统的协调度函数表达式为:

$$C = \left\{ (u_1 \cdot u_2) / \left[(u_1 + u_2)(u_1 + u_2) \right] \right\}^{1/2} \tag{3-7}$$

3. 耦合协调度函数

上述协调度函数虽能表示综合运输通道与空间发展的协调程度,但是由于综合运输通道与空间发展具有交错、动态和不平衡的特性,因此,单纯依靠协调度 C 判别有可能产生误导。例如,在综合运输通道与空间发展指标得分相等但是数值都比较低的情况下,计算求得的协调度却有可能比得分不等但是数值都比较高的情况下计算得到的协调度,这样的结果显然不符合事实,违背常理。为了克服这一缺点,构造二者耦合协调度模型,其计算模型如下:

$$\begin{cases} D = (C \times T)^{\theta} \\ T = \alpha u_1 + \beta u_2 \end{cases} \tag{3-8}$$

式中,D 为耦合协调度;C 为协调度;T 为综合运输通道与空间发展的综合评价指数,反映二者的整体协同效应或贡献；θ、α、β 为待定参数，一般取 $\theta = 1/2$。

显然，耦合协调度值 $D \in [0,1]$，当 $D = 0$ 时，耦合协调度最小，系统之间或系统内部要素之间处于无关状态，系统将向无序发展；当 $D = 1$ 时，耦合协调度最大，系统之间或系统内部要素之间达到良性共振耦合，系统将趋向新的有序结构。耦合协调度取值范围及其等级对应关系见表 3-1。

耦合协调度等级分类 表 3-1

取 值 范 围	耦 合 程 度	说　　　明
$D = 0$	不具耦合	要素之间处于不相关状态
$0 < D \leqslant 0.3$	弱耦合	要素之间的相关性较弱，而彼此协调能力强
$0.3 < D \leqslant 0.5$	低耦合	要素之间的相关性较强，而彼此协调能力弱
$0.5 < D \leqslant 0.8$	中耦合	要素之间的相关性强，彼此协调能力强
$0.8 < D < 1$	强耦合	要素之间完全相关，彼此协同发展
$D = 1$	完全耦合	要素之间达到良性共振耦合

由表 3-1 可以看出，当 $0 < D \leqslant 0.3$ 时，综合运输通道与空间发展处于较低水平的耦合阶段，此时空间发展水平较低，交通基础设施支撑能力强，空间发展对综合运输通道的依赖性不强，综合运输通道完全能够满足空间发展的需求。

当 $0.3 < D \leqslant 0.5$ 时，综合运输通道与空间发展处于颉颃时期，该阶段空间进入快速发展时期，它的发展急需交通基础设施为支撑，综合运输通道的支撑能力下降，不能完全适应空间发展带来的影响。

当 $0.5 < D \leqslant 0.8$ 时，综合运输通道与空间发展进入磨合阶段，此时综合运输通道开始快速发展，空间发展由于受到交通基础设施的制约，已经将其相当多的发展资金注入交通基础设施建设之中，综合运输通道与空间发展开始良性耦合。

当 $0.8 < D < 1$ 时，综合运输通道不仅在量上得到很大发展，而且在质上也明显提高，综合运输通道与空间发展相得益彰、互相促进，共同步入高水平耦合协调阶段。当然，由于政策及突变因素影响，综合运输通道与空间发展有可能退化到以前的耦合阶段。

第四章 ◀

城市综合运输通道与城市功能耦合

★ 近年来,国民经济增长迅速,城市化进程骤然加快,我国大中城市尤其是特大城市的交通运输需求增长速度迅猛,交通供需矛盾也变得愈发突出。在此背景下,城市综合运输通道成为城市交通设施建设的热潮。然而,由于对城市综合运输通道理论认识的不足,一方面既存在运输通道建设跟不上城市发展需求的情况,另一方面也存在盲目建设的问题,给城市发展带来一定影响。因此,对城市综合运输通道与城市发展关系的研究具有重要意义。

第一节　城市综合运输通道研究概述

一、城市综合运输通道的形成与演化

城市综合运输通道的形成演化同城市的发展及城市综合交通的发展紧密相连。早在 1978 年,Baerwald(1978)就对城市综合运输通道的发展进行了研究,并总结出城市综合运输通道发展演化的模式。他认为城市综合运输通道的发展过程可分为四个阶段:第一阶段是战后住宅发展阶段;第二阶段是工业变化和商业扩展阶段;第三阶段是由于房地产业引起的投机阶段;第四阶段是零售商业由于功能、价格等变化后的再发展阶段。Newman 和 Kenworthy(1996)从城市交通发展的角度对交通影响城市形态的历史演进过程进行了深入的研究,将城市发展划分为三个阶段:传统的步行城市、工业化时代和战后的"汽车城市"。Hall(1998)在文章中也涉及了欧洲的交通变化与城市形态等问题,肯定了 Newman 和 Kenworthy 的研究成果。Richmond(1998)也认为交通系统的历史是一个动力发展的过程,交通充当城市发展的驱动因素,交通工具的进步引起城市形态

的演变。

国内学者对城市综合运输通道的形成与演化也进行过相关研究。杨涛(1995)等探讨了城市综合运输通道的内涵、功能、地位及形成机理、相关因素等,提出城市综合运输通道的五种基本形式:大容量的高速公路(城市高速公路)、同方向的多条道路共同构成的运输通道、由大运量有轨运输线路构成的运输通道、干道系统与大运量有轨运输相结合的运输通道、由地面干道和高架道路组成的运输通道等。毛敏(2007)分析了城市综合运输通道的基本结构,研究其自组织演化过程,在微观层次上提出四阶段生命周期模型,描述了运输通道个体演化的过程,提出了城市综合运输通道自组织演化机理,即城市综合运输通道与其依托的地域系统和交通运输系统组成多层次的超循环系统,通过自我发展和相互促进的耦合作用方式协同发展。

二、城市综合运输通道与土地利用的关系

国外对城市综合运输通道和土地利用关系的研究早期主要集中在交通发展模式对城市形态的影响。19世纪80年代,以西班牙工程师 Soria Y Mata 为代表的学者提出了线性城市模型,主张以宽阔道路为骨架,沿交通轴线设置开发走廊。1947年,哥本哈根进行了"指状规划"实践,发展了五条郊铁通道,成为沿运输线路进行线性扩张的一个典型实例。Baerwald(1982)对城市运输通道和集束发展模式进行了研究,认为集束模式的发展是围绕关键点而进行,土地利用具有一定的稳定性;而运输通道的土地利用形式则具有显著的变化性。Erickson 和 Gentry(1985)认为郊区发展是集束发展围绕主要公路交叉路段的具体体现。Hart(1992)研究了美国和欧洲从20世纪60年代以来交通政策和城市形态的关系,认为从1960—1984年,交通运输政策刺激经济活动,提高了运输机动性,促进了地区之间的联系。

近年来,有学者开始关注运输通道的出行行为及其对不同土地利用类型的影响。Mcdonald(1995)和 Van Henggel(1996)分别就 I-105 公路通道、芝加哥西南运输通道对居民出行行为和土地开发的关系进行了深入研究,认为通道的修建使居民的日常生活出行次数增加,活动范围增大,周边土地增值的潜力加大。Sutton(1999)检查了美国丹佛 I-225 公路通道对其周围住宅用地、商业用地、办公用地的长期影响作用,总结出运输通道影响土地利用发展变化的三个阶段:伴随着少量商业和办公用地的发展,住宅用地渗透于通道地带;住宅发展的蔓延和商业、办公活动的渗透;商业和办公活动的蔓延及其重

新定位于通道地带。

随着紧凑城市、公交导向开发(TOD)等概念的出现,许多城市逐步形成沿大运量的公共交通进行有计划的开发形式,如奥斯陆、斯德哥尔摩等城市的地铁沿线成为城市开发走廊。华盛顿2000年大都会地区远景规划,计划建立6个从中心城市放射出去的高密度城市通道,居民与就业地点集中于中心城市及沿通道分布的新城市,有公共交通与快速干线为新城市服务。王姣娥(2008)从城市交通、土地利用及城市空间结构三者的内在联系方面详细阐述了TOD的作用机理,并对TOD的空间效应进行了研究。

近年来,国内对城市运输通道与土地利用关系的研究以运输通道对城市空间扩展的影响研究居多。周尚意(2003)研究了运输通道对城市社会空间的介入作用,认为运输通道对城市社会空间具有介入、隔离、接替等作用,提出在城市大型运输通道建设中,应该注意保持城市居民生活基本空间单元的完整性。毛蒋兴(2004)引入GIS与RS集成技术,以广州大道为例,开展城市交通干道对土地利用的廊道效应研究,结果表明,广州大道对土地利用存在明显的空间吸引与空间分异效应。张文忠(2004)等在实地调研、抽样问卷调查的基础上,就交通通道对住宅空间扩展和居民住宅区位选择的作用进行了分析,研究了交通通道与住宅空间分布、扩展的趋势、交通通道与住宅价格和居民住宅空间选择,以及交通条件与居民住宅区位选择行为等问题。王花兰(2006)等结合TOPSIS方法和计算机模拟技术,构建了中心城—卫星城间交通对城市空间扩展影响模型,揭示了中心城—卫星城间交通在大城市空间结构扩展中的作用机理及贡献程度,得出可通过发展中心城—卫星城间交通引导城市空间向卫星城扩展的结论。曹小曙(2006)等采用城镇用地的综合扩展系数分析了穗港通道内各市、区、镇的城镇用地扩展类型,将穗港城市通道划分为剧变型、强扩展型和弱扩展型三种变化类型。此外,曹小曙等还对珠江三角洲交通与土地利用空间关系进行了研究,结果表明,沿交通干线城镇建设用地与耕地呈现明显的廊道效应,离交通线距离越远,耕地所占比例逐渐增加,而城镇建设用地所占比例逐渐减少,空间分异现象明显。

三、城市综合运输通道对经济发展的影响

城市综合运输通道对经济发展的影响历来是国内外学者的一个研究重点,并已取得了一系列的研究成果。早在1942年,Gottmann在分析大都市连绵带形成的基础上,强

调了产业和城市的集聚与交通干线有着密切的关系,交通干线引导了产业的布局,突出了运输对经济发展的影响。Cater(1983)研究了 M4 高速公路(伦敦—布列斯托尔)对住宅区位的经济影响。Linneker(1992)和 Spence 评估了伦敦市 M25 环状公路通达性的影响,指出通达性的加强是由于时间的缩短,但通达性的方向、强度和大小等之间的因果关系并未改变。Knowles(1993)通过对加拿大运输技术和空间变化关系的探讨,得出运输实际上是社会和经济发展过程的一种表现的结论。Moon(1992)对美国的 I-75 走廊进行了研究,并对其在经济发展中的作用进行了分析,据估计美国制造业资金的 15% 发生在 I-75 走廊地带内,Finn(1987)同时指出日本在美国投资的 25% 在该走廊内。Bryan(1997)等人运用投入—产出理论研究 A55 公路的发展对北 Wales 经济增长的影响,强调公路发展的经济作用处于中间状态。

国内方面,王花兰(2006)等分析了主城对卫星城市经济扩散作用与热传导现象的相似性,参照热传导的傅立叶定律,建立了主城对卫星城市基于交通运输通道的经济扩散模型,得出主城对卫星城市的经济扩散通量与其间交通运输通道的通过能力及两城市间的产业梯度呈正比的结论。李婧(2008)选取了量化运输通道发展和城市经济发展的指标,建立了以空间经济学中引力模型为基础的经济影响模型,并对该模型预测运输通道发展对城市经济影响的过程进行了阐述。

第二节　城市综合运输通道的形成与发展

一、城市综合运输通道的形成机理

作为综合运输通道的一部分,城市综合运输通道的形成同样受自然、交通、社会经济和区位等条件的影响。但作为综合运输通道的微观子系统,城市综合运输通道的形成同城市自身一样,有其历史必然性。受各类因素的共同影响,城市综合运输通道的形成是一个长期复杂的过程。在这一过程中,人口、自然条件、空间布局、技术进步、观念提升等因素共同促进了城市综合运输通道的形成。

(1)城市人口规模的增长是城市综合运输通道形成的主要原因。城市交通是城市人类活动的重要载体,随着城市人口规模的不断扩大,城市活动空间也在不断延伸。城市人口的增长和空间联系的扩展愈发需要大运量、长距离的交通设施,在此背景下,以集约、快速、高容量为特点的城市综合运输通道应运而生。

（2）城市自然地理条件是城市综合运输通道形成的基础条件。城市的自然地理条件制约了城市的基本发展形态，而城市的发展形态又决定了城市交通流的分布方向。在自然地理条件优越的地区，往往聚集了大量的客流、货流，在这些地区激发了对高效率交通设施的需求，更容易形成运输通道。

（3）城市空间布局形态是城市综合运输通道形成的关键条件。城市空间布局形态决定了人口、经济等要素的分布方向，导致客、货流沿某一方向大量集中。受自然、历史等因素的影响，城市用地布局形成了诸如带形、扇形、指形等不同形态，导致了城市交通流的不均匀分布，而交通流在空间上的不均匀分布客观上促进了城市综合运输通道的产生。

（4）科学技术的进步是城市综合运输通道形成的重要保障。科学技术的进步促进了交通建设水平的提高和交通方式的转变，有力保障了城市综合运输通道的形成和发展。例如，城市轨道交通的建设极大地增强了城市的吸引力，促进了城市规模的扩大和空间的拓展，使得城市沿着主要线路方向向外扩展，间接促进了城市综合运输通道的形成。

（5）现代化的理念是城市综合运输通道形成的助推器。随着现代化水平的提高，人们的出行观念也在发生变化，对高效率、低公害的追求推动了城市综合运输通道的建设和发展。另一方面，现代化的城市规划布局理念也助推了城市综合运输通道的发展，大城市的组团布局需要快速交通进行紧密联系，组团间对快速交通的追求是现代城市综合运输通道形成的主要原因之一。

综上，城市综合运输通道的形成是多种因素共同作用的结果，而每一因素在不同历史时期的作用也不相同。在古代和近代，城市人口、自然地理等基础条件对城市综合运输通道的形成起主导作用，这一时期城市综合运输通道的形成是一个长期的漫长过程，且受主观因素影响较小，其形成主要是一种自发的无序过程。工业革命之后，科学技术进步成为城市综合运输通道形成的重要因素，随着交通技术的进步，新的交通工具不断涌现，新交通方式逐渐催生了新的城市综合运输通道的形成，且其形成过程也较为短暂，基本上是伴随新式交通方式的诞生而产生。近年来，随着现代出行理念和规划理念的盛行，人类主观因素对城市综合运输通道的形成渐起主导作用，城市综合运输通道的形成在很大程度上受人为的干预和影响，其运行效率也更高。

二、城市综合运输通道的演进过程

城市综合运输通道作为综合运输通道的一种,其演进过程也基本遵循了"据点培育""轴线开发""内部融合"和"网络扩展"等基本阶段。然而,作为微观层面的综合运输通道,城市综合运输通道的演进也具有一些自身的演变特征。

城市综合运输通道是伴随城市的发展而发展起来的,其演进离不开同城市的相互交融关系,演进过程同城市的演进过程也具有一致性。Adams(1970)提出的与交通有关的城市形态四个演变阶段,充分说明了城市综合运输通道与城市演进的一致性。其中每个发展阶段都有一种主导的特殊交通技术和网络拓展过程,并形成了各具特色的都市空间组织模式。如图4-1所示,该模型揭示了随时间而完全不同的城市形态特征。时期Ⅰ和时期Ⅲ有着均衡的交通覆盖空间(城市不同区域有着近似的可达性),形成各个方向的交通出行自由、整体紧凑的发展模式。在时期Ⅱ和时期Ⅳ中,路网是主要的主导因素,形成了不规则的城市形态,沿着放射状交通线路轴向发展,并超越了通达水平较低的区域。

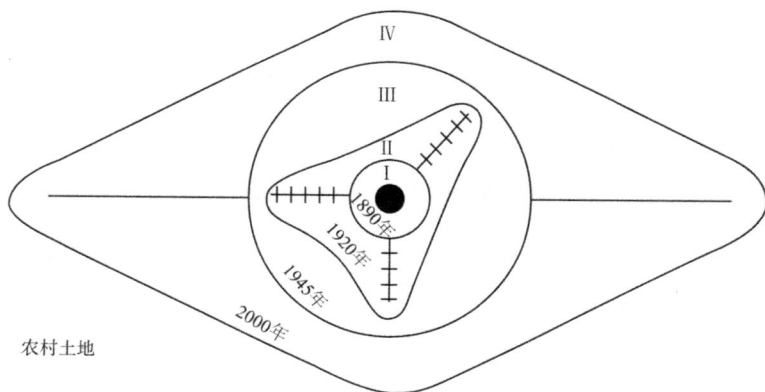

图4-1　城市主导交通与城市发展模式

[资料来源:Adams J. S. (1970)]

Ⅰ-步行-马车时代;Ⅱ-电车时代;Ⅲ-汽车时代;Ⅳ-高速公路时代

城市交通主导的城市形态演进模式为城市综合运输通道的演进过程提供了研究基础。依据综合运输通道的生命周期,从城市综合运输通道与城市形态演变的耦合过程来看,城市综合运输通道的演变大致经历了以下几个阶段。

（1）通道节点集聚阶段。在城市发展的初期,城市内各居民点分散布局,城市功能不完善,居民之间联系较少。在城市的沿海港口地区和内陆区位条件较好的地区,集聚了主要的城市居民,是发展贸易的主要集聚地。但是,由于各居民集聚区基本属于自给自足的独立式发展,因此彼此之间联系较少。这一时期主要以居民点的集聚发展为主,轴线发展处于孕育阶段,为城市综合运输通道的孕育期。

（2）通道节点扩散阶段。当城市各居民集聚区发展到一定阶段之后,其内部功能开始溢出。一方面,在一些主要集聚区的周围逐渐衍生出一些小规模的集聚点;另一方面,在部分主要集聚区之间逐渐开始产生贸易往来。新集聚点的产生和联系交流的加强使得居民集聚区的规模不断扩大,为轴线的开发奠定了基础。这一时期以居民点的扩散发展为主,轴线发展处于萌芽阶段,城市综合运输通道尚处于初生期。

（3）通道轴线开发阶段。在主要人口集聚区之间,由于交通条件的改善,刺激了彼此间的联系与交流。交流的日益加强使得沿主要交通干线开始形成相对密集的人口集聚带,成为城市主要发展轴线,在轴线及附近地区形成较强的经济实力和较大的发展潜力,城市的发展开始进入轴线开发时期。轴线的开发不但形成了密集的人口集聚带,而且沿线形成许多新的经济中心,加强了交通轴线的规模,为运输通道的形成奠定了基础,这一时期为城市综合运输通道的雏形期。

（4）通道局部形成阶段。随着城市的发展,在城市主要人口集聚区形成便捷的联络线,这些联络线通常将城市的中心集聚区与外围集聚区以及外围集聚区之间串接起来,组成城市的主骨架,城市形态初步形成。在一些主要轴线,由于历史的积累和城市发展对交通的需求,沿城市主要发展方向承担了大量的客货流,逐渐发展成为城市综合运输通道,是城市发展的主要支撑。伴随城市结构形态的初步形成,这一时期属于城市综合运输通道的基本形成期。

（5）通道系统开发阶段。城市化进程的不断加快,使得城市功能日益完善,当城市规模发展到一定程度之后,城市结构形态发生演变。原来的中心集聚区发展成为城市的核心区,而外围集聚区则演变为功能相对完善的城市组团。与城市发展相对应,城市综合运输通道也进入快速发展的轨道,中心城区与城市组团以及各城市组团之间是城市综合运输通道的主要形成方向。该阶段城市综合运输通道的发展以量的扩张为主,是城市综合运输通道的扩展期。

（6）通道网络融合阶段。当城市发展到一定阶段之后,城市内各节点互相关联,功能互相融合,表现为级别有序、功能完善的有机整体。相应地,城市综合运输通道开始朝着相互关联的网络状方向发展,并形成一定的级序结构。不同级别的城市综合运输通道互相融合,共同构成城市的骨架。该阶段城市综合运输通道主要以优化发展为主,属于城市综合运输通道的成熟期。

城市综合运输通道演进模式如图4-2所示。

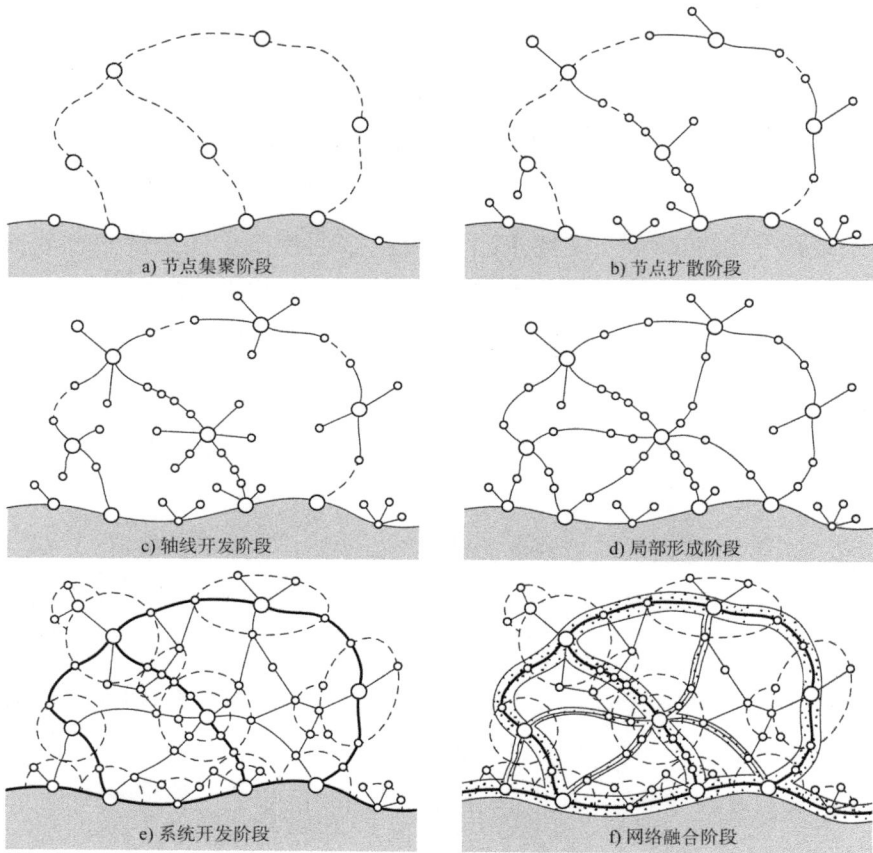

图4-2 城市综合运输通道演进模式图

城市综合运输通道是城市发展演变的产物,分析城市综合运输通道的演变过程,可以看出,城市综合运输通道自孕育至形成经历的时间较长,而从形成至成熟则经历的时间较短,即通道发展演化的步伐在加快,这与城市的发展历程是相吻合的。这一方面说明城市化进程在加快,另一方面说明城市综合运输通道对城市的支撑能力在加强。

三、城市综合运输通道的空间结构

城市综合运输通道的空间结构受城市空间布局形态的影响,呈现出与城市空间形态相吻合的发展态势。由于城市本身的特性、规模、区位等方面的差异,城市发展表现出不同类型的空间形态。依据城市路网的特征,可将城市空间布局形态划分为星形、带形、格网形和卫星城市等基本类型。就我国而言,由于政治、社会、经济等因素的影响,我国的城市空间结构形态可划分为单核集中状、多核组团状、星形放射状、线形条带状等几种类型。与此相适应,城市综合运输通道的空间结构大致可以分为环形放射结构、链形串接结构、树形伸展结构等。

(1)环形放射结构。该结构主要存在于单核集中型城市,以及星形放射型城市。这类城市往往拥有一个强大的城市核心,围绕城市核心区形成外围功能区或城市组团。城市核心区对外围功能区或城市组团具有很强的吸引力和辐射力,城市的向心性较强,在城市核心区与外围功能区或城市组团之间由于联系的密切性,将最先形成放射性的城市综合运输通道。在部分发达城市,除与城市核心区保持有紧密联系外,各外围功能区或城市组团之间也有较强的联系,围绕核心区,在其外围容易形成联系各功能区或城市组团的环形城市综合运输通道。内部放射形运输通道与外围环形运输通道共同构成了城市综合运输通道的环形放射结构。

(2)链形串接结构。该结构主要形成于多核组团城市,城市内各组团分散设置,彼此之间没有主次之分,各城市组团均有比较密切的联系,组团与组团之间由于运输需求的增加,需要拥有较为发达的运输系统相连,将在城市范围内率先形成城市综合运输通道。城市综合运输通道将各组团串接起来,在空间上形成链状形态。链形串接结构的城市综合运输通道相对不稳定,当某两两组团之间的联系加强或减弱时,通道的链形结构会发生重构,向环形放射结构或树形伸展结构演变。

(3)树形伸展结构。在线形条带状城市,受自然条件(如山麓、河流等)等影响,城市的核心区呈带状分布,外围组团与之连片向两侧伸展。在条带状的核心区,由于各功能区呈长条状布局,出于对远距离交通运输的需求,将最先形成主要城市运输通道;在核心区与两侧的组团之间,当交通联系达到一定规模之后,沿主通道向外会形成次级城市运输通道。城市条带状核心区的主通道与核心区至边缘组团间的次通道共同形成城市综合运输通道的树形伸展结构。

上述三种结构为城市综合运输通道的基本空间结构,受城市空间布局形态和扩展模式的影响,同一时期,城市综合运输通道的空间结构往往表现为多种结构的并存,但在不同历史时期,则以某一种结构为主导。

四、城市综合运输通道的发展机制

城市综合运输通道是城市的骨架,若把城市交通网络看作为城市的"血管",则城市综合运输通道就是城市的"主动脉",决定了城市交通网络的基本形态。从城市综合运输通道的演进过程可知,城市综合运输通道的发展过程就是城市发展演进的过程,在这一过程中,多种因素推动了城市综合运输通道的发展。

城市综合运输通道的发展实质上是通道与城市发展相互动的过程。依据城市综合运输通道的演进过程,城市综合运输通道的发展同城市的规模、性质、形态以及自然地理条件和社会经济发展水平密切相关。一方面,城市的规模、性质和形态结构等特征决定了城市交通需求的大小和分布,影响着城市综合运输通道的形成和结构基础;另一方面,城市综合运输通道通过集散效应,引发城市功能结构、土地利用强度、人口密度等城市基本形态的变化。城市形态和运输通道这种互相促进、互相制约的互动关系推动着城市综合运输通道的不断发展。

城市交通基础设施网络的不断完善是城市综合运输通道发展的基础。城市综合运输通道往往依托于高等级的城市干道,而且理想的城市综合运输通道中,不同等级和功能的道路应分别服务于不同性质的交通流。因此,城市综合运输通道是城市交通基础设施发展到一定阶段的产物。随着城市的发展,城市道路交通的网络密度逐步加密,等级结构趋向合理,快速路和主干路从生活功能向交通功能演变,主要为城市中长距离通过性交通提供快速服务。围绕城市快速路和主干路,城市人口和经济活动集聚效应愈发明显,在这些地区逐步形成城市综合运输通道。

城市交通运输需求推动了城市综合运输通道的发展。综合运输通道具有运量大、效益高的特点,因此,运输通道的形成必须具有足够的出行需求支撑其发展。从城市来看,城市交通需求主要体现在城市人口规模和城市经济活动等方面。城市人口规模的扩大为通道培育了潜在的运输需求,而经济活动的频繁进行增强了彼此间的交流与联系,直接产生了交通出行。城市作为人口集聚和经济活动的中心,随着其规模的不断扩大,人口和经济开始扩散,主要道路上的交通需求迅速增长,客观上推动了城市综合运输通道的形成和发展。

<h1 style="text-align:center">第三节　城市综合运输通道的廊道效应</h1>

一、廊道效应的原理及产生机制

城市综合运输通道作为城市交通运输系统的骨干,具有最优通达性并对所在地域产生深刻影响的特征,这一特征可用"廊道效应"进行描述。城市综合运输通道的廊道效应通常是指在运输通道沿线,受自然力、社会力、经济力等综合作用,城市土地利用在开发、建设和改造中所呈现出的效益梯度递减效应,以及城市人口在土地利用引导下所呈现出的空间集聚效应。

城市综合运输通道的廊道效应实质上是运输通道对其影响范围内各种城市土地利用及人口的空间吸引,并引起各类城市用地空间和人口布局重新分布的效应。这种效应产生的本质是由于运输通道改变了城市交通条件,引起通道沿线土地空间可达性的变化,影响到沿线土地的价格,进而使沿线土地适宜功能及对市场的吸引力发生变化,从而使得通道沿线的人口和土地利用的规模和空间分布格局发生变化。

从城市综合运输通道廊道效应的定义可以看出,廊道效应的作用对象主要体现在城市土地利用和城市人口两方面,而其作用的形式则主要体现在流通效应和场效应两个方面。其中流通效应主要是加速运输通道沿线交通流的流通速度,提高沿线空间可达性,加强运输通道所联结空间之间的联系。而场效应主要是受流通效应的影响,在通道沿线一定范围内,对城市社会经济活动发生的规模和空间布局产生影响,其实质是围绕城市综合运输通道一定范围内存有效应梯度场。

从产生的过程来看,城市综合运输通道廊道效应产生的过程同区域点—轴发展的过程基本类似;而从其产生的机制来看,城市综合运输通道廊道效应是流通效应和场效应协同发展的过程。具体而言,首先是在城市中心和核心组团之间出现运输线路,形成城市综合运输通道的雏形,改善了交通运输条件,提高了空间可达性,运输通道的流通效应开始显现。流通效应加强了城市空间的联系,对通道沿线地区的社会经济活动产生影响,使得通道的场效应开始逐步发挥作用。而通道的场效应过程先后经历了极化效应和扩散效应,两者交替作用,再加上流通效应的加速作用,运输通道沿线开始形成人口和产业的集聚,引起城市人口和土地利用空间布局的重塑。总之,城市综合运输通道的廊道效应导致城市人口和土地利用规模和空间布局的变化,进而影响着整个城市的空间结构。

二、城市综合运输通道的廊道效应分析

(一)对土地利用的廊道效应

城市综合运输通道对土地利用的廊道效应主要表现在两个方面:空间吸引效应和空间分异效应。

空间吸引效应是指由于城市综合运输通道的建设,提高了沿线周边土地空间的可达性,刺激了沿线土地的开发和再开发,加快了人口和经济活动向沿线地区的集聚。一方面,推动了通道沿线地区的土地开发进程,扩大了城市建设用地的规模;另一方面,城市用地在通道的不同影响范围内空间吸引强度不同,在空间上表现出明显的距离衰减性。

空间分异效应是指由于城市综合运输通道沿线空间可达性的差异,使得沿线不同影响范围内的土地适宜功能及市场吸引力具有明显不同,从而使得城市土地利用的空间分布发生变化,引起城市土地利用的空间分异。其主要表现是沿运输通道由近到远,呈现出按交通区位效益水平大小排列的城市土地利用分布。

Baerwald(1978)对美国明尼阿波利斯市南部 I-494 州际高速公路沿线一段的土地利用结构的经典研究结果表明,高速公路的建设极大地刺激了沿线土地的开发利用(图4-3),其中,非居住空间扩散的趋势大大加强,而居住用地开始远离通道沿线。因高速公路拓展了通勤半径,能够服务分散的整个城市,居住区位的约束条件也就得到缓和,大多数居民不再要求居住在离工作较近的区域内。相反,工厂的居住区要求能够提供通往城市中心区最好的道路交通,在这些地方工人能够到达市内任何地点。因此,高速公路使得城市社会空间集聚变得更加突出,并形成了镶嵌式文化。通道沿线组成地块不仅区分种族,还包括年龄、职业地位乃至细微的生活方式差异。

在我国,由于文化和生活习惯的差异,城市综合运输通道的廊道效应同 Baerwald 的研究结论有相似之处,但也存在一定的差异。相似之处在于运输通道对土地利用均表现出明显的空间吸引效应,差异在于运输通道对土地利用的空间分异效应。在美国,居住用地趋向于分布在通道的远距离范围,而在我国居住用地空间分布趋向于通道近距

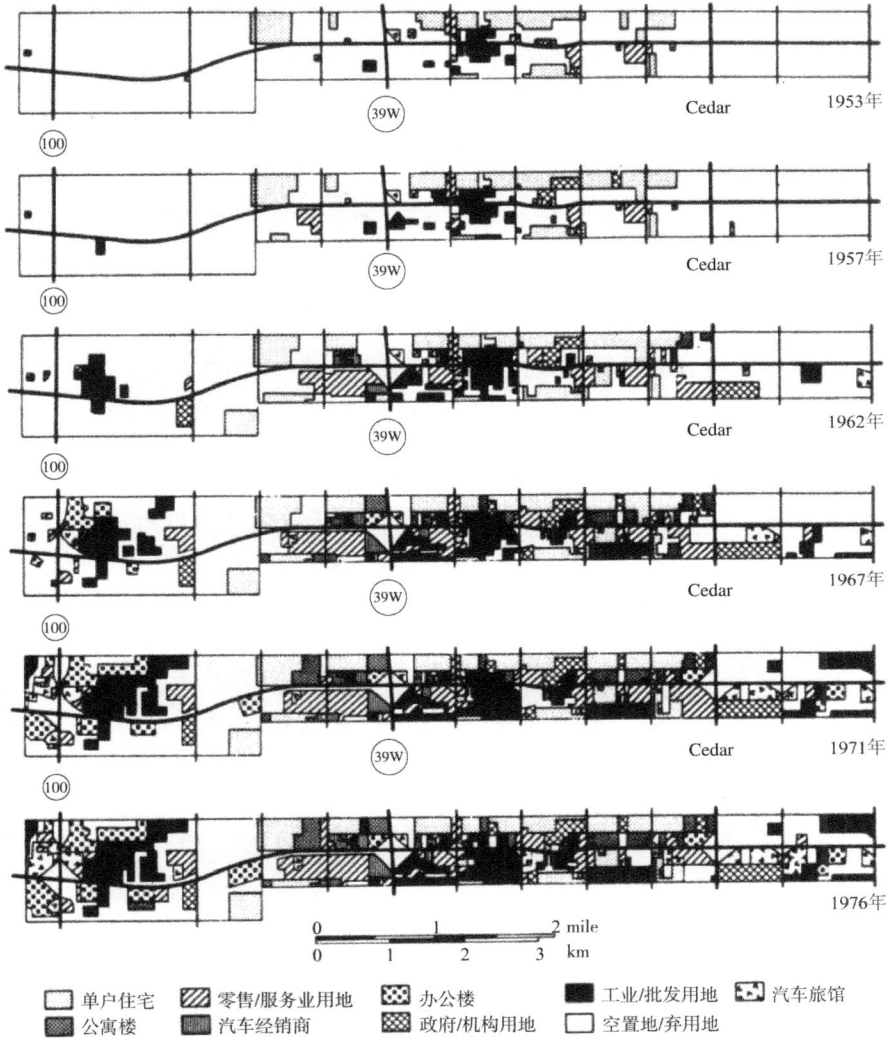

图 4-3 1953—1976 年明尼阿波利斯 I-494 州际高速公路通道的土地利用变化

[资料来源:Baerwald(1978,312 页),美国地理学会 1978 年]

离范围。毛蒋兴(2004)等学者以广州大道为例,利用有关政府部门资料以及遥感数据和实地调查资料,引入 GIS 与 RS 集成技术,将城市用地统一调整为公建用地(公共设施及市政设施用地)、居住用地、工业用地及其他用地四类,进行了城市综合运输通道对土地利用的廊道效应实证研究。结果表明:城市综合运输通道对土地利用的空间吸引效应明显,沿线各类用地总量不断增加;其中对公建用地和居住用地的吸引效应较为明显,吸引效应水平基本符合距离衰减规律;而对工业用地的吸引效应仅表现在建设初期,从长远来看,对工业用地具有明显排斥作用。从城市综合运输通道的空间分异效应来看,随着通道的发展,通道沿线居住用地所占比例持续上升,公建用地和工业用地所占比例呈下降趋势,其中工业用地所占比例下降尤为明显;而且随着距通道的距离增加,城市用地类型的空间分布依次表现为居住用地、公建用地和工业用地(居住用地空间分布趋向于通道近距离范围,公建用地空间集中分布于通道500~1000m范围内,工业用地空间分布则趋向于通道较远距离范围)。

王锡福(2005)对上海市近郊区城市综合运输通道的土地利用廊道效应研究中,以及曹小曙(2006)对穗港深通道的土地利用廊道效应分析中也都得出类似的结论。即城市综合运输通道对土地利用存在明显的空间吸引效应和空间分异效应,其对土地利用的廊道效应遵循距离衰减规律。其实质是围绕运输通道在一定范围内存有效益梯度场,廊道效益由中心向外逐步衰减,遵循距离衰减率,在理论上可用对数衰减函数表示:

$$D = f(e) = a\ln\frac{a \pm \sqrt{a^2 - e^2}}{e} \mp \sqrt{a^2 - e^2} \qquad (4\text{-}1)$$

式中,D表示距离;e表示梯度场效应;a是常数,表示最大廊道效应。其函数图形如图4-4所示,从图中廊道效应与距离的关系可以看出,当距离增大时(从d_1扩展到d_3),廊道效应逐渐递减(从e_1降低到e_3),呈现出从通道中心向外递减的趋势。

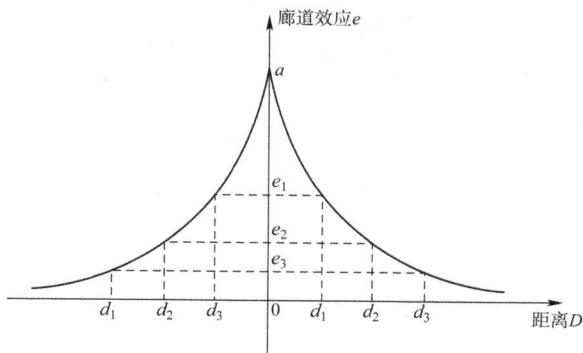

图4-4 城市综合运输通道对土地利用的距离衰减函数曲线

(二)对人口布局的廊道效应

城市综合运输通道对城市人口布局的廊道效应同对土地利用的廊道效应具有明显的不同。为分析城市综合运输通道对城市人口布局的廊道效应,以运输通道周围一定范围内住宅开发强度和住宅价格的变化趋势来反映城市人口布局受通道的影响情况。

以北京市轨道交通为城市综合运输通道研究对象,将轨道交通影响区设为轨道交通站点 2000m 范围内。目前,北京市已经开通运营及在建的地铁线路有:1 号线、2 号线、4 号线、5 号线、6 号线、7 号线、8 号线、9 号线、10 号线、13 号线、14 号线、15 号线、16 号线、机场专线、八通线、昌平线、亦庄线、房山线、大兴线、西郊线、燕房线、S1 线。轨道线路和站点分布如图 4-5 所示。同时,以北京市六环内所有楼盘为人口样本研究对象(选取 1995 年 1 月到 2011 年 7 月,剔除有缺失值的数据和无效数据,总计 1743 个),其中楼盘样本剔除了别墅、经济适用房、廉租房等类型,主要为普通住宅和公寓,其分布如图 4-6 所示。

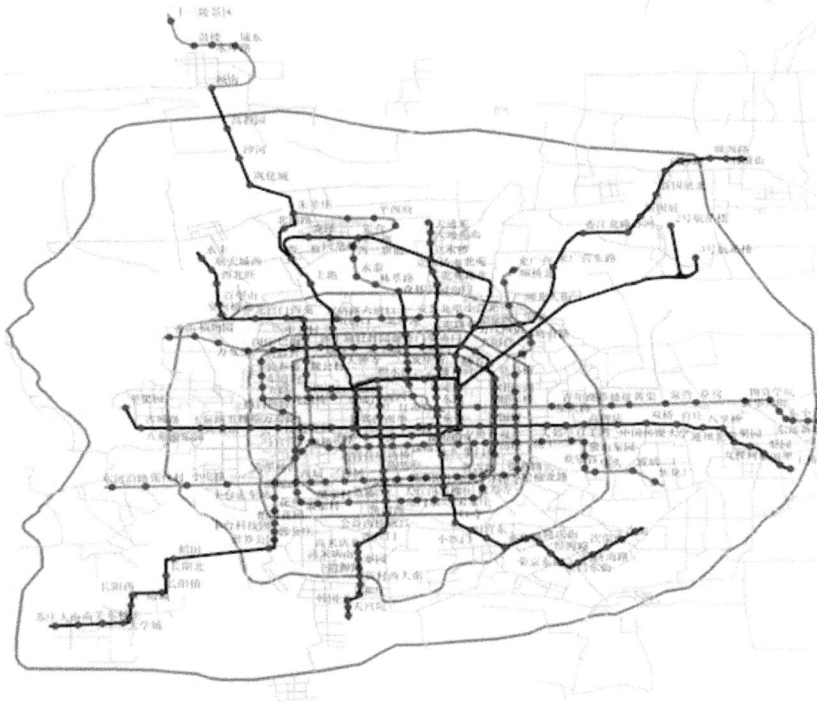

图 4-5　北京市轨道线路和站点分布图

将所有楼盘离最近轨道交通站点的距离按 100m 间距分为 20 个区段,分别算出各个区段的容积率均值和绿化率均值,得到住宅容积率均值及绿化率均值随轨道交通站点距离变化的折线图(图 4-7、图 4-8)。

从图中可以看出,容积率随站点距离拉大而逐渐下降,而绿化率则随着站点距离的拉大而缓慢上升。说明:①距离通道越近,住宅开发强度越大。运输通道能够极大地改善周围地区的可达性,使得大量公共设施用地、商业办公用地及就业居住人员向通道地区集中,造成了通道地区的高强度开发。②距离通道越远,住宅环境品质越高。通道附近地区土地稀缺,造成绿地面积减少,而距离通道越远,土地供应量越大,开发强度越低,因此绿地面积越大,绿化率越高。

图 4-6　北京市楼盘样本分布图

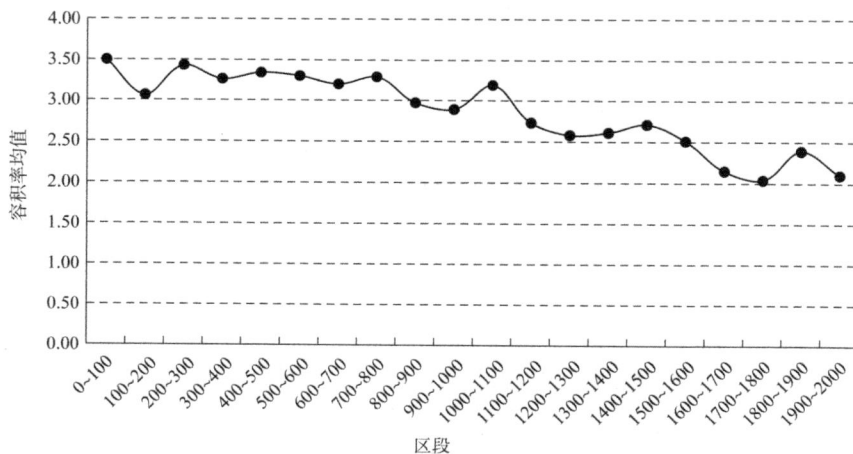

图 4-7　容积率随轨道交通站点距离变化图

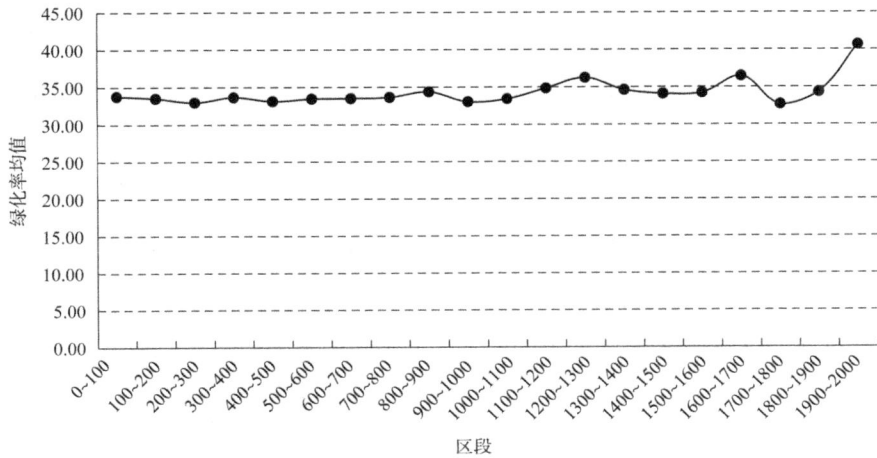

图 4-8　绿化率随轨道交通站点距离变化图

　　进一步分析北京轨道交通对住宅价格的影响,比较轨道交通影响区与非影响区平均房价的变化情况。从轨道交通影响区与非影响区平均房价的比较情况(图 4-9)可以看出,从 1995—2010 年,2000m 圈内和圈外平均房价都呈现上升趋势(2011 年房价都有所下降)。2000m 圈内平均房价明显高于圈外平均房价,而且其上升的趋势要强于圈外平均房价。因此可见,轨道交通的建设及运营对站点附近的地块房价产生重要的影响。

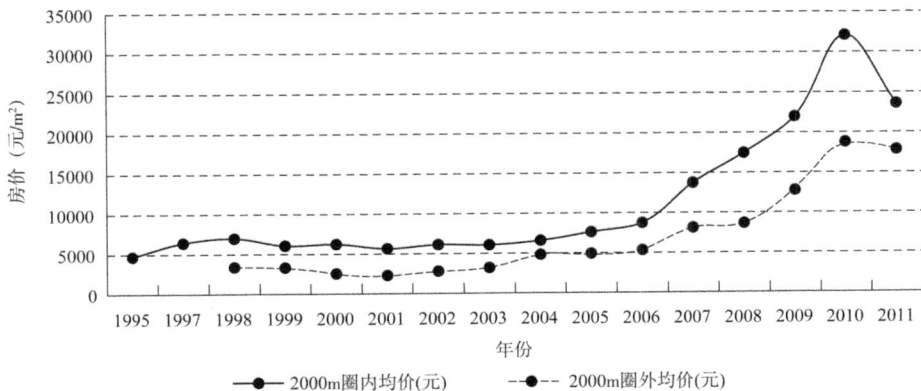

图 4-9　轨道交通影响区与非影响区平均房价比较

　　考察房价均值随站点距离的变化情况,从图 4-10 中可以看出,距离站点越远,住宅楼盘房价均值越低,房价均值与站点距离呈现负相关的线性关系,说明城市轨道交通对房价均值确实具有比较明显的影响。并且从图 4-10 可以看出,房价随距离变化,最高值出现在距离最近轨道交通站点 300~600m 内,而不是 300m 以内。可见,受环境、安全等因素的影响,人们更愿意选择在离轨道交通 300~600m 范围内居住,这个范围既交通便捷,环境又相对安静,是人们最理想的居住场所。600m 之外,房价则随着距最近轨道站点距离的拉大而下降。

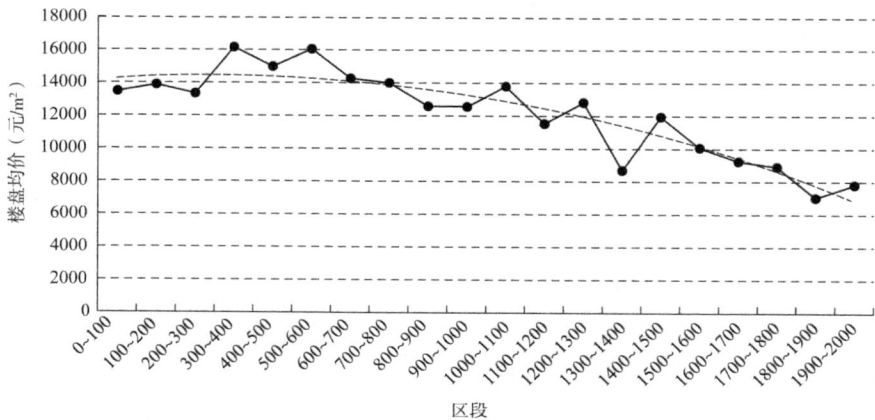

图 4-10　楼盘均价随轨道交通站点距离变化图

由上述轨道交通对住宅开发强度和住宅价格的影响可以看出,城市综合运输通道对人口分布的廊道效应遵循鞍形曲线规律(图 4-11)。在通道的近距离范围内(d_1),城市人口分布较低(p_1);随着距离的拉大(d_2),人口分布密度达最大值(p_2);当距离进一步拉大(d_3),人口分布密度又呈现快速下降的趋势(p_3)。

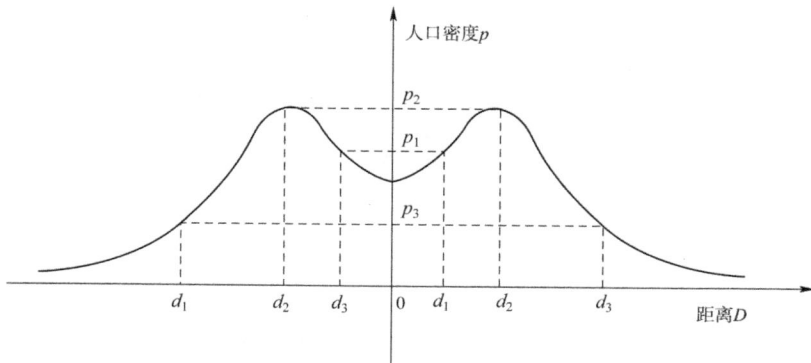

图 4-11　城市综合运输通道对人口布局的距离变化曲线

第四节　城市综合运输通道对城市社会空间的介入效应

一、介入效应的原理及产生机制

城市综合运输通道是一种最为活跃、最富于动态变化的实体空间要素,它对城市社会空间结构的影响,在一定程度上代表了城市实体对城市社会空间的影响。城市综合运输通道在通过输送人流、物流将城市各功能区相连接的同时,也分隔了通道两侧的联系,打破了原社会空间的平衡,对城市社会空间表现为一种"介入"效应。综合运输通道对城市社会空间的"介入"效应是指通道建设占用了原已被使用的地区或社会空间,改变了原社会空间的基本结构和存在方式,打破了原空间的既有平衡,对原城市基本功能造成的一定程度的负面影响。

城市综合运输通道的介入效应同廊道效应相伴相生。城市综合运输通道通过集聚与扩散的廊道效应对城市土地利用和人口布局产生影响,改变了城市基本空间结构,促进了城市基本功能的完善。而通道对城市基本功能发挥积极作用的同时,也对其产生一定的消极影响,主要表现为对原社会空间的介入效应,包括对横向联系的阻隔、生态环境的破坏、社会资源的挤占等。城市综合运输通道中的快速干线相对封闭性的基本特征决定了其必然会对城市原连续空间产生分割,从而对原来社会空间的稳定产生影响,打破原生存空间的平衡。因此,城市综合运输通道的介入效应实质上是由于通道的介入对原社会空间平衡的破坏。

从城市综合运输通道介入效应产生的机制来看,运输通道的介入效应表现为城市社会空间"平衡—失衡—再平衡"的过程。城市综合运输通道产生之前,城市社会空间处于一种相对稳定的平衡状态,城市交通基础设施与城市基本功能是一种相对稳定的耦合关系。随着城市的发展和交通干线的建设完善,运输通道逐渐形成,其对原城市社会空间的介入导致了城市社会空间的失衡,引发社会空间的再组织。然而,城市社会空间作为一个有机体,其对运输通道的介入并不是被动接受负面影响,而是具有反馈作用,以不同的形式适应新的变化,通过自动调节使城市社会空间达到新的平衡状态。

二、城市综合运输通道的介入效应分析

城市综合运输通道产生之前,沿线地区的土地利用开发密度较低,交通线路对道路两

侧居民的隔离作用较小,居民相互往来密切,能够较为便利地共享道路两侧的生活服务设施。随着运输通道的出现,其对原有城市社会空间的介入效应逐渐显现,周尚意(2003)等人总结其主要表现在三个方面的变化:居住区安全感的变化、邻里间联系程度的变化、生活设施共享程度的变化。通过对不同层次人群的抽样调查表明,运输通道对城市社会空间的介入效应比较明显,且不同层次人群对运输通道介入效应具有不同的反应(表4-1)。

不同人群对通道介入效应的反应

表4-1

人群分类		居住区安全感 (提高:不变:降低)	邻里间联系程度 (提高:不变:降低)	生活设施共享程度 (提高:不变:降低)
年龄	<30 岁	12:82:6	32:68:0	47:42:11
	30-45 岁	24:71:5	43:43:14	30:44:26
	45-60 岁	31:50:19	13:62:25	31:31:38
	>60 岁	28:62:10	9:82:9	15:52:33
性别	男	30:62:8	13:72:15	34:35:31
	女	20:76:4	38:54:8	28:49:23
文化层次	低学历	10:80:10	20:80:0	20:60:20
	中等学历	40:53:7	19:62:19	25:34:41
	高等学历	17:80:3	32:60:8	38:46:16
收入水平	<1500 元	31:61:8	12:76:12	12:48:40
	1500~3000 元	26:70:4	28:56:16	38:38:24
	>3000 元	0:100:0	33:57:8	50:42:8
居住年限	<3 年	9:82:9	25:75:0	50:42:8
	3~10 年	35:55:10	44:48:8	36:28:36
	>10 年	22:64:4	17:70:13	22:51:27

注:数据来源于2002年周尚意等人对北京德外街道居住区进行的简单随机不重复抽样问卷调查。

从对居住区居民安全感的影响来看,总体上有接近30%的人认为运输通道的介入会导致居住区的安全感发生变化,其中20%的人的安全感提高,而10%的人的安全感降低。具体来看,城市综合运输通道介入对45~60岁的中老年人的安全感影响最大,其中有一半的人认为通道介入影响了其原居住区的安全;其次是对中等学历人群的影响也比较大,这些人中有47%的人认为通道介入会对其居住区安全产生影响;从收入水平来看,高收入人群最易接受城市综合运输通道的介入,几乎全部高收入人群都不认为通道介入会对其居住区安全产生影响。

从对邻里间联系强度的影响来看,有38%的人群认为城市综合运输通道介入对邻里间联系强度产生影响,其中只有29%的人认为联系强度会因运输通道而加强,只有9%的人认为会减弱。具体来看,有超过一半的30~45岁的青壮年认为城市综合运输通道会对邻里间联系产生影响,其中有43%的人群认为这种影响是积极的;其次,相当一部分的中高等收入人群对这种影响也持乐观态度;而低学历人群中有80%的人认为运输通道的介入并不会对其空间联系产生任何影响,在持这一态度的人群中占有绝对的比重,仅次于60岁以上的老年人。

从对生活设施共享程度的影响来看,近60%的人认为城市综合运输通道介入会影响到既有生活设施的共享程度,这其中36%的人认为运输通道介入会改善生活设施的共享,22%的人则持悲观态度。具体来看,在原居住区生活过3~10年的人群中有超过70%的人认为运输通道介入对生活设施的共享会产生影响,在所有人群分类中占最高比重,而其中只有一半的人持积极态度;同样,低学历人群对这一影响的反应最为迟缓,只有40%的人认为运输通道介入会对身边生活设施的共享产生影响。

从图4-12可以看出,多数的城市人群对运输通道介入效应的态度保持中立,即认为城市综合运输通道介入对其日常生活无影响,而且对城市综合运输通道介入的负面影响的反应并非如同想象的那样强烈。这主要是因为:一方面城市社会是一个有机体,它并不是消极、被动地接受运输通道的介入影响,而是对运输通道的介入有一个反馈;另一方面,城市综合运输通道作为城市系统的组成部分,也不是孤立地存在于城市系统中,而是不断地融合于城市空间之中。城市综合运输通道与城市社会空间是一种不断融合、耦合发展的关系。

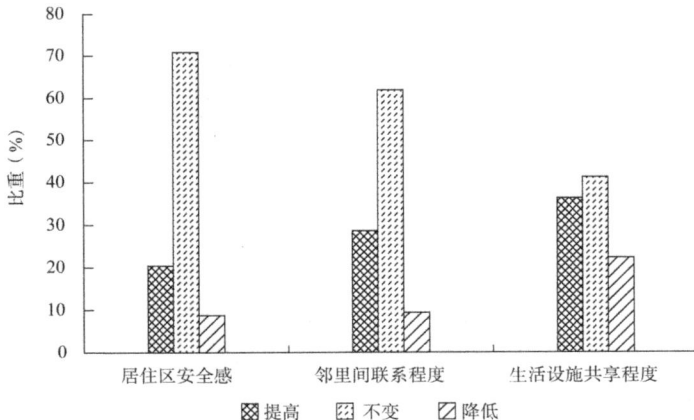

图4-12　城市人群对运输通道介入效应的整体反应

第五节　城市综合运输通道与城市空间的耦合机理

以上分析表明,城市综合运输通道对城市基本功能的实现既有积极的一面,也有消极的一面。城市综合运输通道在对城市发展发挥廊道效用的同时,也不可避免地对城市社会空间产生介入效应。因此,保持廊道效应最大化和介入效应最小化,发挥城市综合运输通道对城市基本功能的支撑作用,研究运输通道与城市的耦合发展具有重要意义。从城市综合运输通道的形成与发展过程来看,城市综合运输通道的发展与城市空间的发展具有耦合一致性。

一、城市综合运输通道对城市空间结构的作用机理

作为城市的有机组成部分,城市交通基础设施是构成城市形态最关键的部分。交通道路网络的建设与空间布局,是城市形态演变最直接的推动因素。随着交通方式改变和城市局部交通基础设施的变化,城市形态会发生明显改变:棋盘状的交通道路网布局,往往使城市形成规整的形态,而放射状的道路网布局使城市往往按空间走廊发展等等。不同的历史阶段,交通模式改变,带来城市规模、形态出现明显的特征(表4-2)。

交通技术进步与城市形态演化　　　　　表4-2

发展阶段		城市主要交通模式				城市形态特征	
		主要动力	交通工具	平均速度（km/h）	交通形态	城市规模	城市形态
原始阶段	土路时期	人力和畜力	人力车、骡马车、步行	10~20	地面	城市产生、规模较小	一般呈现近似圆形、同心圆状布局
	水运时期	水力和人力	木船	10~30	水面	中等规模城市出现	沿交通线呈带状单侧发展
近代阶段	海运时期	水力风力	轮船	20~70	海面	大城市出现	城市临海型布局、形成港口城市
	轨道运输时期	蒸汽机	火车	50~100	地面	大都市圈出现	扇形城市、星形城市

续上表

发展阶段		城市主要交通模式				城市形态特征	
		主要动力	交通工具	平均速度（km/h）	交通形态	城市规模	城市形态
现代阶段	公路阶段	发动机	汽车	50～150	地面、高架	城市群出现	郊区化的加速与同心环状结构的再次重建
	高速运输阶段	电力、磁力	飞机、高速汽车、客车、地铁	100～1200	地面、地下、空中立体化	巨型化、城市连绵带出现	城市形态多核心模式的出现

注：表格引自王城新等《交通模式对城市空间形态影响的实证分析——以南京都市圈城市为例》,地理与地理信息科学,2004.5。

　　城市综合运输通道是城市交通系统的高级阶段,作为城市交通基础设施的骨干,对城市形态演变的影响愈发明显。城市空间形态的扩展是基于经济、社会等诸多因素的驱动作用,而城市综合运输通道是城市空间扩展的结构依托,是城市空间扩展得以顺利实现的凭借。运输通道的延伸带动了城市空间的生长,城市用地扩展往往是沿着城市的交通发展轴线延伸。因此,城市综合运输通道影响着城市空间形态生长的方向性和不均衡性。其对城市空间结构的作用主要体现在以下几个方面:

　　首先,城市综合运输通道的走向是城市空间带状伸展的主要方向。城市综合运输通道地带往往是交通线路密集的地区,同时也意味着更强的流动性和更高的可达性。城市空间沿着运输通道扩展意味着在扩展中受到的距离摩擦效应最小、阻力最小。因此,城市发展以运输通道为空间形态生长的主要轴线是一种自然而然的选择。一般而言,城市综合运输通道的通达性程度越高,城市的轴向生长趋势就越明显,各城市形态空间拓展都在一定程度上表现出沿运输通道轴向生长的态势。

　　其次,城市综合运输通道影响并改变着城市空间的拓展模式。郑卫(2004)认为城市形态的空间拓展主要有四种模式,分别是:蔓延式拓展、伸展轴拓展、连片式拓展和飞地式拓展。无论哪种拓展模式,城市综合运输通道均发挥着强大的作用:运输通道引导蔓延式拓展的城市形态由趋圆形向趋椭圆形发展;伸展轴拓展模式中城市沿运输通道轴线方向发展特别突出;连片式拓展中,运输通道的走向往往是连片生长的首选方向;而在飞地式拓展中,运输通道的走向是飞地方位选择的主要因素。从各种城市形态空间拓展模式的总体生长趋向来看,可以说,城市综合运输通道都在一定程度上引导并改变着城市空间的拓展方向。

最后,城市综合运输通道引导并推动着城市空间的演进。在运输通道诞生之前的步行时代,城市空间是一种相对密集的形态,城市规模有限,基本都是单中心城市。铁路和有轨电车的出现为城市综合运输通道的培育奠定了基础,启动了城市郊区化进程,但城市空间依然处于一种相对密集的发展状态,城市空间结构仍以单中心为主。城市综合运输通道时代的到来促进了城市郊区副中心的发展,城市单中心的空间结构向多中心发展,城市进入低密度、分散的发展模式。

综上,城市综合运输通道自产生起就对城市的发展和演化起着引导和促进作用,不但支撑着城市的发展方向和模式,而且在一定程度上重塑了城市空间的基本结构。城市综合运输通道对城市空间作用的实质是运输通道改变了城市空间社会经济联系的便捷性,由此,依据空间引力模型可知,运输通道联结地区能够产生高于其他地区的引力,这种引力影响着城市空间形态拓展的基本方向和规模。一般而言,城市空间运输通道越发达,社会经济联系就越紧密,相互的引力也越强,对城市空间形态拓展的影响也就越大。

二、城市综合运输通道对城市空间扩展的交通适应性

城市综合运输通道与城市空间扩展的交通适应性是指两者在空间上保持一致、协调发展的能力,反映了运输通道对城市空间扩展的适应程度。从城市综合运输通道与城市空间扩展的交通适应性来看,二者的关系主要包括:主动引导型、被动适应型和耦合协调型。

主动引导型是指运输通道的发展速度快于城市空间扩展的速度,运输通道的发展引导城市空间的扩展。随着城市化进程的加快,城市无序蔓延、交通拥堵、环境污染等社会问题日益严重,城市综合运输通道在引导城市合理拓展、缓解交通拥堵等方面具有积极效果。一方面,城市空间拓展是城市综合运输通道发展的主要动力,城市的空间拓展方向决定了运输通道的发展方向,城市的空间拓展程度决定了运输通道的发展规模;另一方面,城市综合运输通道是城市空间拓展的主要引导,运输通道对空间要素的集聚与扩散效应,使得城市具有沿着通道轴向发展的趋势,运输通道的空间布局方向在极大程度上引导着城市的空间拓展方向。

被动适应型是指运输通道的发展速度慢于城市空间扩展的速度,城市空间的拓展和交通问题的加剧推动了城市综合运输通道的产生。被动适应型的城市综合运输通道往往滞后于城市空间的拓展,是在城市空间扩展到一定程度的基础上形成的。当城市化发展到一定阶段,既有交通运输系统不能满足城市扩张的需求时,更高服务水平的交通系统——城市综合运输通道便应运而生。由于其发展速度相对滞后于城市化进程,相对于其他类型的运输通道而言,被动适应型运输通道对城市空间发展的作用最小,但其作用的效率却是最高的,因为其产生直接源于城市空间发展的需求。

耦合协调型是指运输通道的发展速度与城市空间扩展的速度基本保持一致,二者互相促进、协调发展。一方面,城市空间格局的变化将引起交通产生和交通吸引特征的变化,改变交通需求的总量水平和空间分布特征,从而影响城市综合运输通道的供给和布局;另一方面,城市综合运输通道的供给和布局也深刻影响着城市空间格局,运输通道的支撑水平在一定程度上决定了城市空间的发展规模。二者的这种相互作用循环往复,推动着城市空间和运输通道的共同发展。

城市综合运输通道与城市空间扩展不同适应类型的特点,见表4-3。

城市综合运输通道与城市空间扩展不同适应类型的特点 表4-3

适应性分类	优　　点	缺　　点
主动引导型	城市规模和方向合理发展	初期成本大、短期存在资源浪费
被动适应型	城市发展紧凑,通道效率高	城市发展无序、交通问题突出
耦合协调型	城市与交通协调发展,通道支撑作用显著	运输通道的引导性差

为定量分析城市综合运输通道与城市空间发展的适应性,运用弹性系数法定量判断不同阶段二者的适应关系。弹性系数是指任意函数中,自变量的相对变动所引起的因变量的相对变动,即因变量的变化率与自变量的变化率之比,是衡量单位无关的两个"流量与增量之比"的比值。

依据弹性系数法的思想,设 V_1 为城市综合运输通道的发展速度(可用运输通道里程或客运量的发展速度表示);V_2 为城市空间的发展速度(可用城市空间结构综合评价值的发展速度表示),城市空间结构综合评价值是城市单位面积 GDP、城市空间可达性、城市道路网密度、建成区面积、城市组团数、组团向心指数等指标的综合值。则弹性系数 E 的表达式为:

$$E = \frac{V_1}{V_2} = \frac{(\Delta X / X)}{(\Delta Y / Y)} = \left(\frac{\Delta X}{\Delta Y}\right)\left(\frac{Y}{X}\right) \tag{4-2}$$

式中,X、ΔX 分别表示一年内的运输通道相关指标值及其增量;Y、ΔY 分别表示与 X 同时期内的城市空间结构综合评价值及其增量。

(1)当 $E > 1$ 时,$V_1 > V_2$,表明城市综合运输通道的发展速度大于城市空间的发展速度,城市综合运输通道与城市空间的适应关系属于主动引导型。

(2)当 $E = 1$ 时,$V_1 = V_2$,表明城市综合运输通道与城市空间同步发展,城市综合运输通道与城市空间的适应关系属于耦合协调型。

(3)当 $E < 1$ 时,$V_1 < V_2$,表明城市综合运输通道的发展速度慢于城市空间的发展速度,城市综合运输通道与城市空间的适应关系属于被动适应型。

三、城市综合运输通道与城市空间的耦合协调度

由上文的分析可知,城市综合运输通道与城市空间发展存在着耦合互动的关系,为揭示其在不同类型城市间的耦合协调程度,按照主导性、层次性和可操作性的原则,分别对城市综合运输通道和城市空间的相关评价指标进行筛选,并建立指标体系。其中,城市综合运输通道评价指标主要包括通道设施建设、通道运行能力两大类;城市空间发展指标主要包括城市经济、城市化水平两大类。各指标类的指标项及相关权重见表4-4。

城市综合运输通道与城市空间发展耦合协调度评价指标体系及权重　　　　表4-4

指 标 类	指 标 项	单 位	权重（λ）
通道设施建设指标	城市快速路里程	km	0.082
	城市轨道交通里程	km	0.077
	城市快速公交里程	km	0.037
	轨道交通站点数量	个	0.033
	城市道路网密度	km/km²	0.069
通道运行能力指标	城市总客运量	万人	0.082
	城市总货运量	万 t	0.035
	轨道交通客运量	万人	0.053
	快速公交客运量	万人	0.032

续上表

指　标　类	指　标　项	单　　位	权重（λ）
城市经济指标	GDP	万元	0.101
	工业产值	万元	0.040
城市化水平指标	城市化总水平	%	0.105
	建成区面积	km²	0.098
	建成区人口	万人	0.103
	城市组团数量（辖区、县）	个	0.053

注：数据主要源于《中国城市统计年鉴》《中国交通年鉴》和《中国城市轨道交通年鉴》等。

为分析不同类型城市综合运输通道与城市空间发展的耦合协调程度,将城市类型分别按照规模和区域两种方法进行划分。按规模,根据我国原统计工作中最常用的按人口规模划分方法,将城市分为以下五类:①超大城市:城市人口 400 万以上;②特大城市:城市人口 100 万~400 万;③大城市:城市人口 50 万~100 万;④中等城市:城市人口 20 万至 50 万;⑤小城市:城市人口 20 万以下。而按区域,将我国城市划分为东、中、西三类。由此,对我国地级市按照人口划分为五类,其中超大城市 13 个、特大城市 111 个、大城市 109 个、中等城市 52 个、小城市 2 个;按照区域划分为三类,其中东部城市 101 个、中部城市 101 个、西部城市 85 个。

依据式(3-1)~式(3-8),分别计算求得各类型城市的平均综合序参量、协调度、综合协调指数、耦合协调度见表4-5。

城市综合运输通道与城市空间发展耦合协调度　　　表4-5

城　市　类　型		平均通道综合序参量	平均城市空间综合序参量	平均协调度 C	平均综合协调指数 T	平均耦合协调度 D
按规模划分	超大城市	0.75	0.98	0.47	0.87	0.62
	特大城市	0.13	0.34	0.41	0.24	0.30
	大城市	0.05	0.30	0.34	0.18	0.24
	中等城市	0.04	0.30	0.30	0.17	0.21
	小城市	0.01	0.25	0.16	0.13	0.14
按区域划分	东部城市	0.17	0.42	0.38	0.29	0.32
	中部城市	0.08	0.34	0.37	0.21	0.27
	西部城市	0.07	0.28	0.35	0.17	0.23

计算表明,城市综合运输通道与城市空间发展在不同类型城市具有不同的耦合协

调度。从城市规模来看,城市规模越大,运输通道与城市空间的耦合协调度越高。我国 13 个超大城市的平均耦合协调度为 0.62,从耦合关系来看(表 3-1),运输通道与城市空间达到中耦合的程度;而从其他城市的耦合协调度来看(特大城市的平均耦合协调度为 0.30、大城市的平均耦合协调度为 0.24、中等城市的平均耦合协调度为 0.21、小城市的平均耦合协调度仅有 0.14),运输通道与城市空间在这些城市均属于弱耦合的关系。

从区域来看,东部城市综合运输通道与城市空间的耦合程度要高于中部城市,而中部城市高于西部城市。其中,东部城市总体上已达到低耦合的程度,而中西部城市整体上仍处于弱耦合的程度。

造成上述差异的主要原因之一就是近年来我国城市发展速度加快,城市空间迅速扩展,而城市交通基础设施建设尤其是大容量的城市综合运输通道建设却没有保持同步增长,这在中小城市以及中西部城市表现得尤为突出,导致城市综合运输通道滞后于城市空间发展,总体耦合度不高。

第五章 ◀

区域综合运输通道与城市群协同发展

★ 作为中观层面的综合运输通道,区域综合运输通道的形成和发展与城市之间频繁的客货交流密切相关。城镇化过程是城际客货交流的最直接原因,而城市群是城镇化的主体形态,也是区域客货交流最为频繁和集中的区域,城市群的发展演进过程基本反映了区域综合运输通道的发展演进过程。同时,区域综合运输通道的发展对城市群演化过程和城市群空间结构也会产生影响,二者具有协同发展关系,而且这一协同关系随着时间的推移越来越密切。

第一节　区域综合运输通道研究概述

一、区域综合运输通道基础设施

国外区域综合运输通道的基础设施研究主要集中在运输通道的线路构成、交通方式选择、通道规划与建设及其对社会环境的影响等方面。1975 年,叶芝对温萨—魁北克城市走廊进行了详细的研究,他分析了走廊相互联系的通道,包括八个方面:走廊内部不同交通线路的区位基础、主要航空集散地、最大车流量、主要港口、货流、铁路客运量、集装箱运输的快速增长、路网密度图。叶芝同时指出,温萨—魁北克走廊的出现更多是由于各种运输方式之间的竞争而非合作。Nookala(1987)运用成本—效益的两种模式分析运输通道的 6 条交通线路的技术选择方式。Muscara(1991)基于交通运输网络结构的理论,为罗马—那不勒司走廊设计了可促进城市内部联系的结构。20 世纪 90 年代初,美国学者 Edward C. Sullivan 等人充分意识到城市综合运输通道的规划建设与城市规划相结合的重要性,建议在高速公路的入口或出口处、道路的立体交叉枢纽处,以及道路沿线建设一系列的联合开发项目。1998 年,加拿大 Manitoba 大学的 Cholakis(1999)等指出高速公路的修建有利于城市走廊的复兴,并建议提高社区的可居住性和改善环境来促进城市走廊的形成。Jorg Schonharting(2003)等人利用 RAS-N 方法从莱茵鲁尔城市群的交通可达性、都市圈一体化进程两方面分析了该通道的发展,通过对基础设施的分析界定了莱茵鲁尔通道的影响覆盖范围,在此基础上,Li(2008)提出了通道布局规划的三步规划方法。Patterson(2008)等从环境的角度,提出了通过加强通道内交通方式的联运,来减少 CO_2 的排放,从而减少通道对社会环境的影响。

国内方面,金凤君(2004)对我国国土范围内已经形成的基础设施通道的基本概况进行了归纳总结,系统地阐述了基础设施与区域经济发展的关系。另有学者对区域综合运输通道的形成机理和结构进行了研究。梅振宇(2003)等从城镇空间布局方面深入地探讨了区域综合运输通道形成机理,提出基于 OD 流量界定区域综合运输通道的方法,为综合运输体系规划及城镇布局结构的调整提供了依据。毛敏(2007)从交通运输与区域经济相结合的角度定义综合运输通道,根据社会—技术系统理论,分析了综合运输通道的基本结构。大都市圈通道内各交通方式的优化组合是区域内交通资源发挥最大效率的重要环节,徐永能(2005)等结合大都市圈和通道的形成机理和通道内各交通方式优化组合的主体特征,建立了大都市圈通道内各交通方式优化组合的模型,为大都市圈通道内一体化交通体系建设规划提供一定的借鉴作用。

国内对于区域综合运输通道基础设施的研究更多的是关注综合运输通道规划方法的研究。王元庆(2004)在归纳运输通道建设理念、功能、衔接等方面存在不足的基础上,采用系统分析方法建立了多方式协调发展的运输通道布局规划的理论体系、规划研究内容及实现方法。罗仁坚(2005)从运输通道与运输枢纽的关系出发,指出宏观运输枢纽与运输通道是一种共生的关系,在规划时应根据运输枢纽形成的基本原理和枢纽之间连接关系的层面对运输通道规划提出要求和论证。袁婧(2006)在对通道分段的基础上,运用运输方式选择、各运输方式结构配置及不同运输方式间衔接的三阶段法对通道内运输方式的布局进行规划。荣朝和(2007)等提出通道规划方法序列可分为战略规划、布局规划、发展规划和建设规划四个层次,并对每一层次规划的主要内容进行了阐述。赵航(2007)等运用离散优化方法,对区域内各组团间运输通道网络优化设计问题进行了研究。易骞(2008)论述了公路和铁路两种运输方式的技术经济特征和它们在通道内的竞争—协作关系,并针对基本成型的运输通道,提出了合理路径配置的规划方法和具体实施步骤。刘强(2010)等从优化区域运输通道内交通网络资源配置的角度,建立了区域运输通道布局优化三层规划模型,对区域交通网络资源的优化配置具有较好的辅助决策支持。

二、区域综合运输通道资源合理配置

为提高综合运输通道的运输效率和运输能力,国外学者对区域综合运输通道的资源合理配置问题进行了大量研究。例如,运输通道内多种运输方式的优化整合、通道内旅客出行行为以及旅客出行方式选择等问题,还有学者如 Hensher(1997)、Chang(2001)等通过建立模型对运输通道内各种交通运输方式的市场份额进行了研究。随着智能交通技术的发展,将先进的交通信息技术应用到综合运输通道成为必然的趋势,为了使整个运输通道系统达到最优,Papageorgiou(1995)等国外学者将动态信息发布、路径诱导、信号控制、匝道流量控制以及先进的交通信息技术等多种组合控制策略运用于运输通道控制中。

国内对区域综合运输通道资源合理配置问题的研究主要侧重于通道内运输结构的合理化问题。黄苏才(1999)运用随机离散模型分析了成渝综合运输通道中的公路、铁路的运输结构配置。黄承峰(2001)以成渝运输通道为例,分析了运输通道结构、特征、发展以及运输通道内部竞争与管理。朱健梅(2003)运用博弈论的方法构建了竞争型运输通道选择的博弈论模型,为竞争性运输通道的选择优化问题提供了一种新的研究思路。国内对区域综合运输通道的资源配置研究多是从单一交通方式的交通资源优化利用为目标的规划进行研究,对通道内多种交通方式的竞争研究相对较少。

三、区域综合运输通道与大都市发展

高效的运输通道,为走廊城市和网络化城市的出现提供了物质条件基础。早在1942年和1957年,法国地理学家 J. Gettmann 在分析大都市连绵带的形成中,就强调了产业和城市的集聚,虽然尚未突出该地带的交通干线连接,未就交通与产业、城市的相互作用进行深入分析,但已指出大都市连绵带的出现与交通干线有着密切的关系。英国 A. Wilson 和比利时 P. Allen 结合耗散结构理论和突变理论,研究了特定约束条件下区域经济演化过程,模拟结果的共同点表明新的经济中心、居民中心总是在靠近交通干线的地方产生,城市体系的演化也具有沿交通干线两侧分布的特性。

20 世纪 80 年代以来,McGee 等许多学者对亚洲发展中国家城乡一体化中同时发生城市性和乡村性行为的特殊地域单元进行了研究,指出这些特殊区域有六个主要特征,其中一条就是沿着高质量的交通干线分布。亚洲都市区是沿运输通道扩展的认识已成为学者们的共识,McGee(1991)和 LIN(1999)研究表明,近几年许多亚洲发展中国家大都市区快速扩展,在两个较大结点之间沿运输通道形成了农村地区与非农村地区的融合,即城乡一体化的都市走廊。

21 世纪以来,跨国都市连绵带开始形成,又称为巨型走廊,其实质包含了基础设施带、区域发展核心及规划理念等几个本质方面。欧洲西北部都市区就是一个典型的例子,欧盟开展了多项针对该走廊交通运输的研究项目。曹小曙(2008)认为在经济和城镇人口集聚程度较高的经济核心区或城镇密集区内,经济和人口高度集聚在主要发展轴组成的核轴地带即为巨型城市走廊。

综合运输通道与大都市的发展关系在国内历来是一个研究重点和热点问题,随着区域经济一体化的进程,国内学者对两者的关系进行了大量的研究。周一星(1991)研究了我国东部沿海的四个地区,他认为在两个增长极或增长极与港口之间便利的联系通道起到了发展走廊的作用,沿通道两侧分布一系列中小城镇,高度便利的综合运输通道是都市连绵区形成的基本条件之一。姚士谋(1992)等指出城市群的形成需要借助综合运输网的通达性。顾朝林(1999)在快速通道网对城市体系的影响方面进行了一些探讨,指出我国未来城市体系将随着快速通道网的建设发展,逐步由中心—腹地的蛛网体系向联系各个经济重心的通道网发展脊转化,形成全国范围内以大中城市为节点的经济网络。同济大学潘海啸(2002)对大都市地区快速干道和城镇发展的相互作用进行了理论分析和实证研究。姚士谋(2003)等对大都市圈及运输通道的形成机理进行了论述,并提出都市圈运输通道发展与规划的基本思路。官卫华(2006)等阐述了城市空间生长理论和运输通道理论,通过总结国外经验归纳出运输通道与城市群空间成长的互动机理。王成金(2006)分析了高速公路网络的空间演化过程,并分析了高速公路建设对城镇密集区的公路交通流格局和地域系统的影响。李蛸(2008)分析了综合运输通道的发展促进端点城市经济发展的机理,认为运输通道使人员及物资、信息等更加方便快捷地在相互联系的城市之间流动,加强了城市之间的空间运输联系,从而产生交通区位优势,提高聚集能力,促进经济和商贸发展。徐海贤(2008)从交通与城镇相互作用关系出发,分析了城市群地区、轴线地区、大都市区内区域交通与城镇互动的一般规律,认为在高度城市化的走廊沿线,区域交通与城镇群体空间发展相互促进。

第二节　区域综合运输通道的形成与发展

一、区域综合运输通道的形成机理

区域综合运输通道是综合运输通道的中观子系统,往往形成于城市化水平较高、客流较密集的城市群地区,一般是在区域内连接较发达的城市而建立起来的。区域综合运输通道的形成受自然、交通、社会经济和区位等条件的影响,历经点的集聚和轴线的开发,是点的集聚与轴的开发的复合。

(一)点的集聚

德国经济地理学家 W. Christallar 提出的中心地布局理论强调了点的作用,认为在均质的空间首先会形成不同规模的城市,各城市产生等级分工。W. Christallar 提出的“点”实际上就是带动区域发展的中心城市或乡镇,这同法国经济学家 F. Perroux 的增长极理论不谋而合。“点”的集聚形成城市,成为区域经济发展的经济中心。各区域经济中心由于规模、分工不同,彼此之间会产生商流、物流、人流、信息流和资金流的流动,这种流动更倾向于选择费用低、线性基础畅通的通道进行,客观上表现出“轴”向的交通分布特性。

从城镇群体空间的演变来看,城镇在经历了独立膨胀阶段之后,快速向定向蔓生阶段和向心发展阶段发展,在这一过程中,随着空间距离的延伸,城市开始沿轴线向外扩展。由于自然基础条件的差异和交通运输网络分布的不均匀性,城市的对外扩展表现为明显的空间指向,这种指向即为区域综合运输通道的雏形。

(二)轴的开发

规划学家 Werner Sombart 提出的生长轴理论强调了轴线的作用,认为交通干线是连接各中心地(城市)的纽带,区域经济会沿着交通干线获得更快发展。由于交通干线能够有效促进区域资源要素的自由流动和合理配置,降低运输费用和生产成本,进而形成优势区位。因此,城镇的发展具有沿交通干线发展最优的趋势,从而促进了区域城镇间轴线的开发。

交通轴线的开发又进一步促进了城镇的发展,加速城镇都市圈的形成,为中心城镇带来更低的消耗和更高的效益,推动中心城镇的扩张。而中心城镇的扩张必然会首先沿着交通基础设施优越的方向进行,使得轴线及其附近地区成为具有较强经济实力和发展潜力的开发轴线。

(三)通道的形成

区域综合运输通道的形成是点的集聚与轴线开发共同作用的结果。根据点—轴理论,城镇在空间结构上呈现聚合发展的态势,通常以中心城市为辐射中心或节点,沿连接各区域经济中心的交通干线向外辐射,不但强化了轴线地区的发展,而且城镇中心在便于交通发展的方向上也得以继续发展,加速了都市圈的形成。

都市圈与交通轴线相互促进,都市圈的形成直接促进了区域运输通道的产生。高度发达的城镇体系在快速生产过程中必将产生大量的以城镇中心为起终点的交通运输需求。因此,在便于交通的方向上必然会吸引大量的客货流,进而强化区域轴线功能。

可见,点的聚集促进了都市圈的形成,而在都市圈形成和发展的同时,区域综合运输通道也得以形成。而在特定区域的城市群形成的过程中,运输通道对城市群地域结构基本单元产生制约、引导作用,从而形成沿运输通道的城市群的地域结构(图5-1)。

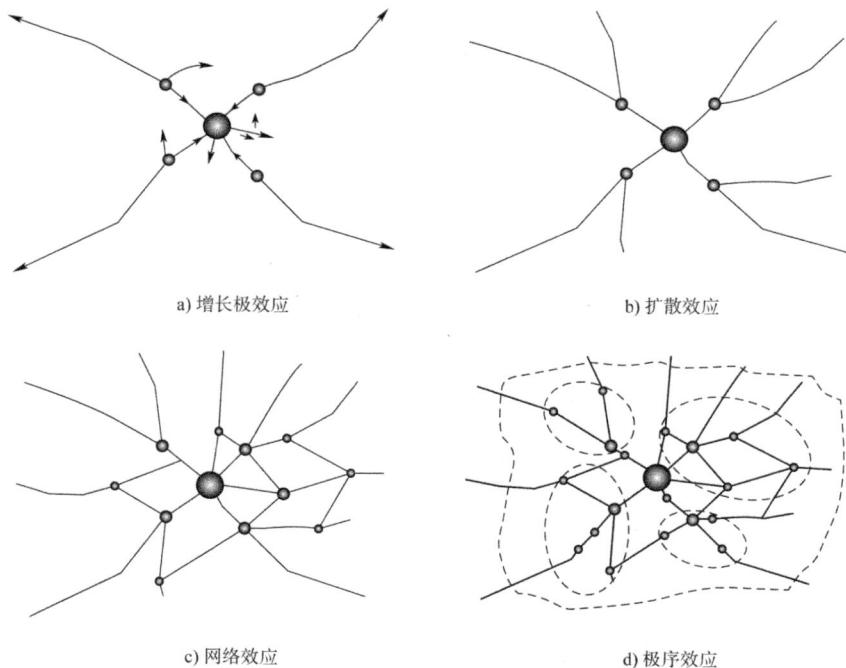

a) 增长极效应 b) 扩散效应 c) 网络效应 d) 极序效应

图5-1　城市群空间结构演进的交通制导作用

(资料来源:金凤君《基础设施与经济社会空间组织》,第128页,2012年)

二、区域综合运输通道的演进过程

区域综合运输通道的演进过程与其所依托的外部环境——城市群的形成与发展密切相关。城市群是城市化发展到一定程度的必然产物,是一个国家产业、资本、技术和劳动力等社会经济要素的集中分布区。根据区域空间结构的演变理论,城市群的形成与发展一般经历五个阶段,即孤立分散发展阶段、分散的集聚阶段、集中的扩散阶段、城市群的雏形阶段、成熟的城市群阶段。城市群的发展阶段在一定程度上体现并决定了区域综合运输通道的演进阶段。

从城市群的发展和交通技术发展的历史演进来看,区域综合运输通道的演进过程可以概括为以下几个阶段。

(1)节点培育阶段。在城市群发展的最初阶段,城市主要表现为单核心向外蔓生发展的状态,分散的城市间规模等级差别较小,城市间专业化生产联系差,各城市周围被不同的农业地带所环绕。在经历了低水平的均衡发展之后,一些具有较好区位条件和基础设施发达、交通便利、创新能力较强的城市迅速发展成为区域经济的增长极。这一阶段以城市节点的发展为主,由于城市经济活动分散孤立,城市之间共生作用较弱,城市间的轴线发展不明显,尚处于孕育阶段。

(2)干线形成阶段。随着城市群的不断发展,具有明显区位优势的城市得到迅速增长,成为城市群内的核心城市。这些核心城市在规模达到一定程度后,开始向城市群内部其他相关城市,乃至城市群外部城市进行产业扩散,城市之间的经济联系越来越密切。产业的扩散转移客观上催生了区域间高效便捷的交通干线为其服务,由此,在城市群内主要核心城市之间形成交通干线。这一阶段,城市群内各城市不再是均衡发展状态,在城市级序化发展的过程中,城市群交通干线得以产生,成为区域综合运输通道的雏形。

(3)局部发育阶段。随着城市群内核心城市功能的向外扩散,在其周围导致一批卫星城市和沿交通干线中小城市的兴起。而位于交通干线上的主要城市继续接受核心城市的辐射,同时也会对周边次级城市扩散其部分功能,扮演地区中心的角色。在地区主要城市与次级城市之间,交通支线成为主要的联络线。这一阶段的主要特征是城市等级体系的形成,以及局部支线网络的发展,城市群的发展进入"点"的分异和"线"的加密阶段,运输通道仍处于孕育阶段。

（4）轴线开发阶段。城市群内"点"的分异和"线"的加密的直接结果是改善了运输条件，刺激了经济向腹地的扩展，由此在主要干线周边形成新的城市中心。随着新中心的发展，又会产生许多新支线从中心向外发展。在核心城市之间运输联系逐渐加强的同时，新的支线也沟通了新城市中心与运输干线的联系，强化了核心城市之间轴线的形成与开发。这一阶段是第二阶段的强化，历经城市群的局部发育，核心城市间的交通干线进入轴线开发的阶段，运输通道进入初生期。

（5）通道形成阶段。城市群内各城市通过干线和支线进行着空间经济联系以及集聚与扩散作用，试图改进其在城市群内的地位，逐渐形成不同等级城市互相依存的城市群。区域综合运输通道是城市群形成的主要标志之一，在城市群形成的同时，城市群内各城市间的共生互促效应逐步加强，城市职能分工日趋明确，城市间的干线联系已不能满足城市整体发展的要求，而需要有更大的运输空间为其服务。因此，那些开发条件较成熟的运输干线会进一步朝着运量大、集约优化的方向发展，逐步发展成为区域综合运输通道。

（6）系统完善阶段。随着城市群以及交通基础设施的不断完善，城市群内各城市发展愈发稳定，进入复杂的相互依赖的阶段。这一阶段，城市群内部的空间联系主要是网络化的发展联系，区域综合运输通道也开始朝着网络化的方向发展，各运输通道将城市群内主要城市连接为一个有机整体，成为城市群内的主骨架，支撑着城市群的基本形态。

区域综合运输通道演进模式如图5-2所示。

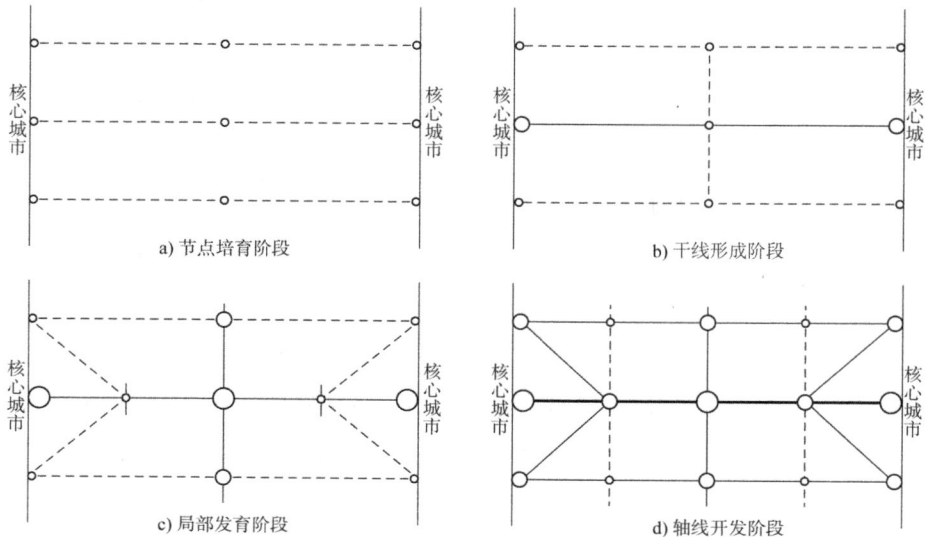

a) 节点培育阶段　　b) 干线形成阶段　　c) 局部发育阶段　　d) 轴线开发阶段

图 5-2

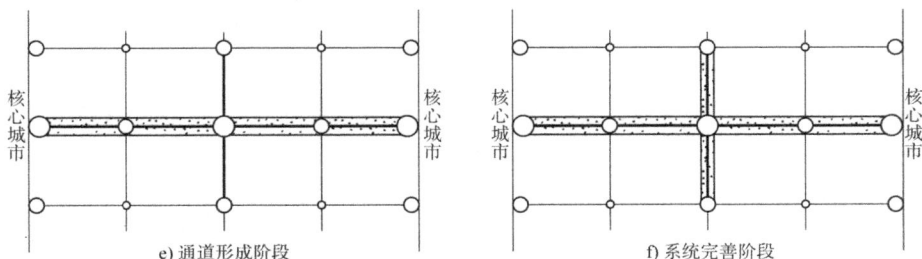

e) 通道形成阶段　　　　　　　　　　　　　f) 系统完善阶段

图 5-2　区域综合运输通道演进模式图

从区域综合运输通道的演进过程可以看出,区域综合运输通道与城市综合运输通道的演进过程略有不同,其基本遵循了"点—线—点—轴—面—网"的演变过程,而城市综合运输通道遵循的是"点—点—线—轴—面—网"的演变过程。这种区别说明了区域综合运输通道的形成受城市群内城市节点与交通轴线相互作用演变的影响比较大,而城市综合运输通道的形成受城市组团(居住集聚区)发展演变的影响比较大。

三、区域综合运输通道的空间结构

区域综合运输通道是城市群空间扩展的主要支撑,具有不同于城市综合运输通道的空间结构,其空间结构与城市群的空间扩展模式密切相关。从城市群的空间拓展模式来看,大致可以分为核心—放射空间模式、双子座空间模式、核心—圈层空间模式、多中心网络化空间模式四种模式形态,城市群的每一种模式形态对应有不同空间结构的运输通道为其服务。依据城市群中对各城市节点的连接关系,可将区域综合运输通道的空间结构划分为以下几种类型。

(1)星形拓扑结构。该结构以某一中心城市为中央节点,城市群内其他城市节点都以发达的运输通道直接与中心城市相连接。由于各城市节点都是通过点对点的方式直接与中心城市相连,容易造成中心城市的交通负担。该种结构的运输通道主要存在于呈核心—放射空间发展模式的城市群地区,表现为各组团城市围绕中心城市簇拥发展,向心性较明显。随着外围组团城市间联系的加强,在外围组团城市间逐渐形成围绕中心城市的环形通道,沟通各外围城市之间的联系,此时,运输通道同城市群的核心—圈层空间发展模式相适应。

(2)树形拓扑结构。该结构的运输通道主要存在于双子座空间发展模式的城市群,在这类城市群内一般有两个核心首位城市,它们无论是经济实力、城市规模和吸引能力,还是在城市群中发挥的作用,都起着双核心的作用。两个主要核心城市之间有高度发达的交通运输系统(运输通道)连接,而城市群内其他中小城镇则以两种方式同核心首位城市相连,位于主通道上的城镇直接通过主通道相连,位于主通道两侧的城镇则借助次级通道连接到主通道,依托主通道与核心城市相连。如此,核心首位城市之间的主通道同两侧的次通道在空间上形成了树形拓扑结构。

(3)网络拓扑结构。该结构同城市群的多中心网络化空间模式相适应,在此类城市群的内部同时存在着几个在规模、功能等方面都相当的城市,经济要素和经济活动在空间上表现为集中与分散相结合。网络式分散性城市群往往具有比较发达的交通网络,在城市群向多中心网络化的空间结构演化过程中,城市群内各城市节点通过发达便捷的交通干线互相连接起来,且每个城市节点至少与其他两个城市节点由交通干线相连。在城市群的进化过程中,这些干线逐渐演变为城市群内部的运输通道,各运输通道伴随城市节点有序发展,形成网络拓扑结构。

区域综合运输通道受自然、政治、经济以及发展的历史阶段等因素的影响,在不同的城市群表现出不同的空间结构。星形拓扑结构适应于具有单个强中心的城市群,树形拓扑结构适应于双中心或呈带状发展的城市群,而网络拓扑结构则适应于具有多中心的城市群。从区域综合运输通道空间结构的可靠性来看,树形拓扑结构最不稳定,任一城市节点或其相连的线路故障都会使通道系统受到影响;星形拓扑结构相对稳定,随着城市群从轴向扩展转向圈层扩展,通道系统会与越来越可靠;网络拓扑结构具有较高的可靠性,任一通道的变化对整体通道系统的影响都不大。

四、区域综合运输通道的发展机制

区域综合运输通道是区域交通运输系统与所在地域实体相互作用的产物,其发展机制是"与城市群组成多层次的超循环耦合系统协调发展"的外部发展机制与"交通运输通道内各运输方式竞争与协作"的内部发展机制的复合。正是内外发展机制的共同作用促进了区域综合运输通道的发展。

区域交通系统与城市群的耦合关系是区域综合运输通道发展的基础。从城市群交通系统与城市群的发展关系来看,城市群交通系统的发展水平与城市群的发展阶段密切相关。体现城市群交通发展水平的区域综合运输通道已成为城市群乃至区域经济社会快速发展的重要支撑动力,是城市群构建的重要基础条件。成熟的区域综合运输通道是联系各城市发展的纽带,其不但可以缩短城市间的时空距离、产生同城效应、加快区域一体化进程,而且可以优化城市群产业结构,整合稀缺资源,增强城市群在国内外经济领域中的凝聚力、竞争力、影响力。

城市群内各城市之间日益增长的运输需求是区域综合运输通道发展的主要外因。在城市群形成过程中,随着城市群经济的发展和科学技术水平的进步,城市群规模不断扩大,城市之间的联系日益密切,城市群内客货交流也日趋频繁。城市群内日益增长的运输需求需要发达的交通运输系统,城际快速交通或通勤交通等干线交通系统成为城市群内不可或缺的重要组成部分。基于发达的城际干线交通系统,在综合运输通道集聚与扩散机制的共同作用下,区域综合运输通道不断发展壮大。

城市群内各交通运输方式之间的竞争与协同是区域综合运输通道发展的主要内因。区域综合运输通道由多种运输方式构成,各种运输方式之间既有竞争,又有合作。竞争机制源于运输市场的趋同性,能够促使各运输方式不断提高自身的运输质量及其与环境的协调,加快自身的发展与进步;而协作机制源于运输优势的多样性,能够满足不同运输需求,保障运输市场的多样化,实现功能互补,有助于构筑多模式的综合运输通道。运输通道内各运输方式之间这种竞争与合作的相互作用关系是区域综合运输通道的内部发展动力,促进着区域综合运输通道的发展。

第三节　区域综合运输通道导向的城市群空间组织

一、区域综合运输通道与城市群空间结构关系

随着我国城镇化水平的不断提高,城市群逐步成为我国城镇化的主体形态,城市之间频繁的客货交流推动着区域综合运输通道的形成和发展。区域综合运输通道担负着城市群内大量、稳定、快速的客货流运输任务。发达国家的发展经验表明,区域综合运输通道在引导城市群构建、引导人口和产业的合理集聚以及城镇空间布局优化等方面具有重要意义。

区域综合运输通道是城市群内的线性交通联系媒介,在区域运输成本和信息对称方面具有突出的优势。区域综合运输通道通过合理的组织运行,可有效提高区域交通可达性,降低运输成本,避免各种运输方式的过度竞争,从而实现城市群内部社会资源的节约以及经济、社会和环境成本的最小化。从对城市群发展和空间组织的作用来看,区域综合运输通道是城市和区域空间发展的主要组成部分,城市群的发展需要依托于区域综合运输通道的发展和完善。区域综合运输通道凭借显著的低成本和可达性优

势,在城市间形成高级发展轴线,吸引人口和产业部门围绕轴线集聚,在城市群的发展中发挥了催化剂作用。

由此可见,区域综合运输通道是构建不同形态城市群的空间纽带,这些运输通道依托公路(高速公路)、铁路(高速铁路)、河流等构成了多样化的城市群空间形态与结构。如长三角城市群空间形态为 > 形、京津冀(唐)城市群为 △ 形、珠三角城市群为 Λ 形、成渝城市群为 H 形、辽中南城市群为 Φ 形等(图5-3)。

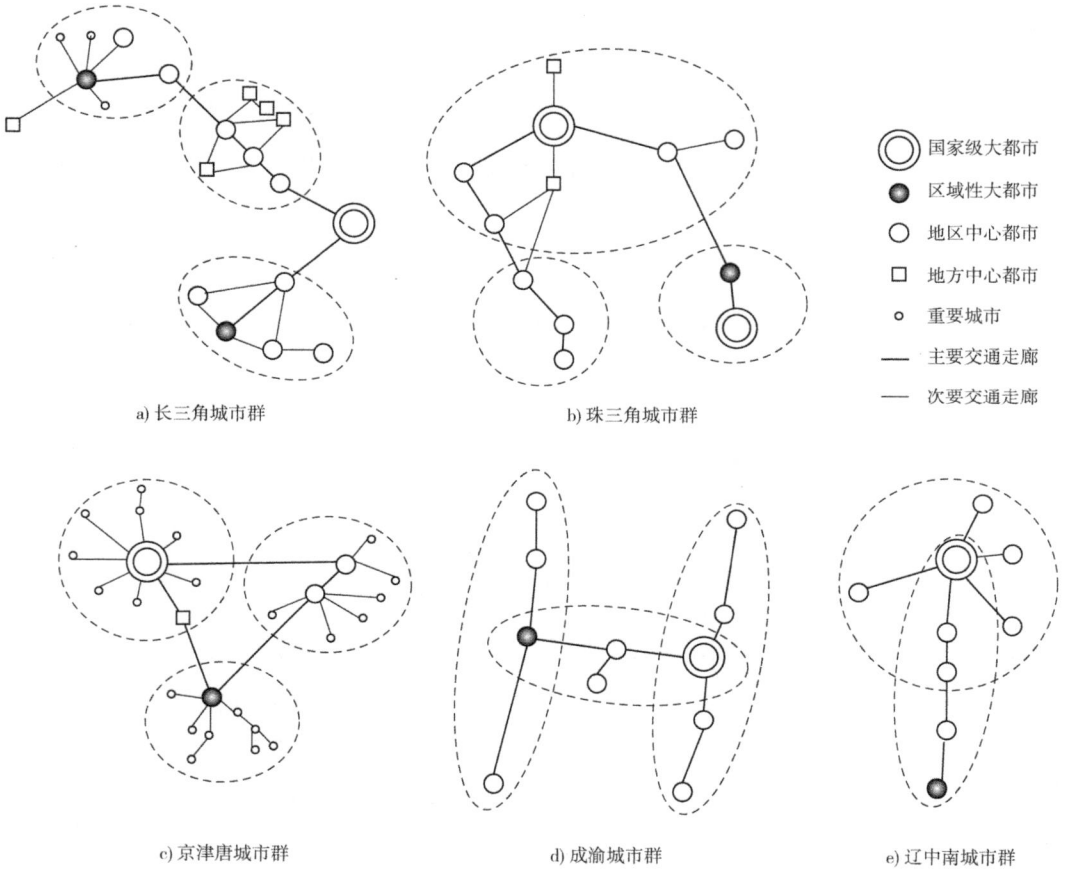

a) 长三角城市群　　　　　　　　　　　　b) 珠三角城市群

图例
◎ 国家级大都市
● 区域性大都市
○ 地区中心都市
□ 地方中心都市
∘ 重要城市
—— 主要交通走廊
— 次要交通走廊

c) 京津唐城市群　　　　　　d) 成渝城市群　　　　　　e) 辽中南城市群

图5-3　我国城市群空间结构与区域综合运输通道关系示例

(资料来源:姚士谋《中国城市群》,2001 年)

二、区域综合运输通道导向的城市群演化过程

区域交通发展的主要目的之一就是满足城市群之间的交通出行需求、促进城市群内部土地开发。从步行时代、马车时代到汽车时代,每一次交通技术革命和空间可达性

的变化都显著影响着城市空间的成长,直接促进了城市群的产生和发展。特别是现代化交通运输方式的产生,赋予了城市群更加灵活的组织方式,产生了许多新的空间组织形态。当前,快速性、便捷性、舒适性、综合性等现代化交通的演化趋势对城市群的空间演化产生深刻影响,不但直接影响着城市的区位条件和功能地位,而且还不断改变着城市群的空间形态。纵观城市群的发展历程,区域综合运输通道导向的城市群空间演化过程大致经历了以下几个阶段。

第一阶段:初级区域综合运输通道引导下的城市群雏形生成阶段。区域综合运输通道产生之前,各城市分布相对分散,彼此联系较少,交通设施主要承载的是城市内部的人口、物质和能量流通。随着区域间联系的加强,区域内城市间开始产生大运量的交通干线,并逐步发展成为区域综合运输通道。受运输通道和土地开发成本—效益的影响,运输通道沿线成为城市空间拓展的优先区域,各城市节点沿着运输通道呈现紧凑型同心圆或带状空间发展形态,成为城市群生长的初期阶段。

第二阶段:简单区域综合运输通道推动下的城市群初步发展阶段。随着交通技术的进步,区域综合运输通道中新的交通方式开始出现,通道的组成方式呈现多样化,运输能力呈现规模化,运输通道得到快速发展。与此同时,在区域综合运输通道的推动下,通道上的中心城市规模迅速扩大、功能不断完善,与周边城市和腹地影响区的功能联系不断加强,由此产生了巨大的对外交通运输需求,进一步强化了城市的流通功能。在此影响下,区域中心城市在内部空间上呈现出沿通道指状扩展或郊区化蔓延的空间形态,在外部空间上呈现出中心城市腹地影响区域日益扩大,向多中心都市区过渡的趋势。因此,中心城市在区域综合运输通道的推动下,对腹地的纵深影响不断加强,外围卫星城逐渐出现并有所发展,城市群进入初步发展阶段。

第三阶段:复杂区域综合运输通道支持下的城市群快速扩张阶段。随着交通技术创新、交通方式多样化以及交通支线网的发展,区域综合运输通道发展日趋复杂,通道发展日益强调多种交通方式的配合与衔接,促使运输通道愈加成为区域空间集聚发展的主要轴线。同时伴随中心城市的产业转移和扩散,沿线一批中小城市和小城镇得以迅速成长,区域城镇体系日渐成形。以区域中心城市为中心,通过区域综合运输通道连接并与之有紧密联系的腹地城市和区域,共同形成有特定地域结构功能和相对完整产业体系的都市圈。在区域综合运输通道的联系下,多个都市圈又组合形成具有一定区际分工协作水平的地域形态,城市群迅速扩张。虽然该阶段城市群扩张迅速,但是其功能体系尚处于急剧变动和激烈重组的阶段,城市群空间结构表现为一种相对松散的空间形态。

第四阶段:高级区域综合运输通道支撑下的城市群成熟完善阶段。区域综合运输通道发展到高级阶段后,成为区域经济发展与城镇密集分布的主轴线和核心地带,不但引导了区域经济的投资方向,而且对通道地域内客货流、产业布局、城镇发展以及土地开发产生重要影响。该阶段,各都市圈形成各自独立的产业体系,区域综合运输通道成为各都市圈交流与合作的重要通道,区域空间呈现出由一条或多条运输通道串联都市圈的城市群形态。而且该阶段在循环累积效应的作用下,区域空间形态进入相对平稳的发展阶段,城市间处于合理而密切的分工与协作关系之中,城市群发展基本实现了时空的良好耦合,进入成熟完善的发展阶段。

区域综合运输通道与城市群演化进程耦合关系如图 5-4 所示。

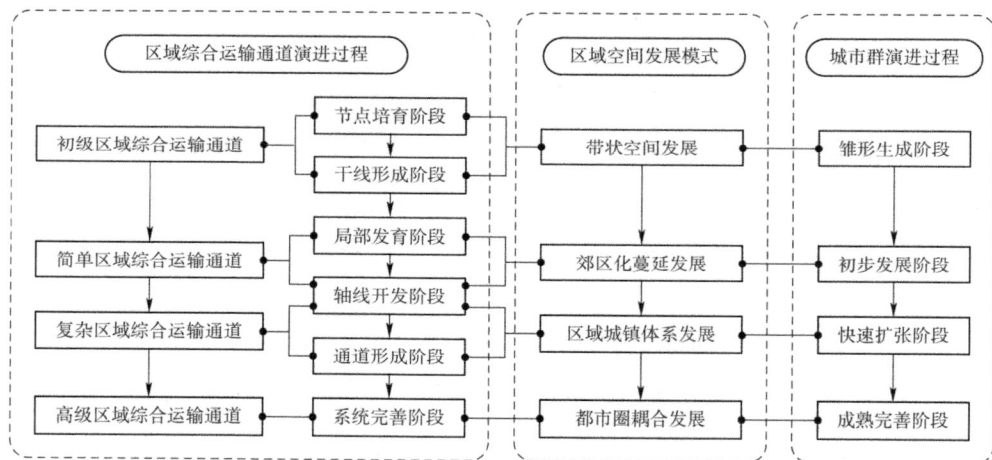

图 5-4　区域综合运输通道与城市群演化进程耦合关系图

三、区域综合运输通道对城市群空间结构的塑造

城市群空间结构是指各个城市的经济结构、社会结构、规模结构、职能结构等组合结构在空间地域上的投影。区域交通系统是影响城市群空间结构发展变化的重要因素之一,而区域综合运输通道则是其中最积极、最活跃的因素。以运输通道为骨架的区域交通网络系统不仅决定了区域资源的合理配置,而且还决定了城市群的集聚和扩散效应。从某种意义上讲,交通网络系统的技术与手段决定了区域空间相互作用的深度与广度,是城市群社会经济活动的发展标志,而区域综合运输通道系统对城市群空间结构

的影响力十分明显。

区域综合运输通道本身就是构成城市群体空间形态的要素之一,其变革、更新与演替深刻影响着城市群空间结构,直接制约着城市群内部组织结构的发展,并影响着城市群布局的演化,塑造出多种类型的城市空间组织模式。区域综合运输通道对城市群空间结构的影响主要表现在以下几个方面:

(1)运输通道的发展水平决定着城市群空间发展的规模。完善的区域交通网络系统是城市群发展的主要支撑,而运输通道作为区域交通网络系统的主骨架,其完善程度决定着城市群内部的分工与合作的程度,制约着城市群的整体发展规模和竞争力。从二者的耦合关系来看,区域综合运输通道的发展水平与城市群发展阶段密切联系、相互促进。区域综合运输通道通过稳定的建设与发展满足城市群内部日益增加的运输需求,进而支撑城市群经济的发展和进步,既是城市群发展水平的体现,也在一定程度上决定着城市群的发展规模。

(2)运输通道系统主导了城市群的发展方向,对城市群空间结构起着制约、引导作用。运输通道是区域产业整合的前提,是合理配置资源、提高经济运行质量和效率的重要基础。运输通道服务能力的提高制约着城市群的形成和功能发挥,运输通道系统的构建不仅能有效地提高系统效益,而且是引导区域整体协调发展的先行条件和有效手段,甚至有的运输通道自身发展成为城镇聚合轴线或交通经济带。因此,区域综合运输通道的空间布局将直接影响到城市群空间结构的基本发展方向。

(3)运输通道对城市群内的区位、经济、人口进行重新分布,产生新的空间集聚和区域热点,重塑城市群的空间结构。城市群空间拓展一般沿运输通道呈轴线发展态势,而运输通道的延伸一般沿着主要城市之间的经济联系方向发展。随着相互之间人流、物流、信息流等的加强,通道沿线成为交通线路密集、交通方式多样化的区域,吸引着区域经济、人口向轴线地区的集聚,不但改变了原有的社会经济空间结构,而且产生了新的区域增长中心。

(4)高速、大容量、集约型的城际交通是城市群联系的重要纽带,是城市群空间结构的主要支撑。城市群内的公共交通、城际交通等通勤交通是城市群发展的黏合剂,既缩小了城市群的空间范围,也扩大了城市群人口的活动范围。这种区域性的快速通勤模式从根本上改变了职住的区域化组合模式,整个城市群的城市空间既呈现出强烈的向心性,又表现出明显的"中心城市—郊区—卫星城市"的圈层性。

综上所述,区域综合运输通道决定了城市群的基本空间结构,直接影响着城市群空间内部组织结构的变化和外部具体形态的演化。其作为区域交通网络系统的骨架,改变了空间可达性,是区域空间整合效应发生的前提;而作为城市群空间形态的构成要素,又促成了区域形态的形成,是区域空间结构的基本支撑。

第四节　城市群发展演化对区域综合运输通道的优化

一、城市群发展与区域综合运输通道的内部博弈

上节分析表明,区域综合运输通道对城市群的空间组织产生重要影响,然而从发展的进程来讲,二者是一个相互动的过程,城市群的发展演化同样也会对区域综合运输通道产生反作用。具体来看,城市群对区域综合运输通道的优化实质上是通过优化区域综合运输通道的内部结构和空间结构进而推动着其不断发展和完善。

区域综合运输通道作为区域交通网络系统的主要组成部分,经历了由单方式到多方式的发展过程,承担着城市群内部主要客货流的出行和运输,在区域经济中发挥着举足轻重的作用。运输通道进入多方式阶段之后,其对城市群发展的支撑作用愈加突出。然而,由于各种交通方式具有不同的技术经济特性,使得运输方式对各种运输需求有不同的符合度,而且不同的运输需求往往寻求最适合的运输方式,为了适应运输需求,通道内各种运输方式需要经过不同规模的发展和变化,从而达到一种动态的平衡,形成一定的运输结构。

从城市群发展对运输通道内部运输结构的影响来看,在不同的城市群发展阶段,区域综合运输通道的内部运输结构随城市群空间的发展演变表现为一种动态变化的过程。

首先,在城市群的孤立发展阶段,城市间是一种分散孤立的状态,彼此间联系较为松散,区域间缺乏交通运输的联系。由于此阶段城市群内各城市间的联系较少,区域交通运输系统发展处于原始状态,往往依托既有的运输方式和运输线路,且以某一种运输方式为主,发育尚不成熟,彼此间并无竞争或合作关系。

之后,在城市群的集聚发展阶段,城市间表现为相互竞争的关系,中心城市与周围中小城市的"中心—腹地"蛛网型交通网络开始形成。城市群内局部联系的加强,产生了对发展资源的竞争与交流,其对运输的需求导致了交通运输方式的对比优势逐步

显现。

此后,在城市群的扩散发展阶段,城市间由相互竞争转为相互合作,区域交通运输网络初步形成,区域运输方式开始向多元化发展。该阶段城市群的发展主要表现为区域扩张和运输方式大发展,各运输方式均从自身角度为区域发展服务,方式间并无过多联系。受益于城市群的扩散发展,各运输方式得到较大程度的发展,但是仅是自身的壮大过程,并没有实现运输效益的最大化。

再后,在城市群的雏形阶段,城市间分工与合作并存,区域内开始形成以区域综合运输通道为骨架的区域交通网络系统,由于运输通道的集聚效益,各运输方式开始向通道内集聚。当多种运输方式在同一运输通道并存时,由于技术特性的差异,为实现自身效益,彼此间竞争博弈开始显现。此时,运输通道的内部结构处于相对复杂的动态变化过程。

最后,城市群进入发展成熟阶段后,城市间的分工与合作进一步深入,区域综合运输通道进入系统化阶段,内部交通方式经过博弈进入相对平衡的发展状态,每种运输方式都能各尽所能,发挥其应有的效用,基本实现了通道内各种运输方式的合理分工和高效衔接,从而达到引导交通需求、提高整体运输能力、拉动区域经济快速稳定发展的目的。

二、城市群发展与区域综合运输通道的空间优化

区域综合运输通道的空间结构是城市群空间结构的重要支撑,城市群的发展既得益于区域综合运输通道的空间支撑,同时也对运输通道的空间优化发挥着重要影响。首先,城市群发展的自然条件是决定城市群发展方向的根本因素,而城市群的发展方向又从根本上引导着区域综合运输通道的基本布局走向。其次,区域发展的历史因素在一定程度上决定了城市群的基本发展形态,是区域综合运输通道空间布局的重要影响因素之一。此外,城市群的经济、社会发展水平是决定区域综合运输通道发展水平的最基本因素,运输通道往往连接的是经济、社会发展水平较高的区域。

由于城市群不同的自然条件、历史条件以及经济、社会发展水平,不同类型、级别的城市群在空间的排列组合也各异,由此培育了不同空间布局结构的运输通道。具体以我国京津冀、长江三角洲、珠江三角洲三大城市群为例,三大城市群空间结构的不断发展演化培育了不同形态的区域综合运输通道。

京津冀城市群在发展的初期主要有国际性大都市——北京,区域性大都市——天

津,以及南部地区性都市保定、石家庄和东部地区性都市唐山和秦皇岛等。以北京和天津作为发展双核,京津之间目前已发展形成比较成熟和完善的区域综合运输通道;同时石家庄、保定与北京,以及秦皇岛与北京、天津之间也已形成相对完善的区域综合运输通道。京津冀城市群主要中心城市节点的品字形空间布局,决定了城市群内区域综合运输通道的△形空间结构,但由于区域节点城市等级差异的悬殊性,导致该城市群区域综合运输通道系统整体呈现比较松散的形态。可以预期,在京津冀协同发展战略的推动下,京津冀城市群空间范围将快速拓展,较具规模的城市节点持续增加,尤其是雄安新区的建设,将带动本区域空间结构发生较大调整,该区域综合运输通道也将会进一步优化,将由松散的△形向多核紧密型的网络化方向发展。

京津冀城市群主要运输通道空间结构示意图如图 5-5 所示。

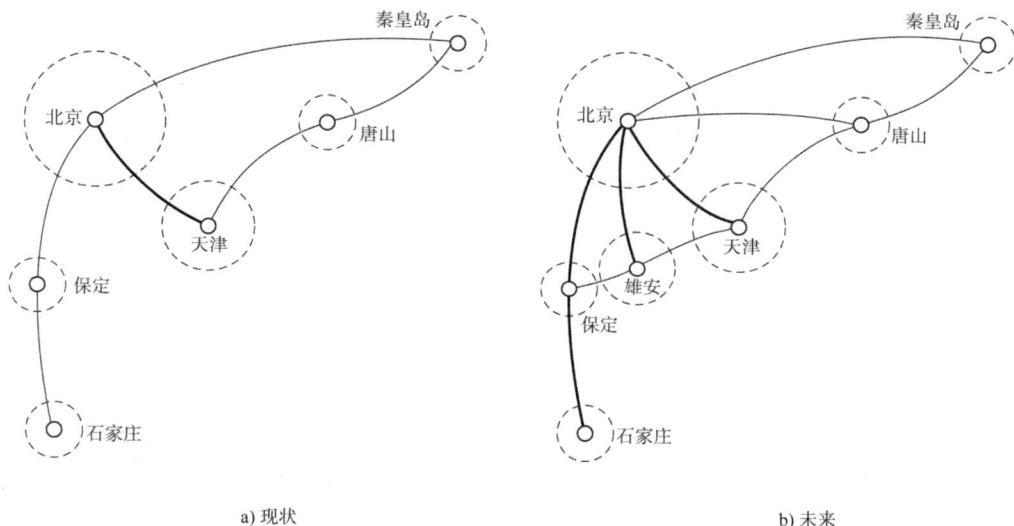

a) 现状   b) 未来

图 5-5 京津冀城市群主要运输通道空间结构示意图

长江三角洲城市群有国际性大都市——上海、区域性大都市——南京和杭州,以这三大城市作为城市群的发展极,现已形成沪宁运输通道、沪杭甬运输通道,同时宁杭等区域综合运输通道也已初具规模。总体来看,该城市群沿沪宁运输通道、沪杭甬运输通道这两条发展轴,已形成了之字形的带状空间布局。未来随着长江三角洲城市群各中心城市的发展,城市群空间结构将更趋稳定,相应地,区域综合运输通道的空间结构也将由之字形的带状向多中心的双 A 形网络化转变。

长江三角洲城市群主要运输通道空间结构示意如图5-6所示。

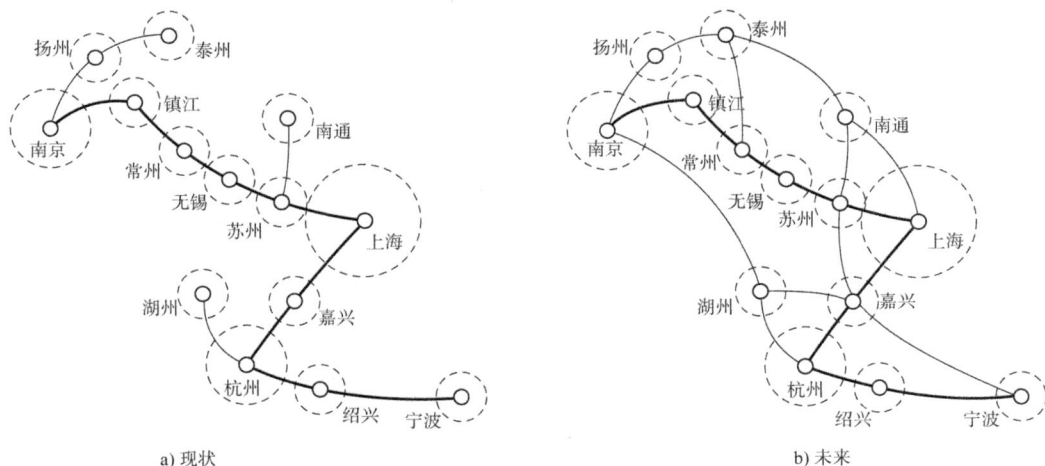

a) 现状 　　　　　　　　　　　　　b) 未来

图5-6　长江三角洲城市群主要运输通道空间结构示意图

珠江三角洲城市群有国际性大都市——广州、深圳、香港,区域性大都市——珠海等,以这几大城市作为城市群的发展极,现已形成广珠运输通道和穗深港运输通道;此外,围绕核心城市,其他城市之间也培育了不同级别的运输通道。目前,该城市群沿广珠运输通道、穗深港运输通道这两条发展轴,已经形成了人字形的区域综合运输通道空间布局。未来,珠江三角洲城市群的发展将引导区域综合运输通道由三中心的人字形向基于人字形骨架的星群状转化。

珠江三角洲城市群主主要运输通道空间结构示意如图5-7所示。

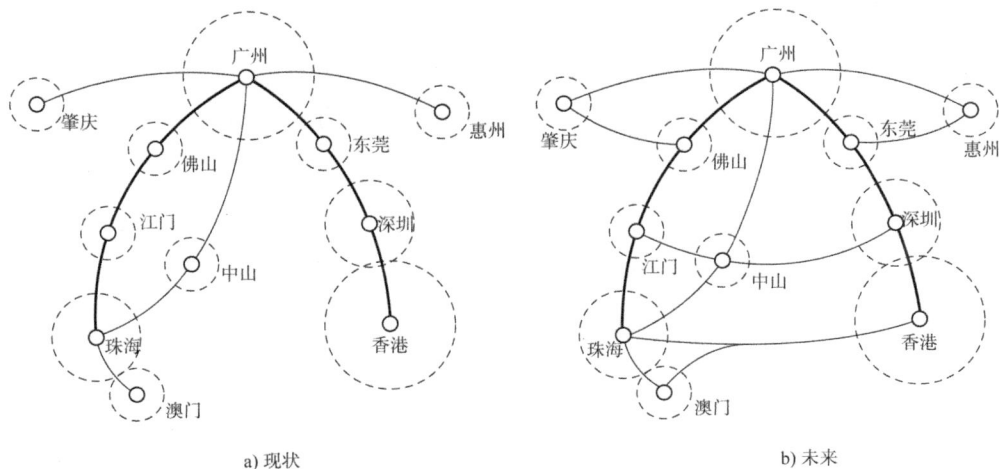

a) 现状 　　　　　　　　　　　　　b) 未来

图5-7　珠江三角洲城市群主要运输通道空间结构示意图

第五节　区域综合运输通道与城市群发展的协同

一、区域综合运输通道与城市群协同发展的机理

区域综合运输通道与城市群发展的关系主要是通过运输能力的供给和需求体现的。城市群的发展从交通需求的角度推动或阻碍交通供需平衡的调节;而运输通道的发展则从交通供给的角度不断适应城市群发展带来的推动和阻碍作用,对交通的供需平衡进行调整。当城市群空间结构发生演变后,在新的城市群空间结构的推动或阻碍作用下,通过交通供需平衡的调节,影响运输通道的规模、结构和布局的调整,与区域综合运输通道自身的发展共同作用形成新的运输通道模式。

可见,区域综合运输通道与城市群协同发展的本质是交通供需的平衡性,可以采用协同度来表征区域综合运输通道与城市群发展的协同程度。定义协同度为城市群发展需求与运输通道供给的比重,即:

$$协同度 = 城市群发展需求/运输通道供给 \tag{5-1}$$

由上式可以看出,当协同度小于 1 时,表示运输通道的供给能力大于城市群发展的需求量,应减少对运输通道的投资和建设力度,同时在政策和市场机制的调整和引导下,选择运输通道出行的比例也会增加,这样协同度就会增加,达到一个动态平衡的过程。同理,协同度大于 1 时,表示运输通道的供给能力不能满足城市群发展的运输需求,导致通道运输紧张,需通过加大对运输通道的投资和建设力度,提高其运输供给能力,同时在政策和市场机制的调整和引导作用下,选择运输通道出行的比例会相应减少,这样协同度就会降低,最终维持在 1 左右,达到动态平衡的过程。可见,协同度越小,则投资越少;协同度越高,则投资越大。

因此,区域综合运输通道与城市群协同关系是一种反馈的动态平衡过程。系统中一个变量的变化,通过一系列因果关系重新影响到这个变量本身的变化,这种现象称为反馈,这一系列闭合的因果关系称为反馈回路。若反馈回路中包含偶数个负的因果链,则其极性为正,若包含奇数个负的因果链,则其极性为负。正反馈回路使得回路中变量的偏差不断增强,而负反馈回路的作用则是使得变量趋于稳定。由于正反馈的自我强化作用和负反馈的自我调节作用,使得系统呈现出"增长"与"稳定"之间的相互转化的

行为。

为反映运输通道与城市群协同关系的变动机理,引入二者的反馈关系图(图5-8)。在反馈关系图中,用箭头把两个具有因果关系的变量连接起来,如果变量 A 变化会引起变量 B 相应的变化,即 A 是 B 变化的原因,则表示为: $A \rightarrow B$。如果变量 B 随着变量 A 的增加而增加,或随着变量 A 的减少而减少,则记为 $A \rightarrow +B$。反之,记为 $A \rightarrow -B$。

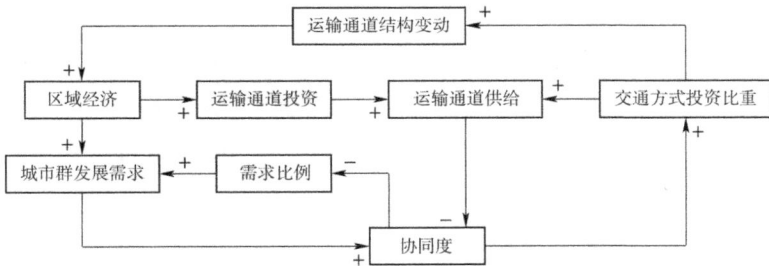

图5-8　运输通道与城市群协同发展反馈关系图

从图5-8可以看出,运输通道与城市群协同反馈关系图包含了三个负反馈和一个正反馈。反馈回路如下:

(1)城市群发展需求→+协同度→-需求比例→+城市群发展需求。

(2)运输通道供给→-协同度→+交通方式投资比重→+运输通道供给。

(3)区域经济→+运输通道投资→+运输通道供给→-协同度→+交通方式投资比重→+运输通道结构变动→+区域经济。

(4)区域经济→+城市群发展需求→+协同度→+交通方式投资比重→+运输通道结构变动→+区域经济。

其中,反馈回路(1)为负反馈,目的是使城市群发展需求趋于稳定。反馈回路(2)也为负反馈,起到调节运输通道供给的作用。反馈回路(3)和(4)表示的主要关系是区域经济的发展会导致城市群发展需求和运输通道供给的增多,而城市群发展需求和运输通道供给共同决定了协同度。城市群运输通道多是由多种交通方式交通干线所组成的,某种交通方式的协同度减少则表示该交通方式的交通供给增长快于城市群发展需求的增长,此时需要适当降低通道内该交通方式的投资比例;相反,则要适当提高该交通方式的投资比例。不管各种交通方式的投资比例是降低还是提高,都必然引起运输通道交通结构的变动,其目的都是为了优化运输通道内交通结构,促进运输通道与城市群的协同发展。

二、区域综合运输通道与城市群发展的协同分析

从区域综合运输通道与城市群协同发展的机理可以看出,运输通道与城市群的协同发展主要表现在两个方面,一是时间的协同,二是空间的协同。其中时间协同是指区域综合运输通道建设与城市群发展速度的适应性,而空间协同则主要是指运输通道与城市群内社会经济空间分布的一致性。

为分析区域综合运输通道与城市群协同发展的程度,选取我国最具代表性的京津冀、长江三角洲和珠江三角洲三大主要城市群,基于1990年、2004年和2020年(2020年的数据基于规划)三个时间断面,以区域交通干线为路网数据,对区域综合运输通道空间辐射范围的演进进行分析。由图5-9~图5-11可以看出,随着区域综合运输通道的不断完善,各城市群内重点城镇的时间距离在逐渐缩短,单位时间内覆盖的社会经济范围不断扩大。

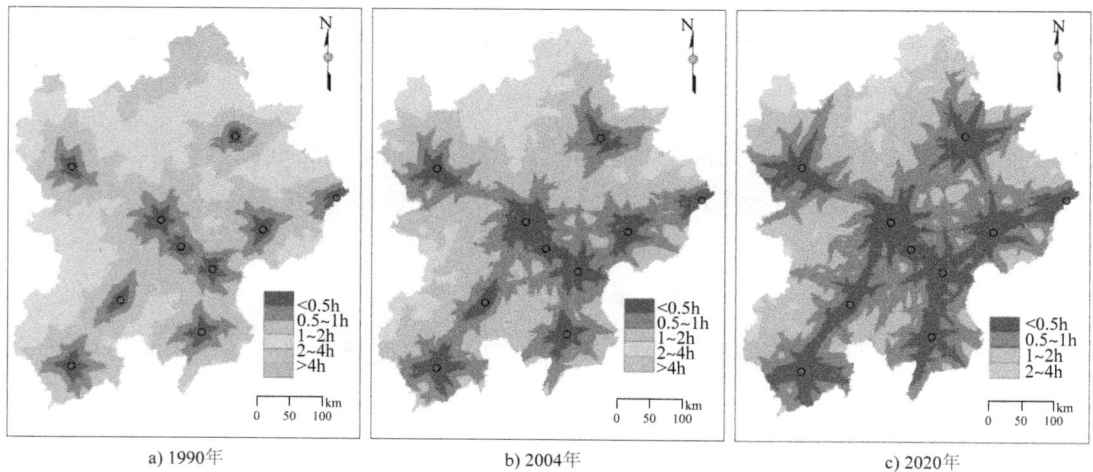

a) 1990年　　　　　　　b) 2004年　　　　　　　c) 2020年

图5-9　京津冀城市群运输通道辐射范围变化

上述三大城市群是我国最重要的城镇密集区,也是我国经济发展最为迅速的地区,同时也是交通网络最发达的区域。从运输通道与城市群的协同发展关系来看,区域综合运输通道的完善带来了城市群空间通达范围的变化,有效支撑了城市群经济社会空间的拓展。

在城市群内,0.5h交通和1h交通具有重要意义,0.5h可以衡量城市群重要节点的发育程度,而1h则能衡量城市群节点联系的便捷程度(同城效应)。在运输通道的连接下,当前三大城市群1h的可达范围基本绵延成片,而到2020年,这一时间距离基本缩小

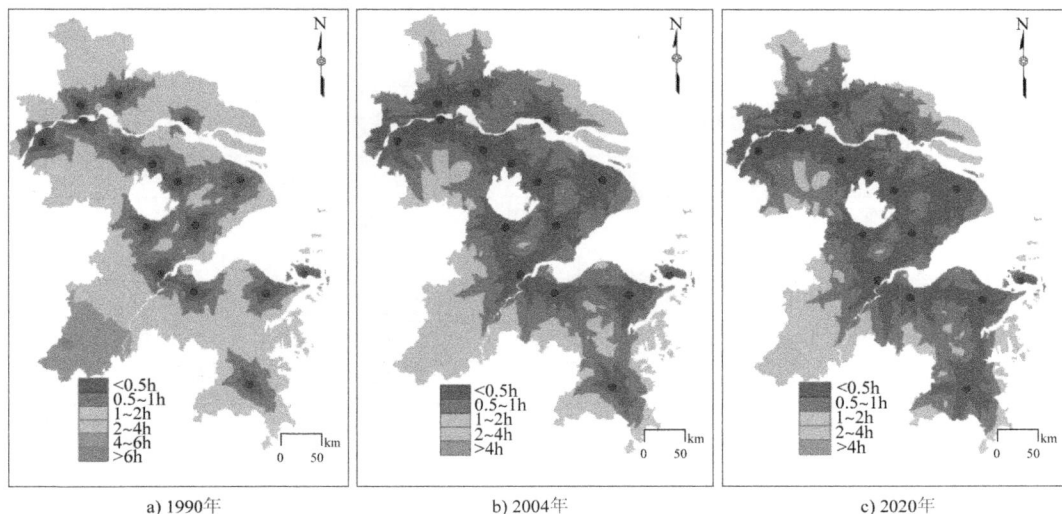

a) 1990年　　　　　　　　b) 2004年　　　　　　　　c) 2020年

图 5-10　长三角城市群运输通道辐射范围变化

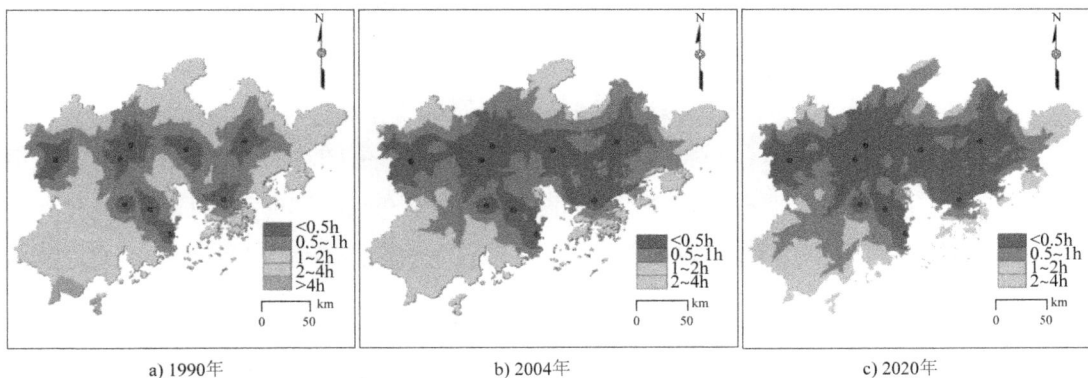

a) 1990年　　　　　　　　b) 2004年　　　　　　　　c) 2020年

图 5-11　珠三角城市群运输通道辐射范围变化

至 0.5h。在不同历史时期,三大城市群区域综合运输通道空间服务范围发生了明显的变化(表 5-1),这一方面说明城市群区域综合运输通道日趋完善,另一方面也能看出区域综合运输通道与城市群的协同关系越来越密切。从三大城市群区域综合运输通道与城市群发展的协同演进关系来看,基本具有以下特征:

(1)1990 年之前,城市群与运输通道处于低水平的协同状态。

20 世纪 90 年代之前是城市群的雏形阶段,城市群内各城市间的联系尚不密切。1990 年,三大城市群内城市 0.5h 服务范围在空间上处于明显的孤立发育状态,其中京津冀城市群内城市 0.5h 覆盖的国土面积仅占城市群总面积的 4.73%。相比京津冀城市群,长三角和珠三角城市群与运输通道的协同发展程度相对较高,1h 服务范围在空间

97

上开始相连(覆盖国土面积分别达到 36.40% 和 45.22%),同城效应开始显现。总体来看,该时期区域综合运输通道与城市群的协同尚处于起步阶段。

不同年份的三大城市群运输通道服务能力统计   表 5-1

城镇群	时间范围	1990 年		2004 年		2020 年	
		通达县市(个)	面积比例(%)	通达县市(个)	面积比例(%)	通达县市(个)	面积比例(%)
长三角	0.5h	16 市辖区 5 县	10.97	16 市辖区 22 县	30.08	16 市辖区 29 县	38.39
	1h	16 市辖区 21 县	36.40	16 市辖区 46 县	67.73	16 市辖区 48 县	75.63
	2h	16 市辖区 47 县	75.18	16 市辖区 55 县	95.51	16 市辖区 56 县	97.52
京津冀	0.5h	10 市辖区 5 县	4.73	10 市辖区 19 县	12.15	10 市辖区 38 县	21.06
	1h	10 市辖区 32 县	18.38	10 市辖区 63 县	40.08	10 市辖区 77 县	55.72
	2h	10 市辖区 32 县	58.33	10 市辖区 94 县	82.88	10 市辖区 95 县	92.32
珠三角	0.5h	9 市辖区 1 县	14.56	9 市辖区 4 县	43.40	9 市辖区 5 县	47.18
	1h	9 市辖区 6 县	45.22	9 市辖区 10 县	77.17	9 市辖区 10 县	81.14
	2h	9 市辖区 8 县	81.53	9 市辖区 10 县	99.16	9 市辖区 10 县	99.18

(2)1990—2004 年,城市群与运输通道趋向良性协同。

20 世纪 90 年代之后,区域综合运输通道带来明显的空间可达性的改善,京津冀城市群 0.5h 以内通达的范围占据京津冀城市群总体面积的 12.15%,长江三角洲和珠江三角洲城市群通达便捷度更高,在长江三角洲、珠江三角洲城市群,2004 年 1h 通达的范围分别达到 30.08% 和 43.40%。而 1h 之内的通达程度中,2004 年京津冀城市群的通达范围占的比重为 40.08%,长江三角洲和珠江三角洲城市群的范围则分别达到了 67.73% 和 77.17%。从各城市群 0.5h 和 1h 的服务范围来看,该时期区域综合运输通道促进了城市群的同城效应,二者步入良性协同发展的轨道。

(3)2004 年之后,城市群与运输通道开始耦合发展。

2004 年以来,各城市群运输通道建设步伐加快,逐渐改变了滞后发展的局面。与此同时,各城市群也相继出台了本地区的城际轨道交通和干线交通网络规划。按照规划,到 2020 年,京津冀 1h 通达的程度将达到 55.72%,长江三角洲和珠江三角洲城市群分别达到 75.63% 和 81.14%,几乎连通了所有的城市群节点。1h 之内通达交通将为重点城市群内部一体化提供实际的可能性,在规划条件下,至 2020 年三大城市群均能实现区域一体化,这一过程也将是城市群与运输通道耦合发展的过程。

第六章 ◀

国家综合运输通道与国土开发优化

★ 国家综合运输通道是最高层次的综合运输通道,是一国综合运输系统的骨干,承担着长距离的大宗客货运输。国家综合运输通道的建设有利于资源的开发和利用,是实现生产力布局的重要手段,能够带动区域经济的快速发展。国家综合运输通道的发展是与国土开发相互动的过程,其演进过程同经济社会空间结构的演进过程基本保持一致。由于其形成条件不但遵循了综合运输通道的基本形成条件,而且还有自身的特殊形成条件,因此也就具有自身特有的形成机理。研究国家综合运输通道核心问题之一就是促进其对国土开发的优化,通过对我国运输通道与国土开发的耦合性评价,可以较为直观地展现我国国家综合运输通道和国土开发的空间耦合程度。

第一节 国家综合运输通道研究综述

一、国家综合运输通道理论研究

长期以来,国外专家学者从宏观视角对国家综合运输通道进行了大量理论探讨。例如,Chapman(2003)等人以历史发展的角度分别从交通运输网络的空间演化、经济发展、城市化进程以及运行体制等几方面对英国 West Midlands-London 综合运输通道进行了系统的研究。Carballo(2007)等利用 GIS 探讨了墨西哥特拉斯卡拉运输通道的形成与政策演变之间的关系,发现两者之间存在一定的相辅相成作用。Qiu(2009)等人在代谢生态学理论的基础上,探讨了运输通道的形成机理,提出了综合运输通道内运量需求代谢演化模型,在该模型中假设不同方式的运输运量增长率不仅与反映城市经济活跃程度的人均国内生产总值相关,同时也受到不同运输方式的竞争与合作关系的制约。

国内张务栋(1993)研究指出国家层面运输通道的形成是一定社会经济环境下形成的,强调通道发展过程中的自然作用。黄承锋(2001)分析了推动运输通道形成与发展的主要因素,包括自然地理条件、交通技术发展、社会经济发展水平等因素。毛敏(2005)根据社会—技术系统理论,在宏观层次上分析运输通道的主要演化阶段,进而提出了交通运输通道与其依托的地域系统和交通运输系统组成多层次的超循环系统,通过自我发展和相互促进的耦合作用方式协同发展。彭辉(2006)认为交通基础设施不断完善和发展,使跨区域内单一交通方式向多种交通方式过渡,从而形成跨区域运输通道,并对运输通道的分类以及货运通道的特征进行了相关研究。徐玉巧(2008)主要从不同线路对城镇空间形态演变影响差异和对社会经济环境影响差异两个方面,对比分析了大通道内公路和铁路对区域联动发展的影响,进而阐述了跨区域通道内不同交通方式的竞争力。

二、国家综合运输通道与经济发展的相互关系

从宏观视角研究综合运输通道与经济发展的相互关系,是国外学者的主要研究领域之一。Taaffe、Morrill 和 Gould 等最早在 1963 年以专著形式研究了综合运输通道与经济发展的内在关系模式,他们根据 20 世纪 60 年代在尼日利亚、东非、巴西和马来西亚等国的实地研究,指出发展中国家交通网络的主要形式是从沿海向内地逐渐深入性的扩展。之后,全球尺度的综合运输通道与经济发展的相互关系的研究产生了一系列的空间模型。Vance(1970)基于对美国东部海岸的研究,提出五阶段的"商贸"模型,描述北美运输通道的发展与城市等级增长的关系。他指出内在的交通联系是有限的,但如果交通联系的方向是一致的,其结果将产生线状的交通模式,事实上线状交通模式就是运输通道的初始状态。Slack(1990)认为运输通道与经济活动的联系是至关重要的方面,主要交通线路中不包括非枢纽的集散地,由此建立了一个较为简单的多式联运网络模式,其中包括三个发展阶段:广泛的市场调查阶段、开始积聚阶段、枢纽网络阶段。经济、人口、地理空间服务市场、连接市场的功能是在与运输通道的紧密作用中产生的,Slack(1993)得出结论认为贸易的自由化与全球化使得加拿大的运输通道的重组成为必然,运输通道亦成为国家的人口走廊。Guiterrez 和 Urbano(1996)对综合运输通道的影响范围进行了研究,在他们的研究中评估了未来贯穿欧洲的公路网络的影响,由 GIS 进行的分析结果表明,通道内部区域是评估 1992—2002 年网络变化的一个重要参数。他们认

为,沿公路线路40km的范围内均可作为欧洲共同体公路网络的通道范围,但其中有一个重要条件是到达时间不能超过1h。Priemus 和 Zomieveld(2003)研究了大运输通道对加强城市联系与合作、改善基础设施建设和联通边远地区等有关的指导性作用,并以欧洲为例,强调了大运输通道对欧洲大陆的团结与发展和空间地域的重组起到了至关重要的作用。

国内学者从不同角度对运输通道与经济发展的关系进行了相关研究。中国科学院地理科学与资源研究所金凤君研究员(2004)分析了我国20世纪铁路网扩展及其空间通达性,指出铁路的建设推动了社会经济空间结构的演化,运输通道的现代化将推动空间经济轴线进一步强化。张兵(2007)从陆路快速交通的角度出发,评价了高速交通网络可达性带来的空间经济格局及其影响规律。赵海静(2008)根据运输通道形成所需要的构成要素,确定了运输通道吸引范围的界定方法,并分析了吸引范围内货物运输通道的形成对经济社会发展的影响。荆新轩(2009)等人在定义运输通道——经济带系统协调概念的基础上,给出不同于其他协调度模型的组合模型,最后通过京沪运输通道——经济带系统协调度的实例分析,研究结论表明要达到系统协调程度,还要进一步提高对运输通道的建设投资,从而提高通道能力,改善对经济带经济发展的适应性。

三、国家综合运输通道发展规划

20世纪60年代以来,一些发达国家的交通运输经济学家在总结本国交通运输发展的经验基础上,提出要解决好一个国家的交通运输中存在的问题,关键是要大力开发和建设各具特色的综合运输通道。也就是说,要把有限的资金投放在客货流密集地带,以解决国家运输系统中存在的关键问题,满足国民经济发展的需要。因此,当时许多欧美国家为了发展自己高效率的综合交通运输系统,完成大规模的交通运输任务,都在不同程度地进行着综合运输通道的规划和建设。

20世纪60年代美国进行了《跨州多模式运输走廊研究》工作,重点研究高等级公路规划与运输通道扩张两者之间关系及多种运输方式协调发展问题。根据长期建设运输通道实践经验,美国先后编写了《运输走廊项目规划》《波多黎各运输走廊可行性研究》《东北运输走廊可行性研究》等。目前,美国在全国范围内建有10条综合运输通道,成为美国运输体系的一个混合骨架。

加拿大运输研究机构完成《埃德蒙顿—卡尔加里运输走廊研究报告》,为综合运输通道的规划建设奠定了基础。E. R. Peterson(2002)提出了一个公路通道规划模型——QROAD 模型,该模型基于投资决算的约束,为公路通道的规划提供一个最优的投资决算计划。目前,加拿大有两条横贯全国的东西运输大通道,在加拿大国家运输体系中占据了十分重要的地位。

此外,苏联按铁路干线化原则,建成了贯通各加盟共和国的运输通道;印度马德拉斯地区运输研究机构,从发挥地区经济,提高综合运输能力出发,完成了《1991 年运输走廊》的研究报告,印度已建成了 4 条全国运输通道。所有这些运输通道的规划建设对满足国内经济联系、社会发展以及国家安全发挥了重要作用。

我国交通建设长期滞后,自 20 世纪 80 年代以来,有关部门对做好干线通道的布局规划工作取得了共识,为发挥不同运输方式的优势,以发展综合运输体系的方针,建设现代化的大能力运输通道。1985 年,交通部在《2000 年水运、公路交通科技、经济和社会发展规划大纲》中提出,全国综合运输网建设应着力于开发完善不同运输方式组成的八条运输大通道。1986—1989 年,中国科协组织一大批专家完成的《中国交通发展战略研究与建议》,提出了全国六组通道建设方案。在此基础上,张文尝(2002)等人在国家自然科学基金项目《交通经济带的发展机理及其模式研究》中将我国运输通道按运输分区划分为六组。2003 年,中国工程院组织有关专家完成《"十一五"及 2020 年综合交通网络规划思路》,研究提出要在 2020 年建成 9 条运输通道。2007 年,国家发展和改革委员会制定了《综合交通网中长期规划》,提出"五纵五横"综合运输大通道和国际区域运输通道,其中国际区域运输通道包括:东北亚国际运输通道(含中蒙通道)、中亚国际运输通道、南亚国际运输通道和东南亚国际运输通道。2017 年,国务院印发的《"十三五"现代综合交通运输体系发展规划》提出,在全国构建横贯东西、纵贯南北、内畅外通的"十纵十横"综合运输大通道。我国各时期具有代表性的国家综合运输通道规划研究见表 6-1。

我国各时期具有代表性的国家综合运输通道规划研究　　　　　　　　　　表 6-1

研 究 项 目	数量	通 道 名 称
1985 年,交通部《2000 年水运、公路交通科技、经济和社会发展规划大纲》	8	进出山海关通道、南北通道、京广通道、沿江通道、陇海通道、东西向南方通道、西北西南通道、晋煤外运通道
1986—1989 年,中国科协《中国交通发展战略研究与建议》	6	进出山海关通道、东部地区南北通道、中部地区东西通道、西南地区外运通道、西北地区外运通道、能源基地煤炭外运通道
2002 年,国家自然科学基金项目《交通经济带的发展机理及其模式研究》	6	东北地区对外通道、东部地区的南北向通道、东部北方的横向通道、东部南方地区的横向通道、西北地区对外通道、西南地区的对外通道

研 究 项 目	数量	通 道 名 称
2003 年,中国工程院《"十一五"及 2020 年综合交通网络规划思路》	9	京哈通道、京广通道、京沪通道、沿海通道、西部出海通道、路桥通道、沿江通道、西南通道、煤炭外运通道
2007 年国家发展和改革委员会《综合交通网中长期发展规划》	10	南北沿海运输大通道、京沪运输大通道、满洲里至港澳运输大通道、包头至广州(湛江)运输大通道、临河至防城港运输大通道、西北北部出海运输大通道、青岛至银川运输大通道、陆桥运输大通道、沿江运输大通道、上海至瑞丽运输大通道
2017 年国务院《"十三五"现代综合交通运输体系发展规划》	20	纵向:沿海运输通道、北京至上海运输通道、北京至港澳台运输通道、黑河至港澳运输通道、二连浩特至湛江运输通道、包头至防城港运输通道、临河至磨憨运输通道、北京至昆明运输通道、额济纳至广州运输通道、烟台至重庆运输通道; 横向:绥芬河至满洲里运输通道、珲春至二连浩特运输通道、西北北部运输通道、青岛至拉萨运输通道、陆桥运输通道、沿江运输通道、上海至瑞丽运输通道、汕头至昆明运输通道、福州至银川运输通道、厦门至喀什运输通道

第二节　国家综合运输通道的形成与发展

一、国家综合运输通道的形成机理

国家综合运输通道是具有全局意义的交通运输网络的主骨架,是综合运输通道的最高层次。其形成遵循了综合运输通道的基本形成条件,同时也具有自身特有的形成机理。从国家综合运输通道的形成过程来看,其形成除受自然、交通、社会经济和区位等基本条件的影响以外,主要同地区产业的集聚效益、区际分工与联系、交通基础设施建设的投资和效益、运输集中化的客观规律等有关。

(1)产业形成与发展的集聚效益是国家综合运输通道形成的基本动力。产业发展对集聚效益的追求,一方面使区域经济不断向中心城市集中,形成中心城市带、城市连绵区和经济集聚区;另一方面,城市腹地不断扩大,形成了相对独立的空间分布格局。产业集聚在促进区域经济集中的同时也促使了交通基础设施的集中,由于基础设施的集中比分散更具有投资的经济效果,各经济区之间更倾向于发展经济有效的运输通道,这些运输通道逐渐成为工业集聚的轴线,不但服务于大企业之间的货物运输,而且服务于全社会的客货运输。

(2)区际分工与联系是国家综合运输通道形成的主要原因。国家经济发展和工业化进程的加快使不同区域的产业分工愈加细化,商品交流的规模不断扩大,交流的方向也日趋复杂。在这一过程中,区际分工和联系不断得到强化,区域间的货物交流量随之增加,流向也更加广阔,相应运输距离逐步延伸,加之居民收入水平的提高,居民出行次数和距离都有大幅增加,区域间的运输联系得到增强。区际分工与联系对大运量、长距离的运输需求,客观上导致了运输通道的产生。

(3)交通基础设施建设的投资和效益是国家综合运输通道形成的政策性保障。国家在交通基础设施建设上的投资受国力及投资政策的影响,在交通网络建设的初中期必须执行重点先行的原则,以有限的投资取得最大的效益。交通基础设施建设周期长、投资大、涉及面广,具有全局意义的国家运输通道尤其如此,其对全国运输网的畅通具有决定性意义。由于国家运输通道通行能力大、速度高、成本低,在综合运输网中承担大宗运输,其建设具有关键性意义,能从根本上解决交通问题,因此,从国家战略角度出发,必须首先加强主要交通运输通道的建设。

(4)运输集中化的客观规律是国家综合运输通道形成的潜在内因。国内外的交通运输网络及客货运输分布,都有集中于若干主干线的客观规律。这是因为主要交通干线沿线往往分布着国家主要的工业基地、主要大中城市,是大经济区或各省、区的产业集聚带和发展轴。因此,沿线既是大宗客货流的发生地,又是大宗客货流的通过地。综合运输通道的主要特征之一就是集中性,交通运输在空间上的集中化规律客观上推动了国家综合运输通道的产生。

总体来看,国家综合运输通道的形成是客观因素和主观意愿共同作用的结果。从客观上来看,大区域间运输联系的需求推动了国家综合运输通道的形成,而产业的集聚、区际的分工与联系等催生并强化了区域间运输联系的需求。从主观上来看,国家对交通基础设施投资效益和运输效率的追求保障了综合运输通道的形成。从运输集中化的客观规律来看,国家综合运输通道的产生也迎合了区域发展的需要。

二、国家综合运输通道的演进过程

交通基础设施是经济社会空间结构形成与演化的主要动力。金凤君(2011)指出,一个国家在交通基础设施建设的支撑下,其经济社会空间结构的形成与演变大致经历了六个阶段。国家综合运输通道作为经济社会空间的重要组成部分,其演进过程同经济社会空间结构的演进过程基本保持一致,同样经历了六个阶段。

第一阶段,零散结构初建阶段。在铁路等现代基础设施出现之前,一个国家或地区经过长久的发展,已经形成了一定的交通网络和城镇等分布,支撑着当时人们的经济社会活动。现代基础设施建设作为一种介入力量,是对这一历史结构的重构与更新,其历史结构越稳定,形成历史越长,对基础设施介入的空间诱导或抗拒就越强烈。这一阶段,交通基础设施属于初步发展阶段,在空间上处于零星分布状态,对经济社会空间结构的构建也仅仅在局部地点或地区起作用。因此,在该阶段,国家运输通道尚处于以节点培育为主的阶段。

第二阶段,简单结构孕育阶段。随着交通基础设施的进一步建设,空间的连通范围扩大,对历史结构的重构动力不断增强,逐步成为经济社会中商品和人员交流的主要依托方式,同时也促进了资源的开发和制造业企业的有选择布局。但交通基础设施的空间特征多是线状或点状的,还不能形成网络,铁路交通沿线与港口周围等地区成为先行开发或增长区域,逐渐形成具有优势的开发轴线或地区,相应的城镇与资源开发地等也得到快速发展。这一阶段,国土开发的结构主要以有限的轴线为主,结构比较简单,但对未来的空间结构形成奠定了基础,交通运输通道属于简单结构孕育阶段。由于社会对交通等基础设施功能认识的提升,为其大规模建设准备了较好的社会基础。

第三阶段,局部结构构建阶段。交通基础设施网络的规模扩张是这一阶段的主要特征,但由于自然、社会、经济等诸多因素的影响,建设速度和扩展状态在空间上是不均衡的,某些局部地区成为交通基础设施建设的重点地区,网络快速建成,这有力地促进了地区资源的开发和城镇的建设,地区经济快速发展。在交通基础设施支撑下,多条开发轴线形成,并呈现网络结构特征,构成了未来发展的基本结构,逐渐形成为国家综合运输通道的初始形态。经济社会空间组织方面,开始出现明显的点—轴结构、核心—边缘模式等,我国的东北地区和美国的东北部地区均出现过这一过程,并持续了相当长的时期。

第四阶段,系统结构形成阶段。交通基础设施网络的规模继续扩张,在局部地区快速发展的同时,其他地区的基础设施也得到相应建设,网络不断扩展,逐渐形成覆盖全国的网络,相应地全国性的开发轴线或经济发展轴线形成,运输系统的整体性、协调性和关联性成为这一阶段的主要特征。另一方面,由于交通基础设施体系形成时期的不同,所形成的空间优势作用时间长短不同,经济社会区域差异和差距是非常突出的,虽然空间结构在形态上是相似的,但反映的经济社会发展质量却存在较大差异。一系列点—轴结构、核心—边缘模式、轴—辐模式等空间组织形态形成并不断完善,与此相适应,国家综合运输通道的系统结构也初步形成。

第五阶段,系统结构完善阶段。交通基础设施网络的规模扩张和质量提升是这一阶段的主要特征。交通基础设施已经成为经济社会的普适要素和基本条件,而不是发展的关键制约条件,突出特征是网络已经比较完善,在既有技术条件下,空间覆盖已经达到与经济社会需求相适应的状态。随着交通基础设施发展由量向质的转变,运输通道进入快速发展的阶段。在这一时期,以国家运输通道为主的交通基础设施与其他条件配合,促进经济社会空间结构不断完善,系统的整体性、协调性、关联性和融合性进一步增强,但层次性开始显现,国家经济社会空间结构的系统架构已经形成;点—轴结构、核心—边缘模式、轴—辐模式等空间组织进一步强化,都市圈、城市群等空间集聚形态也开始不断强化,国家综合运输通道的系统结构得以不断完善。

第六阶段,级联秩序分异阶段。这一阶段交通基础设施质量提升和服务系统优化是主要特征,以等级差异和服务质量优劣为标志的空间层次网络形成,国家综合运输通道成为引导经济社会发展的主要空间力量。相应地,分工协作、空间与时间的科学运用(如 1h 交通圈)促进了社会经济空间结构层级性的形成,展现出有规则的空间秩序,进入一种相对稳定的空间发展状态。系统的整体性、协调性、关联性和融合性调控着要素的配置和单元的发展,点—轴结构、核心—边缘模式、轴—辐模式、都市圈、城市群等空间形态不断优化,作为相应的模式被固定下来。而国家综合运输通道成为联系这些基本空间形态的最主要媒介,并且与各系统的空间秩序相一致,也进入了有层级、有规则的级联秩序分异形态。

以上国家综合运输通道六阶段演进模式与机理,反映了国家综合运输通道作为一种空间力量,从介入并打破原有的空间结构,到作为空间结构稳定性的基本支撑,功能和效应是动态转换的,空间上存在方向上的不均衡性,模式也会由于自然、经济、社会背景的不同而存在差异。

国家综合运输通道演进模式如图 6-1 所示。

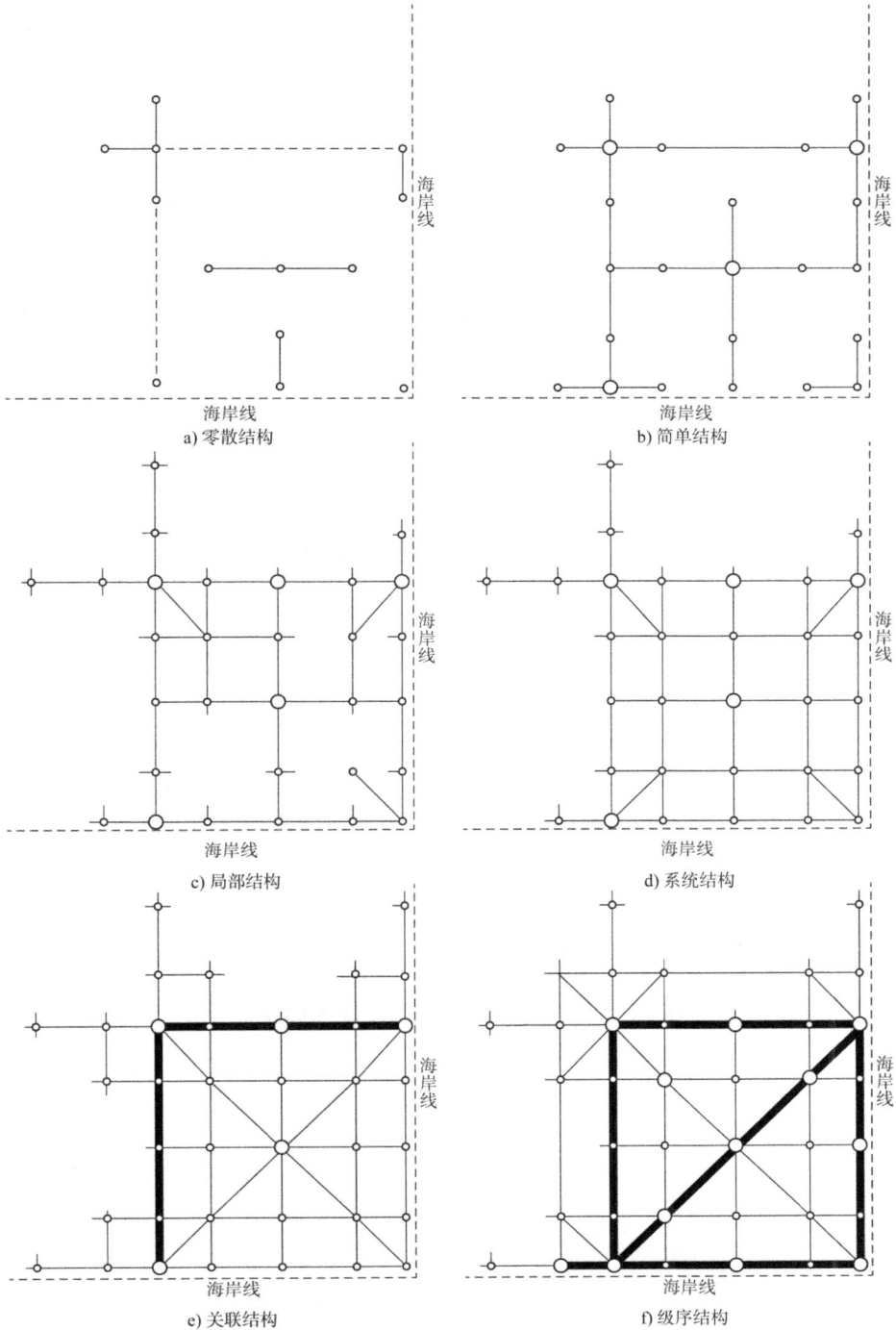

图 6-1　国家综合运输通道演进模式图

（资料来源：金凤君《基础设施与经济社会空间组织》，第 90 页，2012 年）

三、国家综合运输通道的空间结构

国家综合运输通道作为最高层面的综合运输通道,与城市和区域综合运输通道不同,其空间结构不存在空间上的差异,而只存在时间和方式上的区别。例如我国规划的国家高速公路运输通道的"7918"(原规划)和"71118"(现规划)结构,由放射线、纵线和横线构成;国家规划的铁路客运通道"四纵四横"(原规划)和"八纵八横"(现规划)结构则为纵横交错结构;而从国家航空运输网络的理想发展模式来看,航空运输网络则宜构筑轴—辐结构。

事实上,所有交通方式运输通道的空间结构均是国土开发政策的体现。国家综合运输通道是国土开发的重要支撑和保障,其空间结构同国土开发的空间结构密切相关。由于国土资源的空间配置和开发战略不同,国家综合运输通道的空间结构也有所不同。依据我国资源的空间分布,以及国土开发的相关战略政策,我国国家综合运输通道的空间结构主要有星形放射状和纵横格网状。

(一)星形放射结构

依据陆大道(1995)点—轴开发理论,在国土开发的过程中,通常会以国家的经济中心或综合交通枢纽中心为开发建设重点,由经济中心或枢纽中心向外辐射,优先开发具有良好发展条件和前景的以长大交通干线为主的线状基础设施作为主要轴线。由于国家级的经济中心或综合交通枢纽中心通常具有较强的辐射力,其辐射范围是全国性的,因此开发轴线也具有全国性意义。

就我国而言,现已形成了以北京、上海、广州为经济中心的空间格局,这三座城市也是面向世界的国际门户性城市。围绕这三大经济中心,衍生出多条辐射全国各地的国家级综合运输大通道,这些综合运输通道将沿线附近若干高等级的经济中心和枢纽城市连接起来,集合多种运输方式,运输量大而集中,在空间上呈现出由经济中心向外辐射的星形放射结构。

星形放射结构形成的首要前提是必须有能够辐射全国的城市中心,这个中心既可以是面向全国乃至世界的强经济中心(如北京、上海、广州),也可以是全国性的综合交通枢纽中心(如西安、郑州、武汉、成都等)。围绕这些中心向外辐射的综合运输通道也必须是全局性而非区域性的。

我国综合运输通道的星形放射结构抽象图如图 6-2 所示。

(二)纵横格网结构

国家综合运输通道大多依托于历史上长期形成的区际交流路线,其不但需要连接各区域经济中心,而且还需要沟通发达与不发达地区的联系。国家综合运输通道将分散的各区域经济中心按照一定方向串接起来,各运输通道在空间中布局有序、纵横交错,呈现出棋盘状的格网形态。

我国国土开发的 T 形战略、东中西和东北四大板块区域空间的划分以及各大经济区的空间布局情况基本决定了我国国家综合运输大通道以纵横格网结构为主。国土的 T 形开发战略,确定了我国国家综合运输大通道的纵横方向;东中西区域空间的划分对运输联系的需求为横向通道的产生奠定了基础;而几大经济区的空间布局则深化了对纵向通道的需求。从我国各交通方式运输通道的规划情况来看,国家最新规划的"八纵八横"高速铁路网即为纵横格网结构,此外,国家高速公路运输通道的"71118"结构也为"放射 + 格网"结构。

我国综合运输通道的纵横格网结构抽象图如图 6-3 所示。

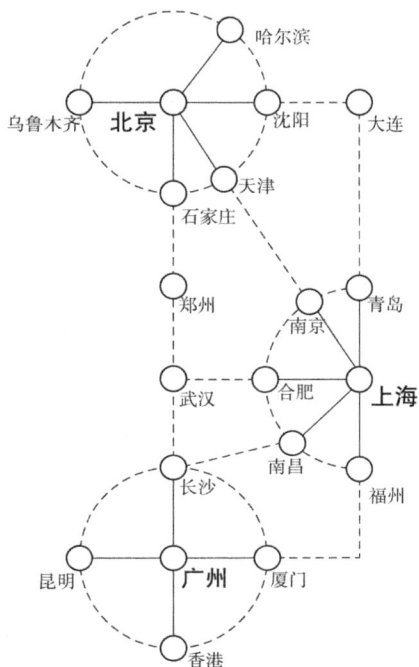

图 6-2　我国综合运输通道的星形放射结构抽象图

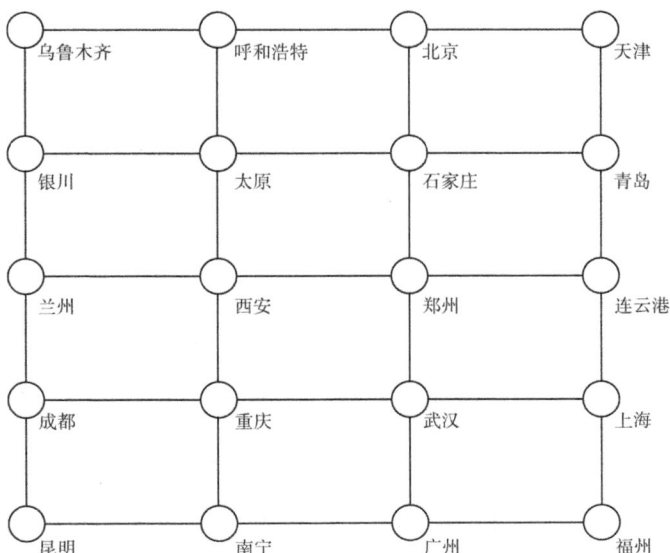

图 6-3　我国综合运输通道的纵横格网结构抽象图

纵横格网结构主要沟通大经济区之间的联系,各运输通道的交叉节点往往是区域经济中心或国家综合交通枢纽中心,连接这些中心的运输通道均是关系国家经济命脉的综合运输大通道,具有较大战略意义。

四、国家综合运输通道的发展机制

由于形成机理的不同,国家综合运输通道的发展具有与区域和城市综合运输通道不同的机制。在国家综合运输通道的发展过程中,历史基础、交通需求、国家政策和国土开发等因素起了较大作用,共同促进了国家综合运输通道的发展。

国家综合运输通道是在交通历史长期积累的基础上发展起来的,其形成往往具有较深厚的历史基础。择优而居是人类生存和生活的基本法则,在人类历史上,地理位置优越的地区,集聚了大量的城镇和人口,这些地区也是交通干线的培育地区。在国家的交通运输网络中,历史交通干线多占据有利的地形,铁路、公路等近代交通干线在修建时一般沿着历史干线选线,只在局部路段加以调整,从而进一步发展成为现代化的综合运输通道。

国家综合运输通道的主要发展动力之一是持续增长的交通运输需求。运量是国家综合运输通道形成与发展的基础,运量的大小、构成和流向在一定程度上决定了运输通道的发展规模和布局。随着国家重化工业和原材料工业的大规模发展,煤炭、石油、铁矿石、钢材、水泥等物资的长途调运量不断增长,而且,随着加工工业的发展和高附加值产品的增加,客货运输对时间效益提出了更高的要求,迫切需要大力加强综合运输通道的建设,由此在客观上推动了国家综合运输通道质和量的提升。

国家综合运输通道的发展还受国家区域开发政策导向的影响。国家在不同的历史时期,由于发展的需要采取了不同的区域发展政策,发展政策的顺利实施需要完善的交通运输体系支撑,这就为国家综合运输通道的发展提供了政策导向。我国的T字形开发战略奠定了我国国土开发的基本格局,同时也决定了我国国家综合运输通道的基本走向。我国东、中、西阶梯形的开发格局是横向运输通道发展的基础,而南北呼应发展则是纵向运输通道发展的基础。

国家综合运输通道的发展是与国土开发相互动的过程。交通运输是国土开发的重要支撑,国家运输通道的首要任务是支撑国土的开发。国家进行国土开发的每一个历史时期都会将运输通道的建设作为重要开发内容之一,不但有助于带动运输体系的完善,而且有利于资源的开发和利用,实现生产力的布局,推动国土开发的进程。而国土开发的深入又会推动国家综合运输通道的建设,两者是一个互动的过程。

第三节　国家综合运输通道的空间识别

一、主要识别方法

(一)基本思路

国家层面的综合运输通道是连接主要交通流源地、由多种交通方式组成的交通设施密集地带,具有大流量、高集中、区际性、高效率等特征,其依托发达的交通基础设施,是区域社会经济最高级别的发展轴。国家综合运输通道的空间识别应坚持定性与定量相结合的方法,科学判断其空间分布,为我国国土优化开发提供支撑。识别的具体思路如下:

(1)通过 OD 分布图初步识别形式上可能存在的运输通道。结合图论,将 OD 分布图上的各小区形心连接起来,小区形心可以看作是小区内的客货流发生的吸引点,而小区之间的连接线可以抽象地看作是小区之间的通道。根据通道在区域内呈带状分布的空间方位特征,采用图论方法可搜寻出区域内所有形式上可能的通道路径。

(2)通过 OD 矩阵定量分析可能的运输通道。通过各小区间的 OD 量,筛选出 OD 量最大的一条或几条通道路径,为可能的交通运输通道。

(3)通过定性分析确定空间运输通道。根据社会经济特征以及基础设施特征,结合区域社会经济、城镇体系、产业布局以及交通设施等特征,分析其城镇轴线、产业轴线以及交通轴线,进而对可能的运输通道进行验证筛选,确定最终的运输通道。

国家综合运输通道空间识别基本思路如图 6-4 所示。

(二)识别过程

1.图论初判

由于国家综合运输通道主要是跨区域、具有国家意义的交通大通道,且主要联络各区域经济中心,因此,在我国国家综合运输通道层面上可以以省、自治区、直辖市为基本小区单元,以省会城市为小区形心。利用图论相关知识,通过 OD 分布图搜寻形式上可能的通道路径。

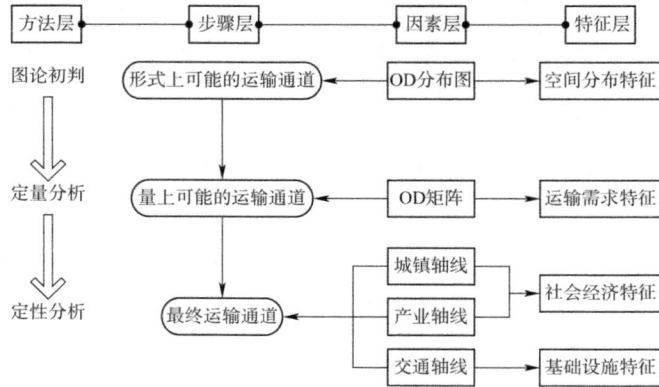

图 6-4　国家综合运输通道空间识别基本思路

Step1：建立全国小区形心联系图。

以我国的行政区划作为全国基本小区●，同时以省会城市和直辖市作为小区的形心，v_i 表示小区 i 的形心；将各小区形心用直线两两连接起来，形成小区有向线段，e_{ij} 表示从小区 i 连接到小区 j 的有向线段。

Step2：简化小区形心联系图。

国家综合运输通道在空间上具有轴向带状特征，为保证这一特征，需确保小区形心连接线之间的夹角 q 在一定的范围内。通常，q 应满足 $90° < q < 180°$，并且其值越大，通道的直线性越好。

而且，任意三个相邻形心之间的连接线应遵循以下规则：如果形心之间连线的任意夹角 q 均小于 $90°$（即三个相邻形心连线构成的三角形为锐角三角形），则形心间采取两两相连的规则，如图 6-5a）所示；否则（即三个相邻形心连线构成的三角形为钝角三角形），则形心间连线按直线性最好的方式连接，如图 6-5b）所示。

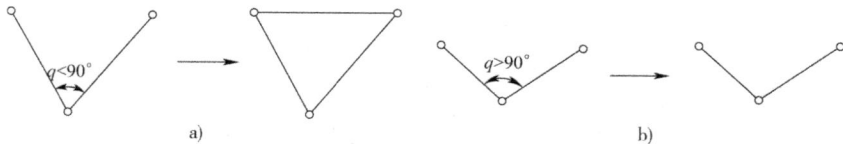

图 6-5　小区形心连线优化规则

Step3：确定带状路径搜寻的起始节点。

以图上任意一个线段作为搜寻的起始线段，起始线段集记为 $E_0 = \{e_{ij} = (v_i, v_j) \mid i \neq j\}$，

●由于 OD 数据缺失，此处暂不考虑香港特别行政区、澳门特别行政区和台湾地区。

并将起始线段按照 i 和 j 从小到大排序。当起始线段确定以后,即可进行下一步搜寻,起始线段转变为当前线段集 $E = \{e_{ij} = (v_i, v_j) | i \neq j\}$,$v_j$ 成为当前节点,v_i 成为上一节点。

Step4:确定带状路径搜寻的第二线段。

为保证当前线段与下一线段形成一个轴向带状路径,对当前线段与下一线段之间的夹角进行限制。设与当前节点 v_j 相连接的节点为 $v_k (k \neq j)$,如果节点 v_i、v_j 和 v_k 之间的夹角 θ_{ijk} 满足 $|\theta_{ijk}| \leqslant q$,则当前线段对应的下一线段集为 $E' = \{e_{ijk} = (e_{ij}, v_k) = (e_{ij}, e_{jk}) | k \neq j\}$,并将该线段集按照 k 从小到大排序。同时将 E' 转化为下一步的当前线段集 E。

Step5:确定带状路径搜寻的第 n 线段。

重复 Step4,直到找不到下一线段为止。此时得到所有单向的带状路径。

Step6:合并冗赘路径。

由于起始节点不同,搜索的路径可能是互相重复的,也有可能是一条路径包含另外一条路径。将具有重复、包含关系的路径进行归并,最终得到全国带状路径集。

详细的搜寻流程如图 6-6 所示。

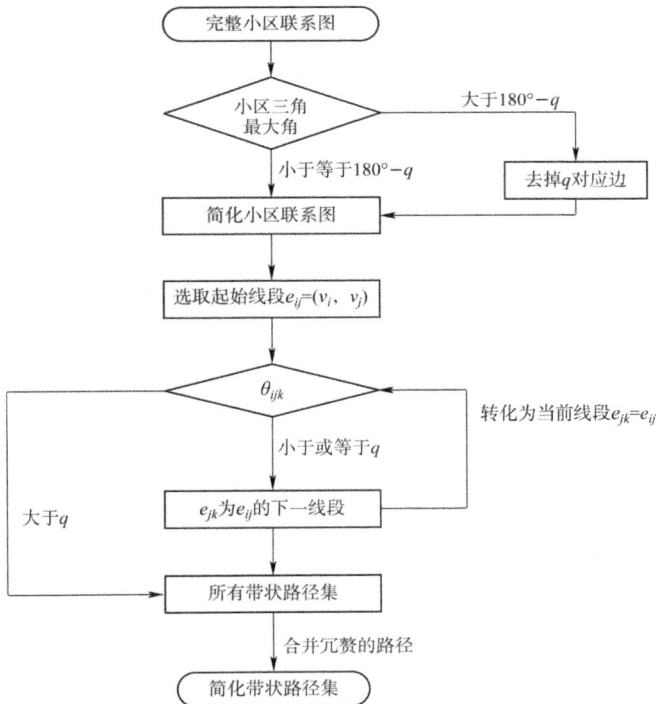

图 6-6 基于图论的通道路径搜寻流程图

2.定量分析

以上得到的带状路径集中,每一条路径均包含两个或两个以上的节点。若已知各小区之间 OD 表(表6-2)的流量 a_{ij},则可以算出每一条路径 P 内部的发生吸引总量为:

$$OD_P = \sum_i \sum_j a_{ij} \tag{6-1}$$

OD 矩 阵 表   表6-2

OD	1	2	⋯	$j-1$	j
1	a_{11}	a_{12}	⋯	$a_{1(j-1)}$	a_{1j}
2	a_{21}	a_{22}	⋯	$a_{2(j-1)}$	a_{2j}
⋯	⋯	⋯	⋯	⋯	⋯
$i-1$	$a_{(i-1)1}$	$a_{(i-1)2}$	⋯	$a_{(i-1)(j-1)}$	$a_{(i-1)j}$
i	a_{i1}	a_{i2}	⋯	$a_{i(j-1)}$	a_{ij}

从路径集中选出 OD_P 最大的路径,即为量上可能的通道路径。如果某一条路径的 OD_P 远大于其他路径,则该路径 P 即为量上可能的通道路径;如果多条路径的 OD_P 远大于其他路径,则该多条路径均为量上可能的通道路径。

基于带状路径集,以我国的客、货流 OD 数据为基础,可以基本判断出我国主要运输通道的基本框架和走向。

3.定性分析

国家层面的综合运输大通道是由两种或两种以上运输方式线路组成,承担我国主要客货运输任务的运输通道,也是我国人口和经济的集聚地带。国家运输通道一般与区域城镇体系、产业布局以及交通基础设施有密切的联系。根据交通发展趋势及既有基础,国家综合运输通道的建设和布局应能体现"培育、优化、统筹、衔接"的发展原则,实现交通与经济社会的协调发展。

(1)培育开发轴线。运输通道是国土开发轴线的形成基础,其分布须有利于生产力的布局,连接全国主要经济中心和生产基地,并吸引沿线产业、人口、信息、客货流,形成带状地域经济综合体,培育国土开发轴线。

(2)统筹区域发展。交通基础设施是实现区域经济一体化的前提,对发达与不发达地区的经济联系和社会交流,以及支援边疆、发展少数民族地区和巩固边防具有特殊意义,是统筹区域发展和社会公平的重要途径。

(3)依托既有路线。依托既有大型交通路线,充分发挥已有交通能力和基础,对其进行扩能改造,提高现有路线通行能力;并积极建设平行的、其他方式的交通路线,考虑不同交通方式的替代作用,发挥各交通方式的优势,构筑综合运输通道。

(4)衔接国际通道。基于连接国内主要城市和生产基地,积极向边境地区延伸,连接主要边境开放城市,连通国外主要运输通道,形成国际运输通道,促进国际互联互通。

根据以上原则,国家综合运输通道应能满足以下条件:

(1)连通我国直辖市、省会城市和计划单列城市及其他50万人口以上的城市,连接我国主要的陆路、海上和航空口岸。

(2)连接区域经济中心、重要工业和能源生产基地。

(3)为西部、中部、东部、东北地区之间和省际的沟通提供多条快速便捷通道,满足国土开发和国防功能需要。

(4)构成通道的铁路干线、公路干线、内河高等级航道、航空主航线以及油气主管道有机衔接和相互协调,并与国际运输网络充分衔接,体现我国运输多样性和集约性,促进形成以优势互补为基础的一体化运输体系。

二、我国综合运输大通道的空间布局

(一)通道空间布局

根据上述识别方法,基于我国省区和各地级市2000—2009年客、货流OD历史分布数据,结合城镇体系、产业布局以及交通基础设施等资料,在我国主要运输通道基本走向和定性分析的基础上,确定我国基本形成的综合运输通道体系大致走向为"八纵八横"结构,其构成见表6-3。

综合运输通道"八纵八横"研究方案　　　　表6-3

横 向 通 道		纵 向 通 道	
序号	名　　称	序号	名　　称
1	绥满通道	1	京哈通道
2	西北出海通道	2	沿海通道
3	青藏通道	3	京沪通道
4	陆桥通道	4	京九通道
5	杭西通道	5	京广通道
6	沿江通道	6	同柳通道
7	沪昆通道	7	包湛通道
8	昆厦通道	8	临河通道

上述"八纵八横"运输通道囊括了国家在2007年《综合交通网中长期发展规划》中

规划的"五纵五横"综合运输大通道,但同"五纵五横"方案相比,不但考虑了通道的客运功能,而且考虑了通道的货运功能,是在历史客、货运数据的基础上,从对国土开发的支撑和优化的角度提出来的。

具体来说,通过空间识别法确定的"八纵八横"综合运输通道布局方案(研究方案)同国家《综合交通网中长期发展规划》规划的"五纵五横"运输通道布局方案(规划方案)的主要区别在于以下几点:

(1)"八纵八横"运输通道研究方案是在定量判断与定性分析基础上确定的,国家"五纵五横"运输通道规划方案是其确定的主要基础。

(2)"五纵五横"规划方案更多地基于交通运输功能,而"八纵八横"研究方案除基于交通运输功能之外,更多的是充分体现运输通道对国土开发的支撑引领和优化功能。

(3)"八纵八横"研究方案基于线路走向和线路历史客货流量,并综合考虑了国家综合运输通道建设和布局的基本原则,既是当前国家运输通道布局的体现,也是未来运输通道框架的主要反映。

因此,"八纵八横"研究方案与"五纵五横"规划方案并不冲突或矛盾。"五纵五横"反映的是近中期的布局情况,"八纵八横"还反映了中长期的布局情况;"五纵五横"更多的是体现运输功能,而"八纵八横"还体现了国土开发和优化功能。可以说国家"五纵五横"规划方案是"八纵八横"研究方案的基础。

《"十三五"现代综合交通运输体系发展规划》(2017年)在《综合交通网中长期发展规划》(2007年)"五纵五横"规划方案基础上,进一步提出了"十纵十横"综合运输大通道规划方案。"十纵十横"规划方案与"八纵八横"研究方案极为相似,既是对原"五纵五横"规划方案基于新需求的全面拓展,又是对"八纵八横"研究方案基于"对角连通"的有效补充。

专栏6-1 国家"五纵五横"和"十纵十横"综合运输通道规划方案

(一)"五纵五横"综合运输通道

纵向:南北沿海运输大通道、京沪运输大通道、满洲里至港澳台运输大通道、包头至广州运输大通道、临河至防城港运输大通道。

横向:西北北部出海运输大通道、青岛至拉萨运输大通道、陆桥运输大通道、沿江运输大通道、上海至瑞丽运输大通道。

（二）"十纵十横"综合运输通道

纵向：沿海运输通道、北京至上海运输通道、北京至港澳台运输通道、黑河至港澳运输通道、二连浩特至湛江运输通道、包头至防城港运输通道、临河至磨憨运输通道、北京至昆明运输通道、额济纳至广州运输通道、烟台至重庆运输通道。

横向：绥芬河至满洲里运输通道、珲春至二连浩特运输通道、西北北部运输通道、青岛至拉萨运输通道、陆桥运输通道、沿江运输通道、上海至瑞丽运输通道、汕头至昆明运输通道、福州至银川运输通道、厦门至喀什运输通道。

（二）主要运输通道发展情况

1. 沿海运输通道

该通道主要由港口、机场、高速公路及港口集疏运铁路和公路所组成。其中港口有50多个，拥有万吨级以上泊位650个，2003年主要港口货物吞吐量为201126万 t；拥有30个机场，高速公路10多条，有近20条干线铁路伸向腹地。

该通道是我国一级开发轴线，沿线集中了112个城市，其中大城市及特大城市15个、开放城市14个；并有5个经济特区、23个经济技术开发区和3个特殊开放地区，是我国改革开放的前沿，也是我国未来生产力布局的主要承载体，是我国工业、科技、农业和外向型经济最为发达的地带。该通道集聚了我国主要的产业和人口，2009年沿线地区 GDP 为129158.8亿元，约占全国的35.76%；人口为24432.31万人，约占全国的10.50%。

2. 沿江运输通道

该通道以长江黄金水道为主轴，通达江海，全长3000多公里，大中小型港口有30多个，主要港口有泊位1061个，其中万吨级以上泊位114个；有6条南北向干线铁路与之交叉；有沪蓉高速，并与京珠、京沪、昌九、成渝高速交汇；有机场8个。2003年，长江水系的主要港口完成货物66550万 t，完成旅客1007万人次；其中上海港完成货物31621万 t。

该通道是我国的一级国土开发轴线，先后连接长三角、武汉、成渝等城镇密集区，沿线有城市40多个，包括大城市及特大城市17个、省会城市6个、3个沿海开放城市、8个经济技术开发区和1个特殊开放地区。沿线有着丰富的水利资源和铁、铜、天然气、磷矿等矿产，经济基础雄厚，初步建成了具有全国意义的钢铁、有色冶金、水火电力、机械制

117

造、石油化工、轻纺工业、电子与通信等工业基地。2009 年沿线 GDP 为 64623.3 亿元,占全国 17.89%;人口为 15804.0 万人,占全国 6.79%。

3. 京沪运输通道

该通道以京沪铁路为主轴,由铁路、港口、机场、高速公路、国道等交通方式组成。铁路主要指京沪线,高速公路主要指京沪高速公路;港口包括天津、上海、南京及部分运河港口;有机场 9 个。通道全长 1400 多公里,目前运输繁忙,2003 年货运密度为 8151 万 t·km/km,客运密度为 3595 万人·km/km,居全国首位;担负着全国 6.2% 的铁路货流(表 6-4)。

1999—2003 年京沪线客货发送量 表 6-4

年份	客运量 (万人)	货运量 (万 t)	旅客周转量 (百万人·km)	货物周转量 (百万 t·km)
1999	9585	4190	45167	95375
2000	9043	4627	47426	101853
2002	—	5304		100909
2003	—	5396		107517

该通道先后经过 18 个省地级城市,连接我国最大的两个城市和城镇密集区,沟通着东北、华北、西北与华东间的社会经济联系,是我国重要的产业经济带,也是沿海开发轴线的组成部分。沿线经济较为发达,形成以机械制造、电子信息、化工、生物制药等为主的综合性工业体系,见表 6-5。2009 年沿线地区 GDP 为 74942.6 亿元,占全国的 20.75%;人口为 12956.9 万人,占全国的 5.57%。

京沪沿线主要城市的主导产业 表 6-5

城市	主 导 产 业	城市	主 导 产 业
廊坊	机械制造、电子信息、生物制药、食品加工、新型材料、高效农业	徐州	机械冶金、建材纺织、化工、食品、能源
沧州	石油化工、物流业、机械制造、医药	南京	电子、石化、汽车、钢铁、电力
德州	纺织、机械电子、化工、建材、食品加工	镇江	造纸、化工、机械电子、工程电器
济南	电子信息、交通装备、家用电器、机械制造、生物医药	常州	机械制造、纺织服装、电子信息、生物制药、新型材料

续上表

城市	主导产业	城市	主导产业
泰安	汽车制造、电工电器、新型材料、精细化工、旅游业	无锡	纺织、电子、机械、化工、医药
宿州	能源、食品加工、建材、纺织	苏州	电子信息、生物医药、新材料
蚌埠	精细化工、农产品深加工、玻璃及玻璃制品、机械制造	上海	汽车制造、机械设备、钢铁、生物制药、电子信息、新材料、现代服务业
滁州	机械制造、农产品深加、矿产资源、旅游		

4. 京广运输通道

该通道以京广铁路为主轴,由铁路、公路、机场及港口组成;自北向南同 16 条铁路干线相交;联系着海河、黄河、长江及珠江四大水系;G107 与京广铁路并行,有京珠和京广高速;沿途有 6 个机场;港口有武汉、广州等港。该通道是全国中枢运输通道,2003 年京广线客货周转量位居全国第一;全国主要站旅客发送量中,北京、广州和郑州位居前五位(表 6-6)。

1999—2003 年京广线客货流量   表 6-6

年份	旅客发送量 (万人)	旅客周转量 (百万人·km)	货物发送量 (万 t)	货物周转量 (百万 t·km)
1999	13233	71012	7338	123902
2000	14222	80659	7385	124793
2002	10869	88717	7187	131196
2003	11510	86717	6889	133799

该通道是我国重要的开发轴线,由北向南依次连接着京津冀、中原、武汉、长株潭、珠三角等城镇密集区,沿线 50km 内集中了 35 个城市,包括 10 个大城市及特大城市、5 个省会城市和 2 个国家经济开发区。沿线以资金密集型产业为主,工业基础雄厚,钢铁、机械制造、轻纺、电子信息、生物制药、化工等工业在全国占有重要地位。2009 年沿线地区 GDP 为 53222.2 亿元,占全国的 14.74%;人口为 15296.9 万人,占全国的 6.58%。

5. 京九运输通道

该通道主要包括京九复线铁路、G106、九江—南昌—赣州和深圳—河源高速公路,6

个机场和九江、深圳、香港等港口;沿线先后与14条东西向铁路干线相交。该通道是我国的重要综合运输通道,目前该通道越来越重要,2003年铁路货流为2644万t;客流为3785万人次,次于京广线和陇海线。

该通道是重要的南北向开发轴线,先后跨越华北、华中、华南等地区,沿途有16个城市,包括4个大城市及特大城市、1个省会城市和1个经济技术开发区。沿线地区是重要的工业基地、能源基地、粮油和水果生产基地;但落后地区较多,包括贫困地区和革命老区。2009年沿线地区GDP为42181.2亿元,占全国的11.68%;人口为13597.4万人,占全国的5.84%。

6. 沪昆运输通道

该通道主要由铁路、公路、港口、航空等交通方式组成;铁路主要包括沪杭、浙赣、湘黔、贵昆等路线;港口主要指上海港,机场有9个;已形成上海—杭州—金华—南昌—长沙段、安顺—凯里段、曲靖—云南段等高速公路;2003年该通道铁路完成货物7121万t。

该通道先后跨越华东、华中、西南等地区,沿线分布有城市34个,包括大城市和特大城市4个和省会城市4个,有2个国家级经济技术开发区。沿线地区经济发展水平差异较大,2009年沿线地区GDP为42676.3亿元,约占全国GDP的11.82%;人口为10550.2万人,约占全国人口的4.54%。

7. 陆桥运输通道

该通道为欧亚大陆桥的中国段,以陇海—兰新复线铁路为主轴,由铁路、公路、航空、港口等组成;先后有11条铁路交会,并设置35个集装箱办理站;港口为连云港;已形成连云港—宝鸡、天水—张掖、吐鲁番—奎屯等高速公路,连接国道主干线;沿线有机场8个。2003年陇海铁路完成客运4507万人,货物6677万t;连云港港口完成货物吞吐量3752万t。

该通道横跨西北和华北地区,是重要的国土开发轴线。沿线有33个城市,包括大城市及特大城市6个、省会城市4个。沿线煤炭、水力、有色金属、农业等资源丰富,能源、电力、有色冶金、轻纺、石化、机械制造、电子、航空航天等工业发达,已形成郑州、西安、兰州、乌鲁木齐等经济中心和徐州、开封、咸阳、宝鸡、天水等工业城市。2009年沿线地区GDP为20477.7亿元,约占全国的5.67%;人口为9034.5万人,约占全国的3.88%。

8. 京哈运输通道

该通道以沈哈铁路为主轴,包括京沈、沈哈铁路和高速公路、G102、4个机场、秦皇岛和营口港及庆铁—铁大输油管线等,并有 5 条东西向铁路交会,全长 900 多公里,是东北地区的中枢运输通道,也是我国较为典型的综合综合运输通道。该通道运输能力巨大,汇集了东北地区的主要客流和货流,2003 年沈哈铁路完成货物 3263 万 t,秦皇岛港完成货物吞吐量 12562 万 t。

该通道纵贯东北中部地带,是我国发育较为成熟的开发轴线,覆盖了东北最发达的地区。沿线分布有 15 个城市,包括大城市和特大城市 5 个、省会城市 3 个、5 个国家级经济技术开发区。沿线地区以重工业为主,是我国重要的钢铁、机械制造等工业基地和农业生产基地;2009 年沿线 GDP 为 20028.2 亿元,占全国的 5.55%;人口为 4602.9 万人,占全国的 1.98%。

9. 临河运输通道

该通道主要由铁路、机场和公路等方式组成,为陆路型通道。铁路包括中成、宝成、成昆、昆河等电气化铁路,局部为复线;公路有 G108 和乌海—兰州、成都—广元高速;拥有 7 个机场。该通道是西部地区的重要运输通道,为西南和西北及华北的社会经济交流提供了保障,也是我国通往越南的国际通道;汇集了西部主要客货流,2003 年宝成—成昆铁路完成货流 3235 万 t。

该通道纵贯西部地区,先后连接 18 个地级市,包括大城市及特大城市 2 个、省会城市 3 个,基本串联了西北的重要经济中心,是西部地区的重要发展轴线。沿线地区以重工业为主,钢铁、机械制造、化工等工业及旅游业在全国占有重要地位,2009 年沿线地区GDP 为 11705.0 亿元,占全国的 3.24%;人口为 4483.6 万人,占全国的 1.93%。

2009 年我国主要运输通道的铁路交通流,见表 6-7。

2009 年我国主要运输通道的铁路交通流　　　　　　表 6-7

通道名称	现状运量		
	旅客发送量(万人)	旅客运送量(万人)	货物发送量(万 t)
京沪线	9260	20445	5304
上海—昆明	7942	22420	6436
京九线	3785	13437	2644
京广线	10869	24631	7187
丹东—兰州	2980	6389	10138
同蒲—焦枝—枝柳	3586	7815	19374
陇海线	5814	15062	9723

续上表

通道名称	现状运量		
	旅客发送量(万人)	旅客运送量(万人)	货物发送量(万 t)
银川—宝成—成昆	3351	6831	2891
滨洲—滨绥线	—	—	4315
青岛—西安	1305	3067	7901
昆明—福州	1041	3541	—

2009 年我国主要运输通道沿线城镇与经济概况,见表 6-8。

2009 年我国主要运输通道沿线城镇与经济概况 表 6-8

名称	地级以上城市	GDP		人口	
		规模(亿元)	比重(%)	规模(万人)	比重(%)
沿海通道	丹东、大连、营口、盘锦、锦州、葫芦岛、秦皇岛、唐山、天津、沧州、滨州、东营、潍坊、烟台、威海、青岛、日照、连云港、盐城、南通、上海、苏州、嘉兴、杭州、绍兴、宁波、舟山、台州、温州、宁德、福州、莆田、泉州、厦门、漳州、潮州、汕头、揭阳、汕尾、惠州、深圳、东莞、中山、珠海、广州、江门、阳江、茂名、湛江、北海、钦州、防城	129122	37.59	24681.7	18.49
京沪通道	北京、天津、廊坊、沧州、德州、济南、泰安、济宁、枣庄、蚌埠、宿州、徐州、合肥、滁州、南京、镇江、常州、无锡、苏州、上海	72830	21.20	12713.8	9.53
京广通道	北京、保定、石家庄、邢台、邯郸、安阳、鹤壁、新乡、郑州、许昌、漯河、驻马店、信阳、孝感、武汉、岳阳、长沙、株洲、衡阳、郴州、韶关、清远、广州	53222	15.50	15026.7	11.36
京九通道	北京、廊坊、沧州、衡水、邢台、聊城、菏泽、濮阳、商丘、亳州、阜阳、信阳、黄冈、九江、南昌、宜春、吉安、赣州、河源、惠州、东莞、深圳	42181	12.28	13319.5	9.98
临河通道	临河、乌海、石嘴山、银川、吴忠、固原、宝鸡、广元、绵阳、德阳、成都、乐山、雅安、西昌、攀枝花、楚雄、昆明、个旧	11705	3.24	4483.6	1.93

续上表

名称	地级以上城市	GDP		人口	
		规模（亿元）	比重（%）	规模（万人）	比重（%）
长江通道	上海、南通、苏州、无锡、泰州、常州、镇江、南京、扬州、马鞍山、芜湖、巢湖、铜陵、池州、安庆、九江、黄冈、黄石、鄂州、武汉、咸宁、岳阳、荆州、宜昌、恩施、重庆、泸州、宜宾	64925	18.90	16172.0	12.12
陆桥通道	连云港、徐州、宿迁、商丘、开封、郑州、洛阳、三门峡、渭南、西安、咸阳、宝鸡、天水、定西、兰州、武威、金昌、张掖、嘉峪关、酒泉、哈密、吐鲁番、乌鲁木齐、昌吉、石河子、博尔塔拉	21391	6.23	9172.0	6.87
京哈通道	北京、唐山、秦皇岛、葫芦岛、锦州、盘锦、沈阳、本溪、西平、长春、松原、哈尔滨	20036	5.83	4602.9	3.45
沪昆通道	上海、嘉兴、杭州、绍兴、金华、衢州、上饶、鹰潭、抚州、南昌、新余、宜春、萍乡、株洲、湘潭、长沙、娄底、怀化、凯里、都匀、贵阳、安顺、六盘水、曲靖、昆明	43236	12.59	11307.1	8.47

注：数据均按地级行政区统计。

我国主要运输通道构成要素概况，见表6-9。

我国主要运输通道构成要素概况　　　　　　　　　表6-9

通道名称	铁　路	公　路	机　场	港　口
沿海通道	哈大；京沈；兰烟；潍坊—烟台；兖石；陇海；南启；沪杭甬；温州—金华；鹰厦；广梅汕；海南；广州—湛江	海南环岛；防城—北海；湛江—广州—上海；连云港—烟台；天津—大连	丹东、大连、锦州、秦皇岛、天津、东营、潍坊、烟台、威海、青岛、连云港、盐城、南通、上海、杭州、宁波、舟山、温州、台州、福州、泉州、厦门、汕头、深圳、广州、珠海、海口、三亚、北海、湛江	丹东、大连、营口、秦皇岛、天津、龙口、威海、青岛、日照、连云港、上海、宁波、舟山、台州、温州、福州、泉州、厦门、汕头、深圳、广州、湛江、海口、八所、三亚、北海、防城
京沪通道	京沪铁路	京沪高速、G104	北京、天津、济南、徐州、合肥、南京、上海、常州、无锡	天津、上海、南京、镇江、徐州

续上表

通道名称	铁　路	公　路	机　场	港　口
京广通道	京广铁路	G107、京珠和京广高速	石家庄、北京、长沙、武汉、广州、郑州	武汉、长沙、广州
京九通道	京九铁路	九江—南昌—赣州和深圳—河源高速	首都、阜阳、南昌、井冈山、赣州、深圳	九江、深圳、香港
临河通道	中成、宝成、成昆、昆河	G108、乌海—银川—兰州和成都—广元高速	银川、成都、昆明、绵阳、广元、西昌、攀枝花	—
长江通道	沪蓉和成渝线	沪蓉、成渝等高速	武汉、上海、南京、苏州、常州、南通、	上海、南通、南京、镇江、扬州、芜湖、安庆、武汉、九江、重庆
路桥通道	陇海铁路	连云港—宝鸡、天水—张掖、吐鲁番—奎屯	乌鲁木齐、嘉峪关、兰州、西安、郑州、徐州、连云港、洛阳	连云港、徐州
沪昆通道	沪杭、浙赣、湘黔、贵昆等	上海—杭州—金华—南昌—长沙段、安顺—凯里段、曲靖—云南	上海、杭州、义务、衢州、南昌、长沙、贵阳、昆明	上海、杭州
京哈通道	哈大线	沈哈高速	北京、哈尔滨、长春、沈阳	秦皇岛、营口、哈尔滨

第四节　国家综合运输通道的空间效应分析

一、国家综合运输通道空间可达性分析

对运输通道可达性的分析首先需要界定运输通道的空间范围。综合运输通道内往往包含有多种运输方式的交通线路,为便于分析,将运输通道中各运输线路进行合并,抽象成"线路束"。事实上,由于各运输方式线路走向基本一致,而且其距离相对于通道

的影响范围而言可以忽略不计。因此,在分析通道可达性时将各运输线路进行"归并"是合理的。

经"归并"的"线路束"的运输能力为通道内各运输线路运输能力的总和,依据第一章关于综合运输通道空间范围的界定方法,交通运输通道上任意点 i 与周围区域点 j 之间的交通阻抗函数 $f(R_{ij})$ 选取指数形式,则运输通道边界的求解模型为:

$$k\frac{CL}{R_{ij}^2} = e^{-bR_{ij}} \tag{6-2}$$

式中,C 为周围区域点的客货生成能力(可为经济、人口的函数);L 为运输通道的综合运输能力;R 为周围区域点到运输通道的距离(通道边界)。

由此可以相对精确地确定综合运输通道的相对范围,进而分析各运输通道的空间可达性。区域可达性的评价模型可表示为:

$$A_i = \sum_{j=1}^{n}\frac{T_{ij}}{n} \tag{6-3}$$

式中,j 为区域中的点;T_{ij} 为区域中的节点 i 通过交通网络中通行时间最短的路线到达 j 的通行时间;n 为点的个数;A_i 为节点 i 的可达性。

国家综合运输通道空间可达性的求解遵循以下原则和步骤:

(1)格网划分。把全国划分为若干个网格,每个网格大小为 1km×1km,并认为格网内部可达性一致,即把格网作为全国网络中一个可达性均质的点。

(2)格网速度。考虑全国范围内的高速铁路网、普速铁路网、高速公路网、国道网、省道网和其他路网到运输通道的可能性,按照《公路路线设计规范》确定各级公路的行驶速度,并考虑到实际的出行速度,最终按高速铁路 300km/h、普速铁路 120km/h(普速客车和货运列车的平均速度)、高速公路 100km/h、国道 80km/h、省道 60km/h 的速度标准对全国范围内的道路网络进行距离与时间的转化,对于没有以上道路经过的网格,设置一个默认速度为 30km/h。

(3)基于最短时间的路径选择。基本原理为在栅格图像中,算出栅格图层中任意一个栅格点到运输通道的最短时间。其主要步骤是首先根据选定的栅格大小 1km×1km,设定时间成本数值的参考为平均出行 1km 大约所需要的分钟数。公式为:

$$\text{cost}(\text{时间成本}) = \frac{1}{V} \times 60$$

式中,V 为各栅格按交通路线的设定速度。

最终得出各栅格到运输通道所需的最短时间距离图层。

通过 ArcGIS 空间分析实现上述过程,可求得我国"八纵八横"运输通道 0.5h 和 1.0h 的空间可达性情况。由此可得出我国当前运输通道的空间可达性具有如下特征:

①国家综合运输通道服务范围的空间格局与中国社会、经济、自然条件的空间特征基本一致。

从国家综合运输通道可达的时间范围来看,运输通道 0.5h 范围内可服务全国国土面积的 53.47%、人口的 86.45% 和经济总量的 78.56%;1.0h 范围内其服务的国土面积、人口和经济总量分别达到 64.58%、94.71% 和 90.74%。由此可见,国家综合运输通道为经济和人口服务的倾向性较为明显,服务范围的空间格局与我国当前人口、经济的空间分布以及地形特征基本吻合。

②不同国家综合运输通道的空间服务水平差异明显。

在国家"八纵八横"综合运输通道框架下,对各运输通道的空间可达性分析结果表明,我国不同运输通道的空间可达性存在明显的差异。各运输通道 0.5h、1.0h 可达范围内所覆盖的国土、经济、人口情况见表 6-10。其中,沿海通道的空间可达能力最强,其服务的国土、人口和经济最高。从走向来看,我国纵向运输通道呈现出由东向西依次递减的趋势,而横向运输通道则呈现出由中部分别向南北依次递减的趋势,而且纵向运输通道的空间服务能力普遍高于横向运输通道。

国家综合运输通道不同可达范围的服务能力(单位:%)　　　　表 6-10

通　　道		国土面积		经济(GDP)		人　　口	
		0.5h	1.0h	0.5h	1.0h	0.5h	1.0h
横向	绥满通道	3.26	4.12	1.98	2.26	1.56	2.22
	西北出海通道	3.43	5.12	3.77	6.93	3.71	5.68
	青藏通道	2.10	4.07	7.19	10.22	5.09	8.05
	陆桥通道	8.17	10.76	7.18	9.49	8.84	12.67
	杭西通道	1.92	2.98	14.92	17.99	8.04	11.55
	沿江通道	2.46	4.11	17.56	21.57	11.20	15.96
	沪昆通道	3.37	5.18	14.29	17.35	8.72	12.05
	昆厦通道	2.27	3.81	10.96	13.89	5.81	9.37

续上表

通　道		国土面积		经济（GDP）		人　口	
		0.5h	1.0h	0.5h	1.0h	0.5h	1.0h
纵向	京哈通道	2.78	4.76	8.14	11.34	6.64	9.10
	沿海通道	3.81	5.57	31.60	43.86	17.34	24.14
	京沪通道	1.85	3.11	19.31	24.24	10.51	15.73
	京九通道	2.70	4.66	8.48	18.31	10.08	17.91
	京广通道	2.95	5.12	14.30	23.40	11.96	19.32
	同柳通道	4.16	6.13	4.85	7.84	6.35	10.05
	包湛通道	3.46	5.68	4.46	5.81	6.73	10.19
	临河通道	4.26	6.25	3.81	4.66	4.73	6.72

③国家综合运输通道空间服务水平整体呈现出从东向西逐步递减的趋势。

从三大地带来看，东部地区享受的国家综合运输通道服务水平高于中部地区，而西部地区最低。从运输通道空间布局上来看，当前已形成的运输通道主要集中在东中部经济发展水平较高、城市较为密集的地区。从运输通道的空间可达范围来看，东部地区运输通道1.0h的服务范围基本上已经形成连续的连绵地带，覆盖了所有的大城市密集区，尤其是京津冀、长三角和珠三角地区。而在西部和东北部分地区，仍有大部分空白服务区域，通道建设与这些地区的自然条件和经济活动密切相关。

二、国家综合运输通道对社会经济发展的影响

国家综合运输通道通过可达性优势，对区域社会经济产生重要影响，主要表现在对社会经济空间结构塑造、生产要素集散、生产力布局等方面的影响。

（1）国家综合运输通道产生时空收敛效应，重塑社会经济空间结构。

国家综合运输通道建设可以缩短区域时空距离，产生空间收敛作用。一方面，它缩短了城市间的时空距离，为商品交换和旅客流动节约了时间，促进城市间的经济和社会联系，有助于区域经济一体化发展。另一方面，由于运输通道网络布局的非均衡性，各城市在网络优化中的获益是不均衡的，从而导致其"相对区位"条件发生变化，对重塑区域和城市空间结构产生重要影响。

以位于我国不同区域板块的8座交通枢纽城市（北京、上海、广州、武汉、沈阳、成

127

都、郑州和兰州)为例进行分析。由于这几座枢纽城市均处于国家综合运输通道的交汇处,随着运输通道运行条件的不断完善,运输通道的空间收敛效应也愈发明显。分别采取 2004 年和 2011 年可获得的数据进行计算。研究发现,这 8 座城市之间的系统总旅行时间从 2004 年的 1137.5h 下降到 2011 年的 900h(表 6-11),缩短了 237.5h。两两城市之间的最短平均旅行时间从 2004 年的 20.3h 下降到 16.1h,减少了 4.2h,即节约了 20.9% 的出行时间。其中,旅行时间节约绝对值最为明显的是上海,到其他 7 个城市的平均旅行时间从 20.5h 缩短为 12.6h,节约了 7.9h。其次是成都,其平均旅行时间从 29.3h 下降到 22.4h,节约了 6.9h。从旅行时间节约比重来看,上海节约幅度最大,达到 38.6%。其次是武汉,达到 31.4%。可见,随着运输通道网络的建设和完善,城市之间的旅行时间越来越短,这将导致城市交流越来越密切,竞争也会越来越激烈。

2004—2011 年 8 座城市之间旅行时间变化 表 6-11

指　　标	2004 年(h)	2011 年(h)	变化值(h)
系统总旅行时间($\sum T_i$)	1137.5	900.0	237.5
平均城市旅行时间($\sum T_i/8$)	142.2	112.5	29.7
城市间平均旅行时间[$\sum T_i/(8 \times 7)$]	20.3	16.1	4.2

注:系统总旅行时间为网络中所有节点的城市总旅行时间之和。城市总旅行时间指网络中某一节点到其他所有节点的最短旅行时间之和。

(2)国家综合运输通道加速资源和人口的流动,促进生产要素的集聚与扩散。

国家综合运输通道能够带动资源和人口的流动,加速和扩大信息、知识和技术的传播,进而促进地区经济发展。一方面,运输通道强化了通道内部城市的区位条件,势必会促进生产要素和生活要素的集聚以及人口的集中,加大与其他中小城镇可达性的差距,产生核心—边缘效应。另一方面,运输通道能够使不同区域的核心城市连接更加紧密,从而促进经济交流、产业扩散和人员以及技术的交流,为落后地区发展创造条件,缩小区域发展差距。

对日本新干线的研究表明,新干线网络对经济活动和人口在空间上具有明显的集聚作用。日本新干线建成以来,从大阪至九州沿线地带的工业布局迅速发生变化,加工和集成电路等尖端产业逐步取代了传统钢铁和石化产业,每年新增就业人口 50 万人。日本通向仙台、岩手的东北新干线开始运营以来,沿线城市人口和企业分别增加了 30% 和 45%。此外,日本新干线对促进落后地区的发展也发挥了重要作用。由于新干线的建设,原先集中在日本关东地区的产业活动逐步向中部地区扩散,为日本国土均衡发展作出了重要贡献。

(3)国家综合运输通道成为沿线地区生产力布局的主轴线,形成交通经济带。

由于地域差异,人类主要经济活动总是首先在交通便利的区位产生并发展。以速度快、负荷大、辐射广、效益高等运输特性为特征的运输通道提高了沿线地区的空间可达性,改善了区域投资环境,为沿线地区经济发展和生产要素向沿线集聚创造了条件。国家综合运输通道不仅对沿线地区社会经济发展产生巨大的影响,而且成为沿线地区产业布局,尤其是工业布局的重要轴线。有研究表明,国家综合运输通道促进了与交通运输相关的产业的形成和发展,沿运输通道往往更易形成各类产业带,包括以经济开发区为代表的外向型经济产业带、以大型集贸市场为代表的商品流通产业带、以乡镇企业为代表的县乡产业带及旅游资源开发产业带、以科技园区为代表的高新技术产业带等。

美国纽约—波士顿交通经济带的形成充分说明了国家综合运输通道发展到一定阶段便形成交通经济带。纽约—波士顿通道以发达的高速公路网为主体,依托综合运网将沿线发达的城市连接起来,从北部波士顿中心工业带,向南经纽约、费城、巴尔的摩,直到华盛顿,连绵不绝,长达600km,是美国最发达的沿交通轴线分布的经济带。其中,波士顿128号公路是环绕市外的一条宽阔的高速公路,沿线林立着电子、宇航、国际生物工程等大大小小的公司和工厂,现已成为一个高技术产业带。

第五节　国家综合运输通道与国土开发的空间耦合

一、国家综合运输通道对国土开发的优化

从以上对我国国家综合运输通道的空间效应分析表明,综合运输通道建设对国土开发产生重要影响。在世界各国历次国土开发的过程中,交通基础设施所起的支撑作用是毋庸置疑的,但是,对于每一轮的国土开发,由于开发的背景、目的和强度不同,交通基础设施的建设重点也各异。各国的实践经验表明,在国家国土开发的初期,水运和铁路往往是交通基础设施的建设重点。若不考虑历史因素,其主要原因在于国土开发的初期由于发展水平受限,开发的体量大、距离远,水运和铁路在长距离运输上的优势促进了其建设的步伐。在国家国土开发的中后期,由于交通设施的相对完善,国家开发

进入相对微观的层面,开发的尺度小、距离短,公路运输成为该时期建设的重点。近年来,随着国土开发的深入,某一两种运输方式已不足以支撑国土开发的顺利进行,其对综合运输体系的需求愈发明显,综合运输体系的建设成为 21 世纪各国家国土开发中的重要开发内容。

而且,无论在哪个国家或哪个历史时期,综合运输通道的建设始终是交通基础设施的建设重点。从发达国家的实践来看,各国在国土开发过程中都十分注重综合运输通道建设,注重创立良好的开发环境。在美国西进运动的过程中,政府和人民一开始就致力于交通运输业的建设和改良,把西部的开发置于一个发达的交通运输基础上,尤其是运输通道的建设促进了美国西部地区专业化和全国性市场的形成。在德国的国土开发过程中,德国能够经受两次毁灭性的世界大战而保持迅速发展的主要原因之一就是其对交通基础设施建设的重视,综合运输通道已成为德国经济的血管和动力。

因此,综合运输通道建设对国土开发具有重要意义。从国家综合运输通道对国土开发的优化来看,国家综合运输通道的积极作用主要体现在以下两个方面。

(1)国家综合运输通道是国土开发过程的重要支撑和国土开发水平的重要体现。

从发达国家不同历史时期的国家综合运输通道建设和国土开发历程来看,国家综合运输通道建设对国土开发起到重要支撑作用。从美国国土开发的历史来看,在不同的历史阶段,为支撑当时国土开发的顺利进行,美国采取了不同的交通基础设施建设政策,虽然这些政策措施具有很强的时代性,但是却极大地保障了当时国土开发的顺利开展。从以内河运输为主,到以铁路运输为主,再到以公路运输为主,这种发展历程适应了美国经济在不同发展阶段上的需要,有力地促进了美国国土开发的顺利进行和经济的快速增长。英国交通基础设施建设在不同历史时期同样适应了国土开发的不同需求:以铁路为主导的交通基础设施建设时期,交通运输有效推动了英国的工业化进程;以公路为主导的交通基础设施建设时期,交通运输则促进了英国区域协调发展的进程。

美、英等发达国家的实践证明,交通基础设施尤其是国家综合运输通道的建设与发展,能够有效地促进国民经济的增长,推动国土资源均衡开发,加快城市化进程,提高人民生活水平和质量,并在汽车等相关产业的发展、增加就业等方面发挥重要作用。另一方面,国家综合运输通道的发展水平也在一定程度上体现了国土开发的水平。国土开发空间拓展的过程也是运输通道延伸的过程,随着国土空间开发的深入,运输通道建设日趋完善,交通基础设施的发展水平在一定程度上反映了国土开发的阶段。

(2)国家综合运输通道的发展对于缩小地区间差距、平衡地区间的协调发展具有重要意义。

在国土开发过程中,发达国家始终把发展交通运输业置于突出地位,它对开发欠发达地区、平衡地区经济发展具有特别重要的意义。历史上,发达国家通过建设通往经济落后地区的干线公路(铁路),形成现代化的干线运输网络,为发展地区经济奠定了良好基础。第二次世界大战后的几十年里,法国在开发相对落后地区、保证全国平衡发展方面取得了显著成效,先后完成了一批通往法国西部和中部高原地区的高速公路和其他重要公路的修筑;同时,修筑和延伸了一些重要铁路干线,使铁路深入到边远山区农村。法国国土开发为法国经济和社会平衡发展提供了重要保障,而法国交通基础设施建设,尤其是运输通道的建设保障了国土开发的进行,推动了欠发达地区的开发,促进了落后地区的经济发展。

除法国之外,美、英、德等发达国家的实践经验同样表明,拓展交通经济区域和城市带乃至城市群,必须以综合交通运输的布置为导向,才可以逐步实现缩小城乡间、区域间经济差距,达到协调发展的目的。在这一过程中,政府应制定相关的法律和优惠政策,如美国1862年颁布的《太平洋铁路法案》,意大利的南部开发政策等,通过财政转移支付,加大对落后地区开发的扶持力度,并鼓励私人资本投向落后地区的交通基础设施建设。

二、国家综合运输通道与国土开发的耦合评价

国家综合运输通道对国土开发优化的过程实质上就是运输通道与国土开发不断耦合的过程。因此,国家综合运输通道与国土开发是一个相互动的过程,二者之间存在着紧密的相互作用关系。一方面,建设新的国家综合运输通道会占用大量的土地,但也会提高邻近地区的土地区位价值,良好的交通运输条件会促进经济活动向该地区集聚,使人类经济活动空间发生改变,促进新建国家综合运输通道沿线土地的进一步开发,即交通导向的国土开发和经济发展。另一方面,国土开发的强化和经济活动在某一地理空间的集聚又会导致交通运输需求的增加,进而促进当地对交通基础设施的投资,加快国家综合运输通道的发展。

国家综合运输通道与国土开发相互动的结果是两者在空间中趋于耦合。但是由于

各地区国土开发的程度、与综合运输通道的距离等具有明显不同,因此,全国各地区综合运输通道与国土开发的耦合程度具有显著差异。

定义某地区综合运输通道与国土开发的耦合度为该地区综合运输通道优势度与国土开发强度的协调程度。其中,综合运输通道优势度是指某地区与国家综合运输通道的位置关系及联系的便捷程度,以交通干线的影响度等指标进行刻画;国土开发强度可以表示为某地区单位国土面积的经济和人口比重,以经济和人口的综合密度进行刻画。

(一)运输通道优势度

运输通道优势度通常以交通干线的影响度来反映。交通干线的影响度是指与重要或大型交通设施的距离远近直接体现的交通设施对区域发展的支撑能力与影响程度。交通干线主要指大型交通设施,包括铁路、公路、港口和机场四类,是运输通道的主要体现。其求解可依据交通干线的技术—经济特征,按照专家智能的理念,采用分类赋值的方法进行评价。具体赋值见表 6-12。计算方法如下:

$$C_i = \sum_{m=1}^{M} C_{im} \qquad i \in (1,2,\cdots n), m \in (1,2,\cdots M) \tag{6-4}$$

式中,C_i 为 i 县的交通干线影响度;C_{im} 指 i 县 m 种交通干线的技术水平,即权重赋值。

交通干线技术水平权重赋值　　　　表 6-12

类　型	子　类　型	等　级	标　准	赋　值
铁路	铁路 A_{i1}	1	拥有复线铁路	2
		2	30km 距离	1.5
		3	60km 距离	1
		4	其他	0
	单线铁路 A_{i5}	1	拥有单线铁路	1
		2	30km 距离	0.5
		3	其他	0
公路	高速公路 A_{i2}	1	拥有高速公路	1.5
		2	30km 距离	1
		3	60km	0.5
		4	其他	0
	国道公路 A_{i6}	1	拥有国道	0.5
		2	其他	0

续上表

类　型	子 类 型	等　级	标　准	赋　值
水运	港口 A_{i3}	1	拥有主枢纽港	1.5
		2	30km 距离	1
		3	60km	0.5
		4	其他	0
	一般港口 A_{i7}	1	拥有一般港口	0.5
		2	其他	0
机场	干线机场 A_{i8}	1	拥有干线机场	1
		2	30km 距离	0.5
		3	其他	0
	支线机场 A_{i9}	1	拥有支线机场	0.5
		2	其他	0

资料来源：金凤君《基础设施与经济社会空间组织》，2011 年。

根据上述计算法方法，以我国县级城市为基本单元，得出我国运输通道优势度地域分布格局，从中可以看出：

第一，通道优势呈现较为明显的东西地带差异。东中部地区有明显的优势，而西部地区则优势较低。这说明交通干线对中东部尤其东部有着较强的支撑能力和保障水平，与外界区域及相互间的联系能力较强，而西部地区则较低。

第二，中东部的南北方间有着明显的空间差异。北方地区包括华北平原、山东半岛和中原地区的通道优势明显，对外联系的能力较强；南方地区则主要呈现条带状特征，其间大面积地区通道优势较低，而且东南沿海的优势也较低，对外联系的能力弱。

第三，主要城镇密集区的通道优势高。这主要包括京津冀、长江三角洲、珠江三角洲、辽中南、山东半岛、中原城市群等，其次武汉都市圈、长株潭城市群、昌九地区、关中平原等有着较明显的通道优势，这说明我国主要城镇密集区具有较强的交通干线支撑能力和保障水平，对外联系能力也比较强。

第四，部分地区主干交通基础设施的汇集使得其呈现中心极化现象。在西部地区，围绕省会城市的周边地区往往具有较高的通道优势，主要包括成渝地区、昆明、南宁、贵阳、银川等，反映了西部省会及周边地区有着较好的交通设施支撑能力和保障水平，对外联系能力相对较高；在东北和西北地区，核心区域呈现明显的通道优势，并具有较高的对外联系能力，其中东北地区主要是大连—沈阳—长春—哈尔滨沿线区域，西北地区则是兰州—河西走廊—乌鲁木齐沿线地区。

(二)国土开发强度

经济和人口是一地区国土开发强度的重要衡量指标,以某地区单位国土面积的经济和人口数量表示该地区国土开发的强度。即国土开发强度是由经济和人口的综合密度进行刻画。具体计算公式如下:

$$L_i = a\,G_i + b\,P_i \qquad i \in (1,2,\cdots n) \tag{6-5}$$

式中,L_i 表示 i 县国土开发强度;G_i 表示 i 县经济密度的标准化数值;P_i 表示 i 县人口密度的标准化数值;a、b 分别为经济密度和人口密度的权重(本书认为经济和人口同等重要,因此取 $a = 0.5$、$b = 0.5$)。

由此求得我国以县级城市为基本单元的国土开发强度地域分布格局,从中可以看出当前我国国土开发的几个特征:

第一,我国国土开发强度同国家 T 形开发战略相吻合。沿海和沿江 T 形开发轴线作为我国一级开发轴线,串联起我国主要城市群,是我国经济、人口的主要集聚区。当前在沿海和沿江表现出的较高开发强度反映了我国长期以来实施的 T 形国家开发战略。

第二,主要城市群地区也都有很明显的国土开发强度。环渤海、长三角、珠三角、成渝、武汉都市圈等较高开发强度地区在空间中形成镶嵌式布局,成为我国人口和经济的主要集聚区域。

第三,华北地区由于较高的人口密度,以及京沪通道对京津冀和长三角两大城市群的联动,使得该地区成为开发强度最为集中的连片区域之一。该集中连片区域包括了京津冀城市群、长三角城市群、中原城市群、皖江城市群和山东半岛城市群,是我国面积最大、开发强度最为集中的连绵区域。

(三)耦合度评价

以 C_i 表示区域 i 的运输通道优势度,L_i 表示区域 i 的国土开发强度,为便于比较和分析,分别对 C_i 和 L_i 进行标准化处理:

$$\alpha_i = \frac{C_i - \mathrm{Min}(C_i)}{\mathrm{Max}(C_i) - \mathrm{Min}(C_i)} \tag{6-6}$$

$$\beta_i = \frac{L_i - \mathrm{Min}(L_i)}{\mathrm{Max}(L_i) - \mathrm{Min}(L_i)} \tag{6-7}$$

式中,α_i、β_i 分别为区域 i 运输通道优势度和国土开发强度的标准化数值。则根据式(3-7)～式(3-8)可以计算求解我国不同地区综合运输通道与国土开发的耦合协调度。

　　基于上述方法,计算我国不同区域综合运输通道和国土开发的耦合程度,从中可以得出,我国国家综合运输通道和国土开发耦合程度地区间存在很大差异,耦合程度最高的地区主要集中在东部沿海。从国家综合运输通道和国土开发耦合度的空间分布格局来看,可解读出以下主要空间特征:

　　第一,全国各地的耦合度具有明显的空间差异,呈现由沿海向内陆依次递减的宏观态势。东部地区的耦合度较高,中部地区次之,西部尤其是远西地区的耦合度较低。

　　第二,全国形成环渤海地区、长三角地区、珠三角地区和成渝地区等几个耦合度明显的集聚区,这几个地区有着很高的耦合度,尤其在冀、鲁、豫的交汇处,高耦合度区域连接成面且覆盖地域广,内部基本均质化。

　　第三,在全国范围内,耦合度较高的地区在全国基本形成镶嵌式的空间布局,围绕某一高耦合度地区呈现向四周地区逐步降低的距离衰减现象。

　　第四,较高耦合度区域在空间中除表现出明显的组团特征之外,还具有明显的带状特征,如哈大线、京沪线、陇海线、沪昆线等沿线区域耦合度明显高于周围地区,充分体现了国家综合运输通道服务于国土开发的基本理念。

第七章

综合运输通道与综合交通枢纽空间组织网络

★ 综合运输通道是具有空间属性的网络实体系统,不同空间层级的综合运输通道在空间中按照某种模式或秩序形成综合运输通道网络。综合运输通道的衔接是通过综合交通枢纽实现的。因此,综合交通枢纽的空间布局对综合运输通道网络的空间组织具有重要意义。从综合运输体系的构成要素来看,综合运输通道与综合交通枢纽是平级关系,都是综合运输体系的重要组成部分;而从空间布局来看,综合交通枢纽一般位于运输通道的相交处,在运输通道的影响范围之内,因此,综合交通枢纽又是综合运输通道的组成部分,二者是包含关系。很明显,综合运输通道和综合交通枢纽的协调发展是综合运输通道网络空间组织的关键。

第一节 综合交通枢纽的发展演进

综合交通枢纽是指一种或多种运输方式在交通干线的交叉与衔接之处,共同办理旅客与货物中转、发送、到达的多种交通设施的综合体,是交通运输体系中各种交通方式相互连接的中心环节。合理的交通枢纽布局不但有利于提高交通运输系统的整体运输效率,而且对促进地区经济发展、巩固国防和加强民族团结等方面也都起着非常重要的作用。

一、我国历史交通枢纽的演进轨迹

我国历史上交通枢纽的演进同城市和道路交通的发展密切相关。自秦朝我国陆上交通网开始形成以来,我国交通枢纽分布格局的发展过程和空间特征大致经历了秦汉至南北朝、隋唐、宋朝至辽金时期、元明时期、清朝、民国至今六个阶段。不同历史时期由于中国版图不同,也因此影响着交通枢纽体系的形成。下文按当前中国版图分析,各时期交通枢纽的演进情况如下。

(1)秦汉至南北朝时期。秦汉时期,我国水陆交通开始形成全国网络。公元前221年,秦统一中国后,大修驰道和直道;汉朝在秦朝原有道路的基础上,继续扩建延伸发展了以京都为中心、向四面八方辐射的交通网络。这一时期的交通枢纽主要为地理位置优越的政治、经济、文化中心,如咸阳、长安、洛阳、建康(今南京)、平城(今大同市东)、邺城(今临漳县西南)等。此外,手工业发达、商业繁荣的名城地区也逐渐形成地方性的交通枢纽,如邯郸、临淄、成都、番禺(今广州)等。

(2)隋唐时期。隋唐时期随着政治、经济的中兴,道路交通空前发展,形成了以长安、洛阳为中心,以重要城市为枢纽的道路交通网。在长安、洛阳的各条辐射线中,还有大量的支线、偏路及各点联络线,在这些水陆交通的要冲地区形成了仅次于长安、洛阳的交通枢纽,如当时的开封(水路交通要冲)、幽州(政治、军事、经济、交通中心)、太原(军事重镇、通往北疆的交通枢纽)、凉州(军事重镇、丝绸之路交通枢纽)、成都(水陆交通枢纽)、江陵(交通要冲,兵家必争之地)、广州(岭南经济中心、海上交通口岸)、扬州(漕运中转站、国际贸易港口)等。

(3)宋朝至辽金时期。这一时期中国各政权雄踞一方,在并立对峙的形势下,道路交通各有变迁。北宋时期道路交通形成以汴梁(今开封)为中心,连接西京(今洛阳)、南京(今商丘南)、北京(今大名县),向四方辐射的布局;随着政治中心的转移,南宋的道路交通又形成以临安为中心向外辐射的布局。该时期的沿海港口日趋发展,广州、杭州、明州(今宁波)、泉州并称"四大海口",此外,苏州、温州、宜春、醴陵、桂林等发展成为内地的物资集散中心。辽时东北地区的交通有了较大发展,形成以"五京"——临潢(今巴林左旗)、大定(今宁城县)、析津(今北京)、辽阳、大同为枢纽,通达所属诸州县的交通网络。至金代,会宁(今阿城)、燕京(今北京)先后成为全国的交通枢纽中心。

(4)元明时期。元朝统一中国后,全国道路交通空前发展,形成以大都(今北京)为中心枢纽通往全国各行省首府的道路网络,各行省首府成为地方交通枢纽,包括和宁(今蒙古哈尔和林)、辽阳、汴梁(今开封)、奉元(今西安)、成都、甘州(今张掖)、中庆(今昆明)、杭州、龙兴(今南昌)、武昌(今武汉)、高丽(今朝鲜)等。由于道路交通发达,促进了当时全国农业、手工业和商业的发展,水陆交通运输空前繁忙,一些商业城市和物品运输量较大的城市也成为当时的主要交通枢纽,如泉州、扬州、大同、济南、芜湖、平江等,商品运输相当活跃。明代的道路交通进一步繁荣兴盛,形成了先以南京、后以北京为中心的全国道路网络体系,地方交通枢纽主要为当时的布政使司首府所在地,包括济南、太原、开封、西安、成都、南昌、武昌、杭州、福州、广州、桂林、昆明、贵阳等。

(5)清朝时期。清代既是古代交通的鼎盛时期,也是近代交通的兴起时期。清代道路以北京为中心,经官路干线向四方辐射,达于各省省城,经省内官路支线通达省内重要城镇和地区,官路干线和官路支线的交汇地区多为省府所在地,成为当时的交通枢纽,如沈阳、吉林、齐齐哈尔、南京、安庆、太原、济南、开封、西安、兰州、杭州、南昌、武汉、长沙、成都、拉萨、福州、广州、桂林、昆明、贵阳、乌鲁木齐、西宁等,这些枢纽城市也多数发展成为我国当前阶段的综合性交通枢纽。此外,随着商业运输的发展,清朝各地区还兴起了一些因商业而发展起来的交通枢纽城市,如汉口、天津、苏州、扬州、济宁、张家口等。

(6)民国至今。民国以后,我国才开始正式修建公路,在中央政府统一安排下,各地加速公路的发展;同时,铁路、航空等新兴交通工具的出现加速了现代综合交通枢纽的诞生。现今的交通枢纽在清朝原有基础上,历经近百年的发展,除少数因军事、政治或政策等因素导致衰退以外,多数得以延续发展,同时在此过程中因交通区位优势的改变也诞生了一些新的交通枢纽,新旧交通枢纽的协调发展基本奠定了我国当前交通枢纽空间格局的雏形。

我国历史交通枢纽发展的驱动因素和阶段性特征见表7-1。

历史交通枢纽发展的驱动因素和阶段性特征　　表7-1

历史时期	主 导 因 素					发展特点	空间特征
	城市	政治	自然	经济	交通		
秦汉至南北朝	√		√			因城而生、因商而盛	据点培育
隋唐			√	√		自然为基、经济主导	零星分布
宋朝至辽金		√		√		政治引导、商水并驱	线状布局
元明	√				√	成于省府、兴于交通	点轴分布
清朝	√			√		伴城发展、初具规模	面状布局
民国至今				√	√	继承发展、伴有新生	渐成网络

综上,古代交通枢纽在形成初期主要受城市和自然条件的影响,多依附于城市,往往形成于自然条件优越的政治、经济、文化中心。交通枢纽的演变在早期受政治影响比较大,古代国都的转移、政治局势的变化,都会导致道路交通中心枢纽发生变化。随着枢

纽的发展,经济和交通因素对交通枢纽的影响作用逐渐加强,交通枢纽在发达的交通线路的沟通下逐渐形成网络,结构也渐趋稳定。

二、综合交通枢纽的形成条件分析

从我国历史交通枢纽的演进过程可以看出,交通枢纽经历了从无到有、从简单到复杂、从低级到高级的形成发展过程。从其历史发展的主导因素来看,交通枢纽的形成与发展是多种条件与因素长期作用的结果,任何交通枢纽的形成必须具备一定的基本条件。而且,随着其形成条件与因素的变化及其相互作用,空间节点的枢纽地位和重要程度也将随之变化。总结我国历史交通枢纽的形成过程及发展特征,可以归纳出交通枢纽的基本形成条件主要包括如下方面。

(1)自然条件。交通枢纽的形成和发展须具备一定的自然条件,包括地理位置、地形和水文等。陆路交通枢纽或以陆路为主的交通枢纽,多形成于平原、高原、盆地的中心区位,与人类主要聚集地域的政治、经济中心相共生,或连接山脉两侧广大地域的重要垭口山前平原处并有利于交通干线汇聚的地点。水运枢纽一般形成于通航主干江河或沿海有利于建港,又便于与陆上交通干线相衔接的地点,包括陆上交通干道通过江河的要津渡口和水陆交通衔接的地点,重要的通航支流汇入干流的地点。

(2)交通条件。交通枢纽作为交通运输网的中枢点,须具备交通网的基础与发展条件。重大交通干线的通过数量、途径方向、交叉交汇及衔接、换装转乘、中转水平等直接决定了交通枢纽的发展程度与等级地位。交通干线的数量意味着交通运输能力的高低,交通枢纽多形成于运输通道的中心,尤其是在连接相邻区域的通道地带,因多条干线交汇而往往成为枢纽。交通线的交汇及方向则意味着客货集散能力和中转能力。

(3)社会经济条件。交通枢纽与城市区域相共生,并在相互促进中不断发展,这表现为经济总量、经济联系和人口规模及流动方向。经济总量和人口规模的高低表征城市及区域腹地的客货生成能力,规模较大的经济总量和人口总量往往会生成大量的客流和货流,进而培育大型交通枢纽。经济联系和人口流动反映了城市区域对外交流的主要方向,经济联系在某一方向的相对集中往往会形成综合运输通道,进而形成大型交通枢纽。

上述每一条件又可细分为多种因素集,每一因素都在不同程度上影响着交通枢纽的形成与发展(表7-2),在它们各自及交互作用下,将导致类型各异的交通枢纽空间布局形态的出现。

交通枢纽形成的影响因素诊断　　　　　　　　　　　表 7-2

影响因素类	影响因素集	对交通枢纽形成的影响程度
自然因素	地理位置	+
	地形条件	+ + +
	水文条件	+ + + +
交通因素	交通线路数量	+ + +
	路网密度	+ + + +
	交通可达性	+ + + +
	客运量	+ + + + +
	货运量	+ + + +
社会经济因素	GDP	+ + +
	工业产值	+ +
	人口数量	+ + +

三、综合交通枢纽的空间演变过程

交通枢纽的形成条件深刻影响着交通枢纽的空间演变历程,而交通枢纽的空间演变是区域社会经济发展水平的直观体现,是社会发展对交通发展需求的直接反映。从最初的单运输方式交通枢纽到多方式综合交通枢纽,再到交通枢纽网络,交通枢纽的发展经历了漫长的演变过程。从交通枢纽的布局演变形态来看,其形成和发展可以划分为四个阶段。

(1)交通枢纽据点培育阶段。交通枢纽的形成主要依托于城市的发展,在自然条件和交通区位优越的地点,率先出现经济增长极,对周围产生巨大的集聚力,吸引大量的人流、物流和资金流,这些地点逐渐发展成为地区经济中心,成为交通枢纽形成的基础。从我国的时空格局来看,鸦片战争以后,我国被迫对外开放,上海、青岛、天津、大连、广州等沿海港口城市相继开始发展轻纺工业,逐步发展成为区域经济中心;1949 年以后,我国的工业技术主要从苏联引进,新的工业建设都集中选址在内地铁路和内河的交通便利地点以及传统的物资集散地或矿物资源集散地,一大批工业企业在这些地点得以建立,使它们逐渐成为新的经济增长极,如沈阳、哈尔滨、长春、西安、洛阳、郑州、武汉等。所有这些地区的经济发展为交通枢纽的孕育形成奠定了基础,从区域开发角度来讲,这一阶段属于据点培育阶段。

（2）单式交通枢纽形成与发展阶段。在社会经济发展较好的区域，由增长极带动，经济沿着主要交通线路向外扩散，经济中心成为交通线路的主要交汇处，逐渐形成为交通枢纽的雏形。随着经济中心的逐步强大和对外联系线路的逐步完善，经济沿着交通线路向较远的城镇扩散。在这一过程中，一方面经济中心的交通枢纽规模迅速提升，另一方面经济中心边远城镇的交通枢纽地位也得以形成，交通枢纽在空间上的发展突破地域限制，等级层次性逐渐显现。但是，这一时期城市的数量少、规模小，大部分邻近江河、海洋，交通运输方式比较单一，不同交通运输方式之间并无交叉。因此，早期形成的交通枢纽主要是各单种交通方式的枢纽，不同交通方式的枢纽之间各自为政，彼此之间并无过多关联，其在空间上的分布是一种无序的状态。

（3）综合交通枢纽形成与发展阶段。随着城市规模的迅速扩大，交通线路继续完善，主要交通轴线发展成为复合式的运输通道，并且建设了高速交通线，新的运输方式出现，多种交通运输方式在空间上的并存发展为综合交通枢纽的形成创造了条件。当区域社会经济发展到一定阶段，对交通运输需求渐趋多元化，某单一运输方式再也难以满足经济社会发展的需求，而不同交通方式的运输优势为客货换乘提供了可能。在原经济中心形成的单方式交通枢纽逐渐成为不同交通方式运输线路的交汇处，枢纽的规模进一步扩展，功能朝着综合性方向发展，综合交通枢纽初现端倪。但初期形成的综合交通枢纽各交通方式间的协调性较差，衔接不紧密，受此影响，交通枢纽朝着无缝衔接和零距离换乘的综合化大型综合交通枢纽的方向发展。此时，单方式交通枢纽和综合交通枢纽在空间上并存，部分具备条件的单方式交通枢纽日渐向综合交通枢纽转变。

（4）交通枢纽系统化阶段。在全球经济一体化以及网络经济不断发展的背景下，综合交通枢纽的功能突破了单一的为旅客或货物集散服务，成为为客货运输提供全程服务的中心和物流后勤基地，是物流、资金流和信息流的集散基地，其建设也渐呈立体化和综合化。交通枢纽的系统化不但体现在枢纽内部功能的多元化，还体现在枢纽区域等级结构的有序化。交通网络的进一步发展，为产业向远距离扩散创造了条件。经济带沿着交通干线进一步扩散，各大经济区域呈现出互相衔接、归并、融合的趋势，城市界限逐渐消失。交通枢纽依托所在城市和交通干线向外辐射的能力大大增强，各枢纽之间服务的范围开始重叠，系统化趋势日趋明显。受市场的影响，交通枢纽的空间布局逐步走向合理，等级体系逐渐完善和有序。不同等级交通枢纽在服务空间和功能上互为补充，逐渐形成为轴—辐发展模式。

交通枢纽体系空间演变如图 7-1 所示。

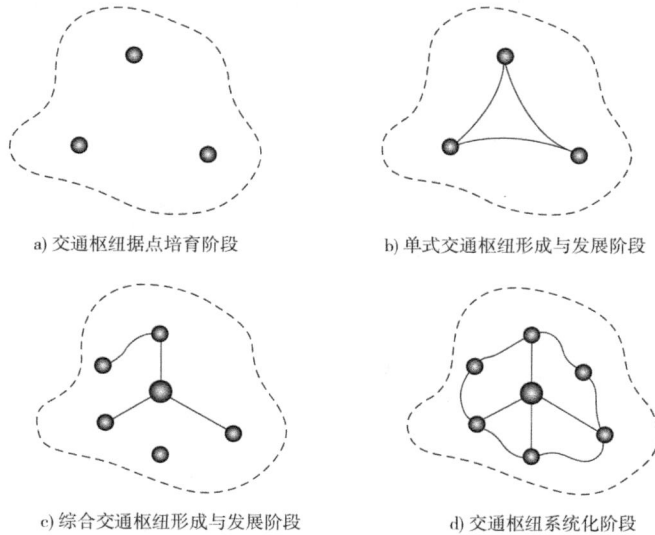

a) 交通枢纽据点培育阶段

b) 单式交通枢纽形成与发展阶段

c) 综合交通枢纽形成与发展阶段

d) 交通枢纽系统化阶段

图 7-1　交通枢纽体系空间演变图

四、综合交通枢纽的基本发展模式

交通枢纽的空间发展模式是推动交通枢纽空间演变的内在动力。在不同的区域和发展阶段,交通枢纽既表现出一定的共性,也存在差异,呈现出各种发展模式,其在空间上的布局虽具有历史的继承性,但并非一成不变,交通枢纽是一个不断发展变化的地理空间实体。分析国内外主要交通枢纽的发展过程,可以总结出交通枢纽主要有以下发展模式。

(1)传统发展型。交通枢纽最早主要形成于经济中心,依托城市而发展。在各历史时期,经济发展最迅速的地区也往往是交通枢纽率先形成与发展的地区,这些地区较之其他地区更具备交通枢纽形成与发展的条件。因此,传统上的交通枢纽多与经济中心相伴相生。以传统模式发展起来的交通枢纽多为大型综合性的交通枢纽,在空间布局中占有相当大的比例。

(2)交通方式引导型。当交通运输方式发生变化、新的运输出现的时候,特别是新出现的交通运输方式较原来传统的方式更为重要的时候,如某地在原有水路运输的基础上,增加了高等级公路运输、铁路运输或航空运输中的一种或多种,可能形成新的交通枢纽。以交通方式引导发展起来的交通枢纽均为综合性的交通枢纽,在空间上多形成于沿江、沿海和主要铁路干线。

(3)交通干线引导型。这类交通枢纽的形成与交通运输干线的发育程度密切相关。当交通干线上产生新的分叉点的时候,即铁路和公路干线上形成新的分叉点或新的主导性运输方向,则可能形成新的交通枢纽。以交通干线引导发展起来的交通枢纽主要形成于主要交通干线的交汇处,多为单方式交通枢纽,且多为低等级交通枢纽,其功能和服务范围均受限。

(4)运输干线等级引导型。这类交通枢纽是在原有线路节点的基础上发展起来的。当干线交通的等级发生重大提升时,或各种线路汇集时,使原来的干线和支线交通通行量大为增加,以前某些不太重要的节点在区域交通中的地位迅速提升,形成新的交通枢纽。以干线等级引导发展起来的交通枢纽具有一定的发展基础,类似节点在我国道路网络中占有相当大的比重。

(5)经济发展引导型。同传统发展型类似,这类交通枢纽的形成与区域经济发展密切相关。当区域经济发展不平衡导致出现新的经济增长极或经济中心,或由于某种原因,如新的矿产资源的发现和矿产开发,导致区域内新的经济中心出现,形成了新的经济流向和交通运输方向,从而形成新的交通枢纽。由经济引导发展起来的交通枢纽多形成于自然资源丰富的地区,对于扩大枢纽服务范围,消除枢纽服务盲区具有重要作用。

五、综合交通枢纽布局的基本形态

因形成演变过程以及发展模式的不同,交通枢纽具有不同的等级,不同级别的交通枢纽在空间中互相联系,随着历史的演进,其在空间上的布局从无序逐渐走向有序,其空间形态大致可以分为以下四种(图7-2)。

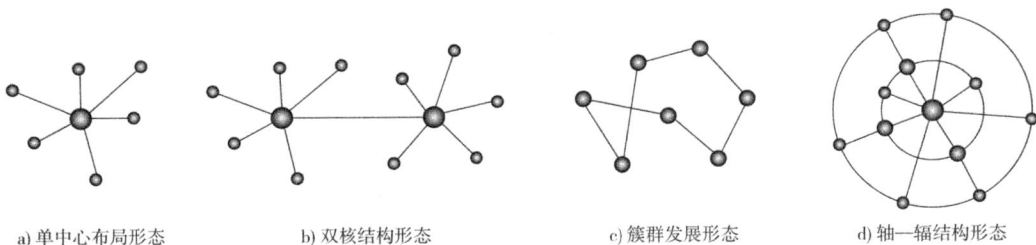

| a) 单中心布局形态 | b) 双核结构形态 | c) 簇群发展形态 | d) 轴—辐结构形态 |

图7-2 交通枢纽的空间形态图

(1)单中心布局形态。在某一地域范围内拥有一个高等级的综合交通枢纽中心(主枢纽),该中心对周边的吸附能力较强,各低等级交通枢纽(子枢纽)同主枢纽联系密切,依附主枢纽而存在,而子枢纽之间的联系相对较弱。子枢纽从主枢纽汲取生存的"养料",在空间上形成"众星拱月"的形态。这一布局形态的交通枢纽主要存在于中西部欠发达地区,主枢纽通常为省会城市,而子枢纽多为同省会城市有密切经济联系和发达交通线路的地级城市,如以西安为中心的关中地区枢纽布局。

(2)双核结构形态。与单中心布局形态不同,区域上存在两个高等级的综合交通枢纽中心(主枢纽)和众多为枢纽中心服务的低等级交通枢纽(子枢纽),其中两个主枢纽的等级相当,而且两者之间有极其发达的交通进行联系,同时每个主枢纽各自存在多个子枢纽与其保持密切联系。这一布局形态的交通枢纽主要形成于在一定距离范围内有两个强经济中心的地区,例如成渝地区。

(3)簇群发展形态。交通枢纽之间没有主次之分,在空间上呈均匀分布格局。主要有两种存在类型,其一是各交通枢纽规模相当,在空间上各有自己的优势服务区域,表现在经济和交通条件类似的城市枢纽之间;其二是各交通枢纽功能有所区别,在空间上各有自己的优势服务对象,表现在不同交通运输方式枢纽之间。这一布局形态的交通枢纽主要形成于发展条件类似的连片地区,或者集中存在多种交通方式的地区,例如我国的东北地区。

(4)轴—辐结构形态。主要存在于发达地区,是交通枢纽空间布局的高级形态。同单中心布局形态相似,轴—辐结构形态存在一个大型的、高等级的综合交通枢纽中心,围绕该枢纽中心,均匀分布有不同层级的低级交通枢纽,各枢纽不但同中心枢纽有发达的交通联系,而且各枢纽之间交通联系也较为便捷。这一布局形态的交通枢纽层级分明,各枢纽之间联系密切,低层级交通枢纽围绕高层级交通枢纽发展,在空间布局上呈现蛛网状发展的轴—辐结构形态。该布局形态的枢纽主要存在于经济和交通基础设施均较为发达的地区,例如以北京为中心的京津冀地区、以上海为中心的长三角地区以及以广州为中心的珠三角地区。

第二节　综合运输通道与综合交通枢纽的空间衔接

一、综合运输通道的空间关系

城市综合运输通道、区域综合运输通道和国家综合运输通道存在于不同的空间层面,三者在空间中按照特定模式发展形成综合运输通道空间网络。

其中,城市综合运输通道是综合运输通道空间网络的最低层次的运输通道,其级别低、辐射范围小,主要为城市中大运量、长距离、快速交通服务,是城市对外联络的主要媒介,同时起到集散区域综合运输通道客货流的作用。区域综合运输通道在综合运输通道网络中处于中间层次,辐射范围相对较大,是区域中交通客货流交流联系的主要途径,是国家综合运输通道快速集散的核心,在综合运输通道网络中联系着城市和国家综合运输通道,起着承上启下的作用。而国家运输通道是最高层次的运输通道,主要为国家中长距离的大运量运输提供服务,同时也是综合运输通道空间网络的主骨架。

从三者的空间密度关系来看,不同空间尺度综合运输通道的空间密度呈现金字塔形状。合理的运输通道网络密度应是:城市综合运输通道 > 区域综合运输通道 > 国家综合运输通道。低级别的综合运输通道起着集散高级别运输通道的作用,而且主要为局部交通运输需求提供服务,虽然辐射范围小,但是服务的密度高,因此,随着运输通道级别的提高,其空间密度也趋于下降,呈现出金字塔形状,如图 7-3 所示。

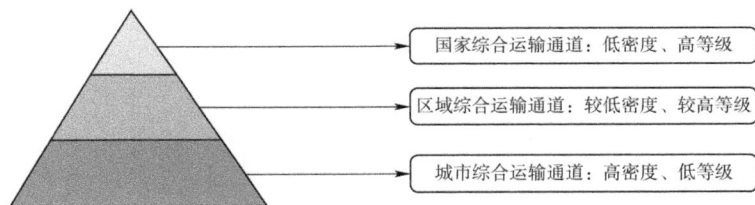

图 7-3　综合运输通道的空间密度关系

从三者的空间衔接关系来看,不同空间尺度上综合运输通道在空间中的相互衔接具有一定的规律性。综合运输通道网络形成和发展的过程就是不同层次综合运输通道在空间中互联互通的过程。在这一过程中,高等级综合运输通道串接低等级通道,而低等级通道则主动连接高等级通道,最终实现彼此的融合,保持通道系统的稳定。如图 7-4 所示,国家综合运输通道连接了各主要城镇密集区,城镇密集区主要通过区域综合运输通道与国家综合运输通道相衔接,而组团城市与核心城市的连接主要是通过城市综合运输通道实现,进而与位于国家综合运输通道上的枢纽城市相衔接。

从三者的空间组织关系来看,不同空间尺度综合运输通道在空间中表现出一定的级联秩序。由综合运输通道的发展演进过程可知,综合运输通道是联系空间基本形态的最主要媒介,其中城市综合运输通道是区域综合运输通道向城市延伸的主要媒介,而区域综合运输通道是国家运输通道向区域和城市延伸的主要媒介。各综合运输通道在

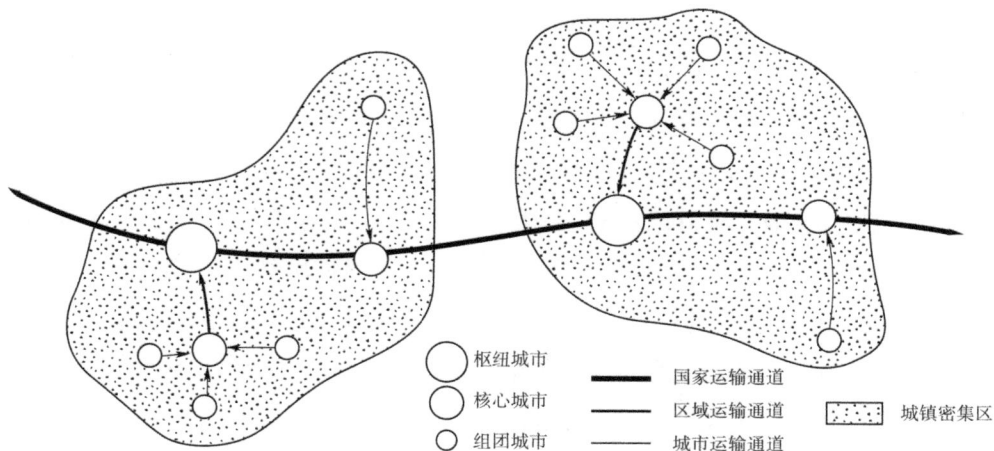

图 7-4　综合运输通道的空间衔接关系

空间中分工明确、级联有序。陆大道院士在其《区域发展及其空间结构》一书中对点—轴的空间结构进行了剖析(图 7-5),其中的思想就体现了综合运输通道空间组织的相关关系。

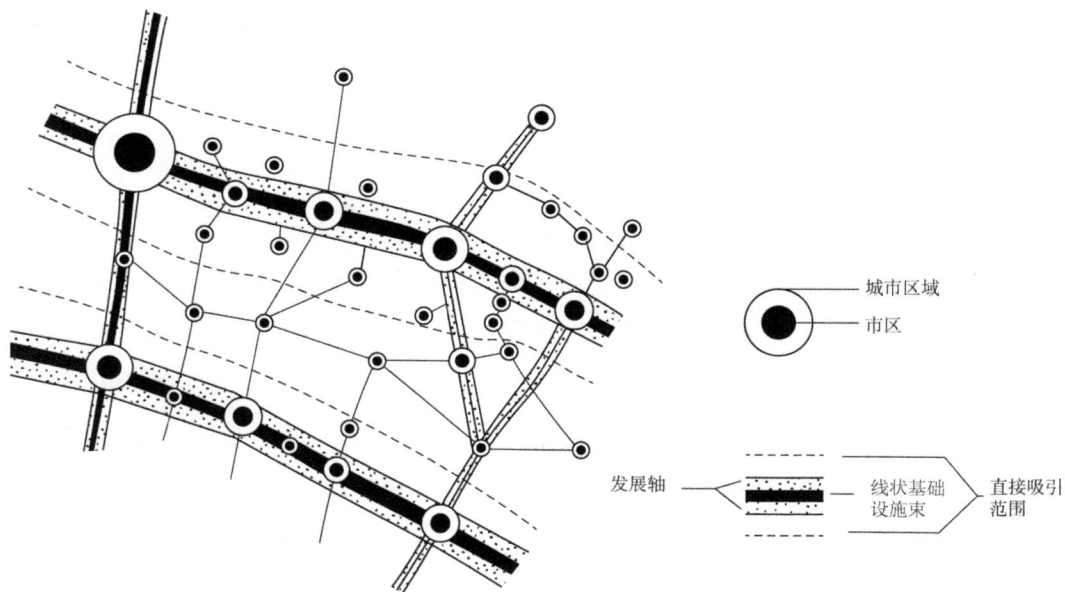

图 7-5　综合运输通道的空间组织关系

(资料来源:陆大道《区域发展及其空间结构》,第 140 页,1995 年)

　　上述分析表明,不同空间层次综合运输通道按照一定的密度关系、衔接关系和组织关系能够形成相对稳定的综合运输通道空间网络,除此之外,综合运输通道空间网络的稳定和高效运行还需要综合交通枢纽的保障。

二、综合运输通道的枢纽衔接

不同空间层级综合运输通道在空间中互相联结形成综合运输通道网络,而综合交通枢纽是城市综合运输通道、区域综合运输通道和国家综合运输通道相衔接,实现综合运输通道空间一体化组织的关键。

从在综合运输体系中的地位而言,综合交通枢纽和综合运输通道都是综合交通运输体系的重要构成部分;而从与综合运输通道的关系来看,综合交通枢纽还是综合运输通道的主要组成部分,其空间布局影响着综合运输通道的空间组织效率,是综合运输通道空间组织网络的主要衔接体。

作为综合运输通道的空间衔接体,综合交通枢纽的空间特性对综合运输通道空间组织网络整体效益的发挥具有重要意义。表现在以下几个方面:

(1)综合交通枢纽的空间布局决定了综合运输通道的基本走向。点—轴系统理论表明,空间中的"点"——综合交通枢纽的形成往往先于空间中的"轴"——综合运输通道的形成。随着增长极的不断发展,联络各枢纽中心的重要交通轴线逐渐形成,综合运输通道成为连接重要交通节点的联络线。因此,综合交通枢纽的空间布局,在一定程度上决定了综合运输通道的基本走向。

(2)综合交通枢纽的规模影响着综合运输通道的整体运行效率。综合交通枢纽是综合运输通道的主要衔接体,其主要作用之一就是办理运输通道内旅客与货物的中转、发送、到达,因此枢纽的通过能力限制了综合运输通道的运输能力,枢纽的作业效率影响了综合运输通道的运行效率。

(3)综合交通枢纽的功能等级反映了综合运输通道的空间层级。枢纽与通道规模和功能等级的吻合是综合运输体系高效运行的关键。低等级综合交通枢纽服务于高等级的综合运输通道必然会导致运输瓶颈,影响整体运输效率;而高等级综合交通枢纽服务于低等级的综合运输通道则会造成枢纽资源浪费。因此,枢纽功能等级与通道空间层级必须相匹配。

综上,综合交通枢纽是综合运输通道空间组织网络效能发挥的关键。然而,我国交通建设长期以来"重线轻点",枢纽城市与枢纽站场的建设一度被忽视,致使形成了各种运输问题。随着国家对枢纽城市和枢纽站场建设的重视,各地展开了对交通枢纽的争夺。然而,我国现有的交通枢纽规划模式仍按照公路主枢纽、港口主枢纽、铁路主枢纽和航空主枢纽的形式分别进行专门规划,在每一类规划中适当考虑其他交通方式的影响。这种各自为政的规划模式带来的主要问题之一就是造成不同交通方式枢纽规划和建设缺乏统一的部署,导致条块分割、重复建设乃至互相矛盾,极不利于整个综合交通系统的发展。因此,如何选择交通枢纽已成为交通工程学和交通地理学领域的一个研究热点,对交通枢纽尤其是对综合交通枢纽布局的研究,是一个值得从理论和方法上探索的问题。

综合交通枢纽同综合运输通道一样,也存在于多空间尺度,既有宏观层面的综合交通枢纽(枢纽城市),也有微观层面的单体枢纽(枢纽场站)以及枢纽换乘站等。各层次交通枢纽的空间布局除受交通方式运输特性、适应范围的影响,还受所在城市自然地理条件、城市性质和格局的约束,因此难以将几种交通枢纽的规划完全放在一个模型中进行权衡。区域服务覆盖模型在城市防灾和卫生医疗等方面的成熟运用为求解枢纽布局问题提供了一种新思路。

运用布局优化模型的最大化覆盖模型可对我国不同空间层次交通枢纽的空间布局进行优化。空间布局优化模型是区域规划中应用非常广泛的一种模型,它的主要用途是从一批候选位置(或区域)中按照某种准则选取一定的位置进行资源的空间布局。其中最经典的布局模型有 P 中心模型和覆盖模型,后者又可以分为区位设定覆盖模型和最大化覆盖模型。P 中心模型和区位设定覆盖模型没有考虑诸如布局投入预算等现实约束问题,在发展中国家资源不充分的条件下运用这两个模型进行布局决策有一定的局限性。

以枢纽城市的布局规划为例,基于我国"八纵八横"运输通道,采用最大化覆盖模型,求解我国综合交通枢纽的最优空间布局,最终确定我国综合交通枢纽 42 个。

从布局情况来看,我国综合交通枢纽同综合运输通道具有很好的空间吻合性。综合交通枢纽主要分布在我国综合运输通道沿线和交汇处,如京沪通道、京广通道、陆桥通道、沪昆通道等国家综合运输通道上均含有 6 个及以上综合交通枢纽。

三、综合运输通道与综合交通枢纽的协调发展

综合运输通道与综合交通枢纽协调发展的目的就是促进综合运输通道乃至综合交通运输体系的畅通、可持续发展。具体而言,二者的协调性主要体现在以下几个方面:

（1）综合运输通道与综合交通枢纽规划的同步性。

这是综合运输通道与综合交通枢纽协调发展的前提。规划的一体化是实现综合运输通道与综合交通枢纽协调发展的前提条件。规划是建设的先导，缺少规划的建设易造成交通资源的浪费。由于综合运输通道的形成基于发达、成熟的运输干线，发展历史久远，进行全盘调整难度较大，而综合交通枢纽的发展时间较短，调整空间广阔，布局灵活。所以，综合交通枢纽布局规划与综合运输通道的一体化规划主要通过综合交通枢纽的合理布局来实现，而综合运输通道是其重要的约束条件。

在我国"八纵八横"综合运输通道的空间格局下，综合交通枢纽的空间布局规划充分体现了与综合运输通道的同步性。从上文确定的我国42个综合交通枢纽的空间布局来看，这42个综合交通枢纽均位于"八纵八横"综合运输通道之内，且大部分枢纽位于运输通道的交汇处。这一方面表明综合交通枢纽空间布局对综合运输通道的衔接作用，另一方面也说明通道和枢纽同步规划的重要性。

（2）综合运输通道与综合交通枢纽演进的一致性。

这是综合运输通道与综合交通枢纽协调发展的动力。综合运输通道与综合交通枢纽同为综合运输体系的重要组成部分，两者协调发展的主要表现之一就是演进的一致性。从综合运输通道的演进历程来看，其经历了据点培育、轴线开发、内部融合和网络拓展四个阶段（图2-3）；与此相适应，综合交通枢纽的演进经历了据点培育、单式交通枢纽形成与发展、综合交通枢纽形成与发展、交通枢纽系统化四个阶段（图7-1）。从各自的演进机理来看，两者在各个阶段的空间演进基本保持着一致性。

综合运输通道与综合交通枢纽空间演进的一致性是两者协调发展的重要保障。以哈大综合运输通道为例，铁路建设之前，哈大之间的道路主要是自然道路，交通运输主要通过辽河水运实现，城市主要沿道路分布于哈大中南部地区。随着铁路的修建，哈大线成为东北地区发展最为活跃的轴线，带动了哈尔滨、长春、沈阳和大连等经济中心的发展，并逐步发展成区域性的综合交通枢纽。可见，随着哈大综合运输通道的完善，带动了沿线哈尔滨、长春、沈阳和大连等综合交通枢纽的形成和发展，二者的演进保持了较高的一致性，其演进关系如图7-6所示。

（3）综合运输通道与综合交通枢纽能力的兼容性。

这是综合运输通道与综合交通枢纽协调发展的基础。综合交通枢纽是连接综合运输通道的重要衔接体，为综合运输通道提供装卸、转运、到发等功能。综合交通枢纽的服务能力受综合运输通道通行能力的影响,并与其保持一致。枢纽的服务能力过低会严重影响运输通道的通过能力,进而影响综合运输体系整体效能的发挥,而服务能力过高又会因客货源不足而造成资源的闲置。

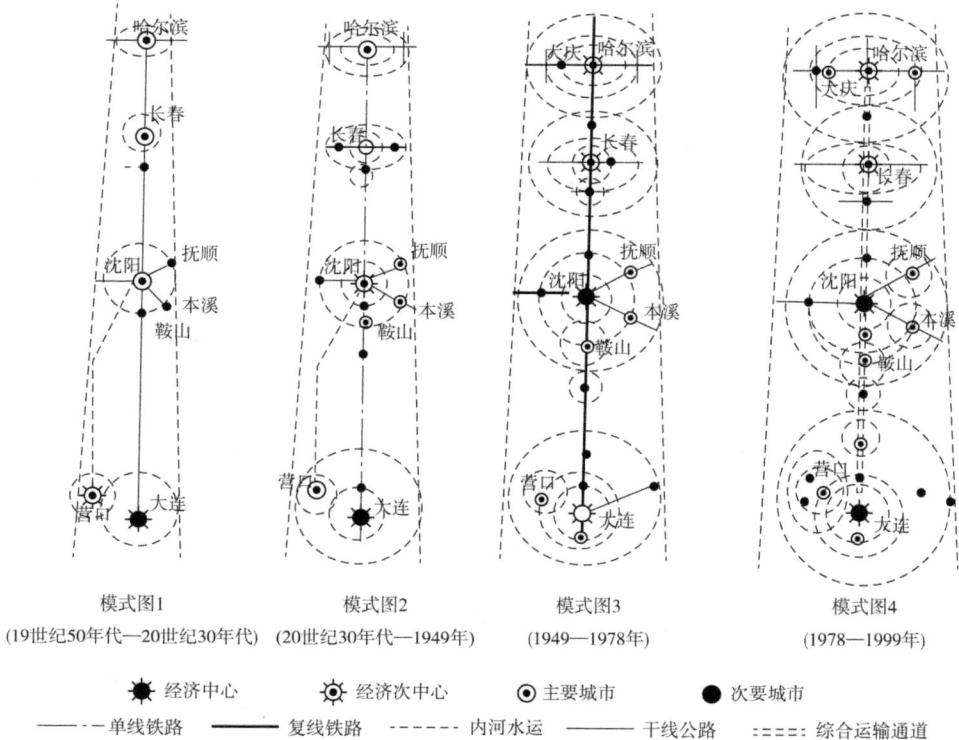

模式图1	模式图2	模式图3	模式图4
(19世纪50年代—20世纪30年代)	(20世纪30年代—1949年)	(1949—1978年)	(1978—1999年)

★ 经济中心 　 ☆ 经济次中心 　 ◉ 主要城市 　 ● 次要城市

—— 单线铁路 　 ━━ 复线铁路 　 ----- 内河水运 　 —— 干线公路 　 ==== 综合运输通道

图 7-6 哈大综合运输通道时空演化模式图

(资料来源:张文尝《交通经济带》,第 241 页,2002 年)

我国交通建设的"重线轻点"导致了交通干线得到迅速发展,而交通枢纽与运输站场的建设一度被忽视,由此带来的主要问题之一就是交通衔接和转运的不顺畅,不利于综合运输系统的构建,限制了多式联运的发展。这在城市和区域层面表现得尤为突出,在城市综合运输通道和区域综合运输通道的衔接处,由于缺乏与运输通道能力相兼容的交通枢纽,进出城通道瓶颈制约十分突出,极易成为交通阻塞的易发点。

(4)综合运输通道与综合交通枢纽等级的匹配性。

这是综合运输通道与综合交通枢纽协调发展的保障。等级的匹配是能力兼容的前提,由于综合运输通道和综合交通枢纽在空间中均存在不同的层级,确保综合运输通道与综合交通枢纽在等级上的匹配是二者协调发展的根本保障。需要说明的是,此处综合交通枢纽的等级划分与前文叙述的国家 42 个综合交通枢纽的划分不同,按与综合运输通道的衔接形式,此处主要分为枢纽城市、枢纽场站(指城市客运站、货运站、物流园区等)、枢纽换乘站(指城市内部换乘枢纽)三个层次。为保证综合运输通道能力的充分发挥,同时又不造成枢纽资源的浪费,综合运输通道与综合交通枢纽等级的基本匹配关系见表7-3。

综合运输通道与综合交通枢纽的基本匹配关系 　　　　表7-3

项　　目	国家综合运输通道	区域综合运输通道	城市综合运输通道
国家综合运输通道	★	■	○
区域综合运输通道	■	■	■/▲
城市综合运输通道	○	■/▲	▲

注:★代表枢纽城市;■代表枢纽场站;▲代表枢纽换乘站;○代表不可衔接。

　　由上述匹配关系可以看出,居于中间层次的枢纽场站在所有枢纽形式中具有重要地位,是连接国家综合运输通道与区域综合运输通道的重要载体。当然,随着衔接形式发展的多样化,综合运输通道与综合交通枢纽的匹配关系也将趋于复杂化,在上述匹配关系的基础上也将衍生出更多的衔接形式,但有一点是肯定的,即国家综合运输通道与城市综合运输通道不宜直接相衔接。

　　(5)综合运输通道与综合交通枢纽运行的协调性。

　　这是综合运输通道与综合交通枢纽协调发展的核心。综合运输通道与综合交通枢纽协调发展的目的之一就是实现交通运输的一体化发展,而交通一体化又是实现综合运输通道与综合交通枢纽协调运行的关键。

　　交通一体化发展的核心就是综合运输通道与综合交通枢纽的资源整合和无缝衔接。一体化的交通运输通过建立现代化的集中调度指挥系统,调控客货运输在交通枢纽与各种运输方式之间的零距离换乘,确保交通枢纽系统与运输通道系统的协调运行。通道与枢纽的协调运作水平将直接影响整个交通运输系统效率的高低,既是影响综合运输通道与综合交通枢纽协调发展的核心,也是决定整个运输过程能否实现连续通畅的主导因素。

第三节　综合运输通道网络的空间组织模式

一、综合运输通道网络空间组织基础

　　研究综合运输通道的最终目的在于构建高效的综合运输通道网络体系、构建功效空间。因此功效空间理论是其研究的理论基础,而轴—辐空间组织模式则是其模式研究的范式基础。

金凤君(2011)对基础设施与功效空间的相关理论描述是综合运输通道网络空间组织的理论基础。构建功效空间和功效空间体系是人类对地表空间实施开发和进行经济社会空间组织的基本内容之一。功效空间是指经济社会活动规模适度、结构稳定有序、要素比例适当、物质实体布局疏密有致、符合自然和社会发展规律的有特定界限的地表(地域)空间,即有明显效力特征的符合“文明准则”的“空间”。理想的功效空间以土地高效集约利用、经济系统实现最佳产出、社会和谐发展、环境健康稳定为目标;相互交织的利益系统,如要素配置系统、社会运行系统、经济生产系统等,以及一系列相互作用关系如人地关系、空间关联关系、要素与系统的协调关系、管制关系等形成有序的空间秩序;实现经济、文化和环境的持续增益。

综合运输通道网络作为功效空间的主要支撑体系,其空间组织模式一定程度上决定了功效空间内部要素的配置。表现在以下几个方面:第一,综合运输通道网络通过改变土地、资源的使用价值来改变或影响自然要素的配置方式和效率。第二,综合运输通道网络通过改变要素间的作用关系来影响功效空间内部要素配置的模式和方式。第三,综合运输通道网络在某一功效空间中不断发展和完善,会创造出一种空间势能,这一势能推动功效空间内部各类活动系统向空间平衡状态演化,这一过程会导致要素配置的不断变化。

因此,综合运输通道网络的空间组织模式对于功效空间效能的发挥具有重要意义。而轴—辐空间组织模式是综合运输通道网络空间组织模式的基础。轴—辐系统的“轴”是轴心,或枢纽,是处于核心地位的要素或单元,其作用是发挥中枢控制作用;“辐”是指辐网,即枢纽与节点间形成的联系,其确定一般遵循重要性优先原则,即最重要的联系构成枢纽与节点间关联的标志。

综合运输通道网络空间组织模式与轴—辐空间组织模式的联系主要表现在两个方面。首先,轴—辐系统研究的是枢纽中心与幅网的连接关系,其研究的对象依然是点—轴空间组织关系(图7-7),这与综合运输通道是一致的;其次,轴—辐系统的演进过程同综合运输通道系统的演进过程类似,其本质都是“点”与“线”在空间中从无序到有序组织的过程(图7-8)。

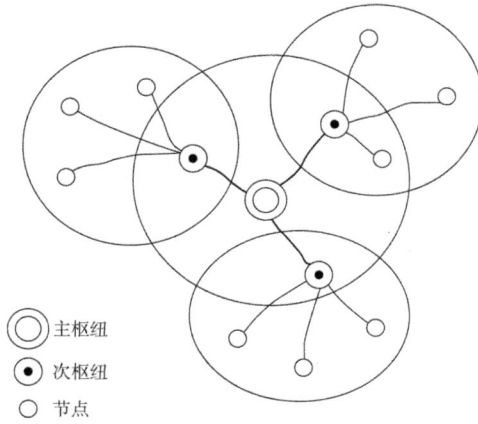

图 7-7 轴—辐空间组织模式的基本范式

(资料来源:金凤君《基础设施与经济社会空间组织》,2012 年)

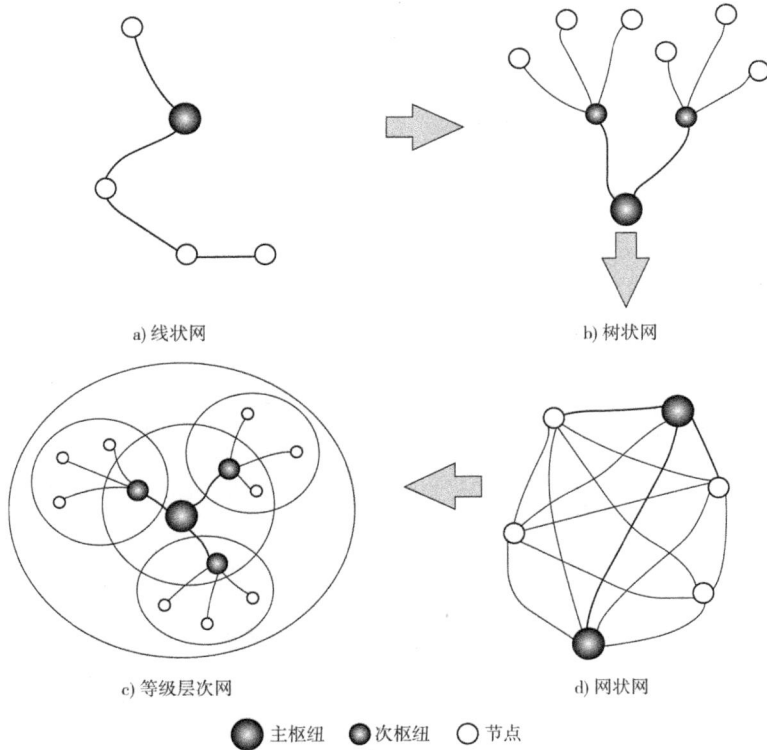

图 7-8 轴—辐空间组织网络形成的四个阶段

(资料来源:金凤君《基础设施与经济社会空间组织》,2012 年)

二、综合运输通道网络空间组织模式

由上文分析,综合运输通道网络实际上是由不同层次综合运输通道和综合交通枢纽共同组成的网络系统。在这个网络系统中,综合运输通道和综合交通枢纽不断融合,最终形成相对稳定的固定模式。按综合运输通道与综合交通枢纽的衔接方式,可将综合运输通道网络的空间组织模式划分为六种,如图7-9所示。

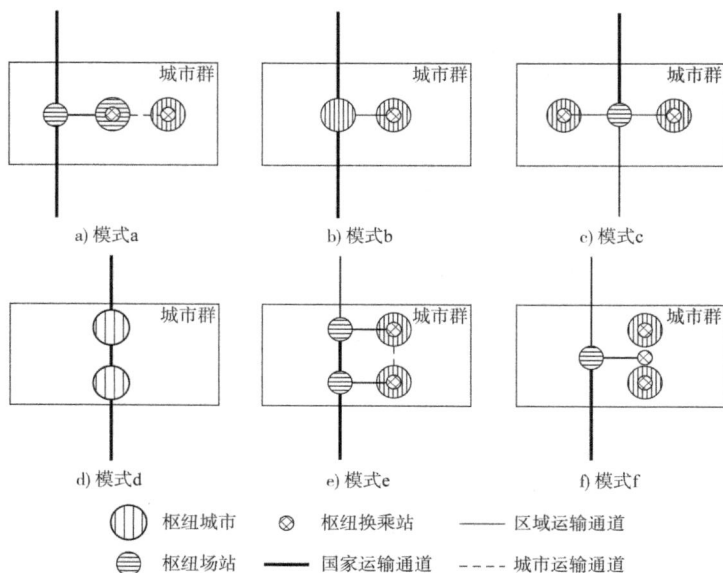

图7-9 综合运输通道网络空间组织模式图

模式a:国家综合运输通道穿过城市群,但是与城市群的衔接点不在城市群中心城市,城市群中心城市通过区域综合运输通道连接到国家综合运输通道,在区域综合运输通道和国家综合运输通道衔接处形成枢纽场站。由于该枢纽场站位于城市外围,因此,主要为货运场站或物流园区。此外,各城市之间由城市综合运输通道或区域综合运输通道相连,衔接点主要是城市内的枢纽换乘站。

模式b:国家综合运输通道不但穿过城市群,而且还经过城市群内某一中心城市,该城市成为城市群与外界相联系的枢纽点;国家综合运输通道与区域综合运输通道的衔接体为枢纽城市。城市群内其他城市与枢纽城市主要依靠区域综合运输通道相连接,进而连接到国家综合运输通道。

模式c:同模式a类似,各城市均通过枢纽场站与国家综合运输通道相联系;但是,城市之间没有直接联系,而是通过枢纽场站进行交流,因此,该模式对于培育区域增长极具有重要意义,位于国家综合运输通道上的枢纽场站极易发展成新的增长极。

模式 d:国家综合运输通道经过城市群内所有城市,也即城市群内所有城市均为枢纽城市。该模式主要存在于城市群内城市等级差异不大的区域,不但有利于城市群与外界的交流,而且对于促进城市群规模的扩张具有重要意义;但是,该模式难免会对国家综合运输通道造成运输压力,国家综合运输通道的升级改造周期大大缩短。

模式 e:该模式与模式 a 的区别在于所有中心城市都单独与国家综合运输通道相连接,因此也就培育了多处枢纽场站(物流园区)。该模式下,国家综合运输通道对国土开发的作用最为显著,能够最大限度地带动区域城市群的发展。此外,各中心城市之间也都有城市综合运输通道或区域综合运输通道相连接,因此,对扩大各中心城市规模也具有积极作用。

模式 f:国家综合运输通道穿过城市群,但是没有经过中心城市,各中心城市也不与国家综合运输通道直接相连,而是通过换乘站间接连接到国家综合运输通道。该模式是一种低效率的空间组织模式,虽然能够培育新的增长极,但是不利于城市群整体发展,在一定程度上会限制既有中心城市的发展。因此,该模式对于平衡地区差异具有积极作用。

第八章

高速铁路通道及其空间效应

★ 高速铁路是当前陆路运输速度最快的交通运输方式,以其为核心的综合运输通道对经济社会发展的支撑引领作用尤为突出。国外经验表明,高速铁路本身就表现出典型的"通道经济"效应。高速铁路建成运营后,会对沿线地区的产业发展和城镇化进程带来深刻影响。我国高速铁路的运营时间比较短,但高铁效应已明显显现。近年来,我国高速铁路快速发展,极大改变了传统出行结构,深刻影响了区域发展格局和城市空间结构,对沿线产业带和城市现代服务业的培育,以及沿线地区人口流动速度提升和人口聚集,产生了重要的促进作用。

第一节 高速铁路发展概况

一、世界高速铁路发展概况

世界上已经有中国、西班牙、日本、德国、法国、瑞典、英国、意大利、俄罗斯、土耳其、韩国、比利时、荷兰、瑞士等 16 个国家和地区建成并运营高速铁路。据国际铁路联盟统计,截至 2017 年底,全世界高速铁路总营业里程 3.77 万 km,其中我国高速铁路占世界总里程的 66.3%。从世界上已建成并运营高速铁路的国家和地区来看,高速铁路的发展历程来看可分为探索初创阶段、扩大发展阶段、快速发展阶段。

(1)探索初创阶段。20 世纪 60 年代到 70 年代末,以日本 1964 年开通世界上第一条高速铁路东海道新干线为标志。该时期,高速铁路发展缓慢,近 20 年中,全世界只有日本先后于 1964 年和 1975 年建成了东海道新干线和山阳新干线,总里程 1069km。

(2)扩大发展阶段。20 世纪 80 年代初到 90 年代末,以 1981 年法国第一条高速铁路 TGV 东南线开通运营为标志。20 世纪 90 年代开始,伴随着日本高速铁路的成功运营,以及可持续发展理念逐步成为共识,高速铁路对经济社会可持续发展的重要作用日益显现,欧洲发达国家相继制定了高速铁路发展规划。德国、西班牙、意大利、比利时分别在 1991 年、1991 年、1992 年、1997 年相继开通了本国第一条高速铁路。近 20 年中,日本、欧洲共新建高速铁路 3000 多公里。

（3）快速发展阶段。21 世纪初,以我国高速铁路的快速崛起为标志。在短短几年时间内,我国已经成为世界上高速铁路系统技术最全、集成能力最强、运营里程最长、运行速度最高、在建规模最大的国家。我国高速铁路的快速发展,为世界高速铁路发展注入了强大动力,对其他国家产生了强大的示范作用,形成了中国高速铁路发展的世界效应,美国、波兰、俄罗斯、土耳其等国家纷纷加快实施本国的高速铁路发展规划,南美洲、亚洲的一些发展中国家,如阿根廷、巴西、伊朗、越南、泰国、印尼等,也纷纷加入高速铁路发展行列。

二、我国高速铁路发展现状

1997 年以来,针对铁路客运速度慢、运输能力严重不足等突出问题,我国先后进行了六次铁路大提速。2007 年,我国铁路第六次大提速后,高速铁路❶快速发展。2008 年以来,高速铁路运营里程年均增长 60% 左右。截至 2017 年底,我国高速铁路运营里程已达 2.5 万 km,高速铁路几乎覆盖了我国经济最发达、人口最密集的地区(图 8-1)。

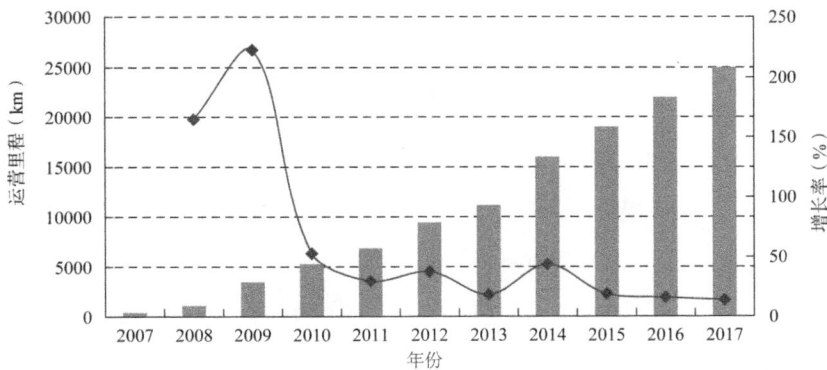

图 8-1　我国高速铁路年份运营里程历年发展情况

---

❶指设计开行时速 250km 以上(含预留),且初期运营时速 200km 以上的客运列车专线铁路。下同。

与修建高速铁路的其他国家相比,我国高速铁路建设的时期存在较大差异(图 8-2)。以人均实际国内生产总值(按不变价格计算)衡量,我国高速铁路建设处于国民经济快速发展但发展水平较低的阶段。相比之下,其他国家修建高速铁路时国民经济虽然也都处于快速发展的阶段,但总体发展水平较高。以城镇化率衡量,我国高速铁路建设正处在城镇化率加速上升的过程中,而其他国家修建高速铁路时的城镇化率通常都比较高且处于增长平缓的阶段。由此可以预见,未来我国高速铁路的客流增长潜力将存在巨大空间。

三、我国高速铁路发展规划

我国高速铁路发展规划,最早是在 2004 年颁布的《中长期铁路网规划》中确定的。该规划提出,为满足快速增长的旅客运输需求,建立省会城市及大中城市间的快速客运通道,规划"四纵四横"铁路快速客运通道以及城际快速客运系统,到 2020 年,建设客运专线 1.2 万 km 以上。2008 年,根据我国综合交通体系建设的需要,国家对《中长期铁路网规划》进行了调整,确定到 2020 年,建设客运专线 1.6 万 km 以上。

"四纵"客运专线:一是北京—上海高速铁路,全长 1318km,贯通环渤海和长三角东部沿海经济发达地区;二是北京—武汉—广州—深圳(香港)高速铁路,全长 2350km,连接华北、华中和华南地区;三是北京—沈阳—哈尔滨(大连)高速铁路,全长 1612km,连接东北和关内地区;四是上海—杭州—宁波—福州—深圳高速铁路,全长 1650km,连接长三角、东南沿海、珠三角地区。

"四横"客运专线:一是青岛—石家庄—太原高速铁路,全长 906km,连接华北和华东地区;二是徐州—郑州—兰州高速铁路,全长 1346km,连接西北和华东地区;三是上海—南京—武汉—重庆—成都高速铁路,全长 1922km,连接西南和华东地区;四是上海—杭州—南昌—长沙—昆明高速铁路,全长 2264km,连接华中、华东和西南地区。

同时,在环渤海、长三角、珠三角、长株潭、成渝以及中原城市群、武汉城市圈、关中城镇群、海峡西岸城镇群等经济发达和人口稠密地区建设城际客运系统,覆盖区域内主要城镇。

截至 2017 年,我国"四纵四横"铁路快速客运通道全面收官,标志着我国高速铁路网建设开始向"八纵八横"目标迈进。2016 年 7 月,国家《中长期铁路网规划》(2016 年修编)发布,在"四纵四横"的基础上打造"八纵八横",规划到 2020 年,高速铁路规模达到 3 万 km,2025 年达到 3.8 万 km。

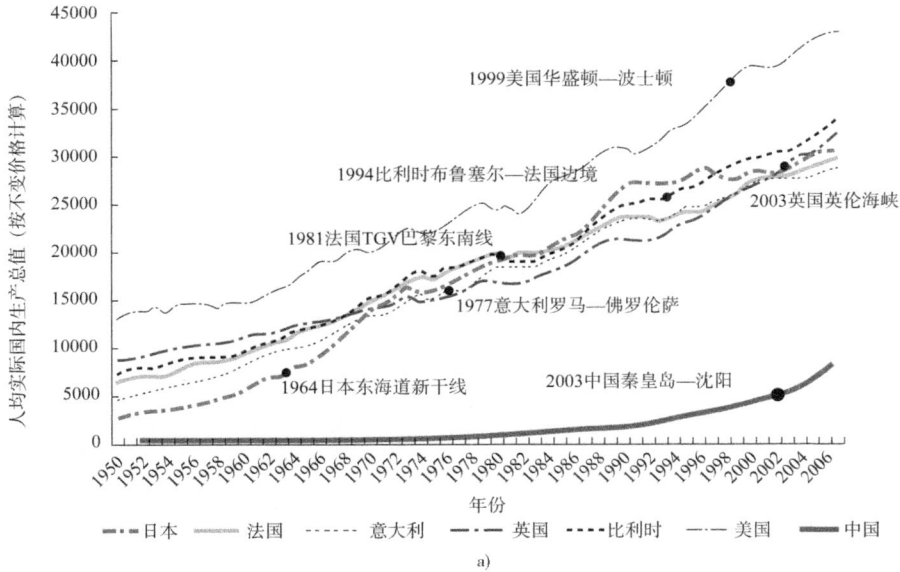

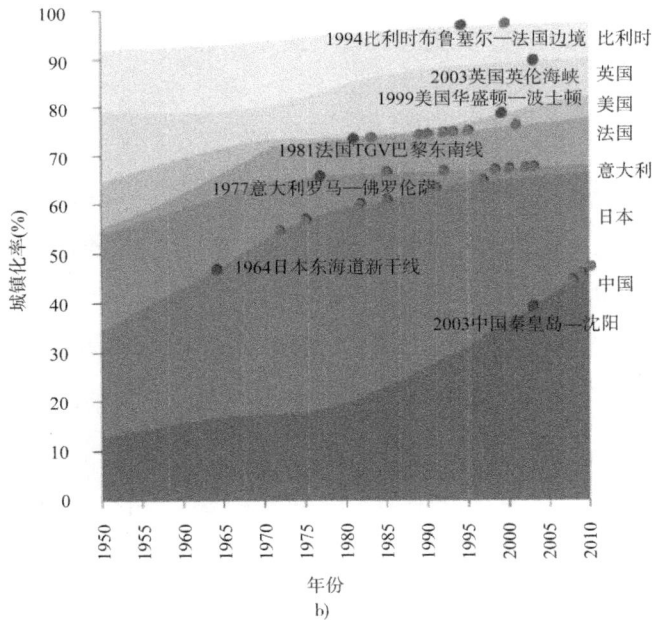

图 8-2　世界主要国家高速铁路建设时间与人均国内生产总值(左)和城镇化率(右)曲线的关系

注:图 8-2a)曲线表示各国 1950 年以来的人均实际国内生产总值变化曲线,点表示各国第一条高速铁路运营的年份;图
　　8-2b)曲线表示各国 1950 年以来的城镇化率曲线,深色点表示各国第一条高速铁路运营的年份,浅色点表示各国高
　　速铁路后续线路运营的年份。

资料来源:王缉宪,林辰辉.高速铁路对城市空间演变的影响:基于中国特征的分析思路.国际城市规划,2011,
26(1).

（1）"八纵"通道。

沿海通道。大连（丹东）—秦皇岛—天津—东营—潍坊—青岛（烟台）—连云港—盐城—南通—上海—宁波—福州—厦门—深圳—湛江—北海（防城港）高速铁路，连接东部沿海地区，贯通京津冀、辽中南、山东半岛、东陇海、长三角、海峡西岸、珠三角、北部湾等城市群。

京沪通道。北京—天津—济南—南京—上海（杭州）高速铁路，包括南京—杭州、蚌埠—合肥—杭州高速铁路，同时通过北京—天津—东营—潍坊—临沂—淮安—扬州—南通—上海高速铁路，连接华北、华东地区，贯通京津冀、长三角等城市群。

京港（台）通道。北京—衡水—菏泽—商丘—阜阳—合肥（黄冈）—九江—南昌—赣州—深圳—香港（九龙）高速铁路；另一支线为合肥—福州—台北高速铁路，包括南昌—福州（莆田）铁路。连接华北、华中、华东、华南地区，贯通京津冀、长江中游、海峡西岸、珠三角等城市群。

京哈—京港澳通道。哈尔滨—长春—沈阳—北京—石家庄—郑州—武汉—长沙—广州—深圳—香港高速铁路，包括广州—珠海—澳门高速铁路。连接东北、华北、华中、华南、港澳地区，贯通哈长、辽中南、京津冀、中原、长江中游、珠三角等城市群。

呼南通道。呼和浩特—大同—太原—郑州—襄阳—常德—益阳—邵阳—永州—桂林—南宁高速铁路。连接华北、中原、华中、华南地区，贯通呼包鄂榆、山西中部、中原、长江中游、北部湾等城市群。

京昆通道。北京—石家庄—太原—西安—成都（重庆）—昆明高速铁路，包括北京—张家口—大同—太原高速铁路。连接华北、西北、西南地区，贯通京津冀、太原、关中平原、成渝、滇中等城市群。

包（银）海通道。包头—延安—西安—重庆—贵阳—南宁—湛江—海口（三亚）高速铁路，包括银川—西安以及海南环岛高速铁路。连接西北、西南、华南地区，贯通呼包鄂、宁夏沿黄、关中平原、成渝、黔中、北部湾等城市群。

兰（西）广通道。兰州（西宁）—成都（重庆）—贵阳—广州高速铁路。连接西北、西南、华南地区，贯通兰西、成渝、黔中、珠三角等城市群。

（2）"八横"通道。

绥满通道。绥芬河—牡丹江—哈尔滨—齐齐哈尔—海拉尔—满洲里高速铁路。连接黑龙江及蒙东地区。

京兰通道。北京—呼和浩特—银川—兰州高速铁路。连接华北、西北地区,贯通京津冀、呼包鄂、宁夏沿黄、兰西等城市群。

青银通道。青岛—济南—石家庄—太原—银川高速铁路。连接华东、华北、西北地区,贯通山东半岛、京津冀、太原、宁夏沿黄等城市群。

陆桥通道。连云港—徐州—郑州—西安—兰州—西宁—乌鲁木齐高速铁路。连接华东、华中、西北地区,贯通东陇海、中原、关中平原、兰西、天山北坡等城市群。

沿江通道。上海—南京—合肥—武汉—重庆—成都高速铁路,包括南京—安庆—九江—武汉—宜昌—重庆、万州—达州—遂宁—成都高速铁路,连接华东、华中、西南地区,贯通长三角、长江中游、成渝等城市群。

沪昆通道。上海—杭州—南昌—长沙—贵阳—昆明高速铁路。连接华东、华中、西南地区,贯通长三角、长江中游、黔中、滇中等城市群。

厦渝通道。厦门—龙岩—赣州—长沙—常德—张家界—黔江—重庆高速铁路。连接海峡西岸、中南、西南地区,贯通海峡西岸、长江中游、成渝等城市群。

广昆通道。广州—南宁—昆明高速铁路。连接华南、西南地区,贯通珠三角、北部湾、滇中等城市群。

按照《中长期铁路网规划》(2016 年修编),我国将形成连接主要城市群,以特大城市为中心覆盖全国、以省会城市为支点覆盖周边的高速铁路网,基本连接省会城市和其他 50 万人口以上大中城市,实现相邻大中城市间 1～4h 交通圈,城市群内 0.5～2h 交通圈。

第二节　高速铁路通道竞争效应

一、竞争效应分析方法

综合运输通道内部系统发展尤其是各种交通方式的竞争博弈是其产生空间效应的重要原因。一般而言,高速铁路建成后,通道内的竞争博弈主要表现为高速铁路与民航之间的竞争。

运用 Logit 模型研究通道内高速铁路和航空在不同运输距离上的市场分担情况。高速铁路和航空运输市场的 Logit 分担模型设定如下:

$$P_i = \frac{e^{U_i}}{\sum_{i=1}^{n} e^{U_i}} \tag{8-1}$$

式中，P_i表示第 i 种交通方式的选择概率；n 表示可供选择的运输方式；U_i表示采用第 i 种交通方式的出行者的综合效用函数。根据郭春江(2010)等对客流的分析，出行者效用可用经济性、快速性、舒适性、便捷性和安全性等指标的效益来衡量，其中，各交通方式的安全性因素为一恒定量，在计算中假定各交通方式的安全性均为100%。其他各指标的效益可按以下方法分别进行量化。

（1）经济效益。

出行者的经济效益主要通过出行票价予以反映。设第 i 种交通方式的单位票价为 I_i，则出行者在运输距离 d 的经济效益 u_{ie} 可表示为：

$$u_{ie} = I_i \times d \tag{8-2}$$

民航的出行票价按照国务院批准的《民航国内运价改革方案》确定的国内机票价格基准价为每人每公里 0.75 元；高铁的出行票价参照京津、武广、郑西、沪宁等几条较早通车运营且相同设计时速的高铁票价定价标准计算，二等座为 0.46 ~ 0.48 元/km，一等座约为二等座的 1.6 倍。

（2）速度效益。

在运距 d 确定的前提下，第 i 种交通方式的速度指标 v_i 的效益 u_{iv} 可表示为：

$$u_{iv} = \frac{d}{v_i} \times \overline{T} \tag{8-3}$$

式中，$\overline{T}$ 为时间成本，单位时间成本即人均时间价值，是指每个人平均每小时能创造的时间价值，可根据统计年鉴的年度人均国内生产总值与年度人均工作时间的比值计算求得。

（3）舒适性效益。

引用旅行疲劳恢复时间来反映乘车的舒适度。根据已有研究成果中对旅行疲劳恢复时间的计算公式，定义第 i 种交通方式舒适性指标的效益 u_{ic} 为：

$$u_{ic} = J / \left[1 + a \times e^{(-b \times t_i)} \right] \times \overline{T} \tag{8-4}$$

式中，J 表示极限疲劳恢复时间；a 为常量；b 为单位旅行时间的疲劳恢复时间系数；t_i 为旅行时间。各参数的取值分别为：$J = 16$、$a = 69$、$b = 0.25$，由此可以求出不同旅行时间 t_i 下的旅行疲劳恢复时间。

（4）便捷性效益。

交通方式的便捷性可用各交通方式的在途非运行时间 T'_i 表示。在途非运行时间定义为从出发地至目的地出行全程中,除去交通方式运行时间以外所消耗的其他所有时间。第 i 种交通方式的便捷性效益 u_{if} 可表示为:

$$u_{if} = T'_i \times \overline{T} \tag{8-5}$$

式中,高速铁路的在途非运行时间 T'_i 主要包括从出发地到车站的时间、候车时间、检票时间,以及出站后到达目的地的时间等;航空的在途非运行时间 T'_i 主要包括从出发地到机场的时间、候机时间、检票时间,以及出机场后到达目的地的时间等。研究表明,高速铁路和航空的 T'_i 值之差在 1 ~ 2h 左右。

(5)综合效用函数。

通过上文的分析可以看出,出行者的效益是票价、速度、舒适和便捷性的函数,综合考虑出行者对不同指标的偏好,则第 i 种交通方式出行者的效益函数 U_i 可表示为:

$$U_i = \alpha\, u_{ie}^{-1} + \beta u_{iv}^{-1} + \gamma\, u_{ic}^{-1} + \delta u_{if}^{-1} \tag{8-6}$$

式中,α、β、γ、δ 分别为出行者对各指标的偏好程度。既有文献的研究表明,随着运输距离的增大,旅客对经济的偏好程度逐渐降低,而对时间和舒适性的偏好程度会越来越强。

二、高速铁路与民航竞争的界面距离

以京沪运输通道途经区域作为研究的案例区域,以通道内高速铁路和民航两种运输方式的竞争作为研究对象,分析运输通道内部交通方式的竞争博弈产生的空间效应。2011 年通车运行的京沪高速铁路正线全长约 1318km,位于我国华北和华东地区,两端连接京津冀和长江三角洲两大经济区域,全线纵贯北京、天津、上海三个直辖市和河北、山东、安徽、江苏四省,沿线设有北京、天津、济南、南京、上海等 21 座车站。所经区域面积占国土面积的 6.5%,地区生产总值占全国的 37.33%,人口占全国人口的 27.97%,其中人口 100 万以上的城市 13 个,是我国经济发展最活跃和最具潜力的地区,也是我国客货运输最繁忙、增长潜力巨大的综合运输通道(图 8-3)。

根据前文对 Logit 分担模型各指标的解释,设定各指标的参数取值(表 8-1)。其中,高速铁路单位票价的设定依据当前已开通高速铁路线路的定价标准,而航空单位票价的设定则依据《民航国内运价改革方案》确定的国内机票价格基准价。此外,高速铁路和航空的运行速度均按已运行线路和航班的平均速度取值,高速铁路和航空的在途非运行时间分别为 1.5h 和 2.5h,且假定各交通方式的安全性均为 100%。

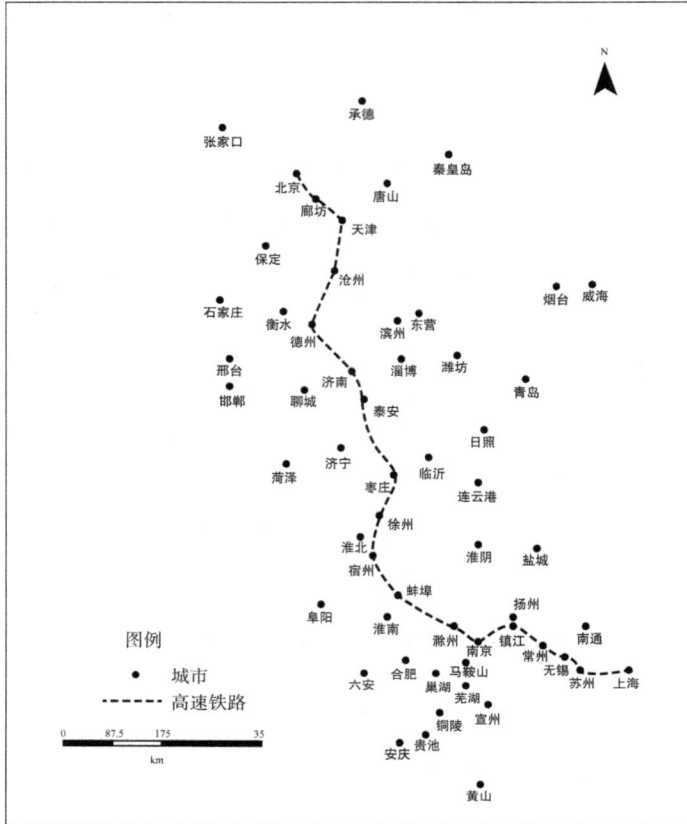

图 8-3　京沪高速铁路及沿线区域框架图

高速铁路和航空主要参数对照表　　　　　　　　表 8-1

项　　目	高　速　铁　路	航　　空
单位票价	一等座:0.75 元/(人·km) 二等座:0.47 元/(人·km)	0.75 元/(人·km)
运行速度	300km/h	750km/h
安全性	100%	100%
在途非运行时间 T'_i	1.5h	2.5h

　　基于上述参数设定,依据高速铁路和航空运输市场的分担模型,可以计算在不同的运输距离高速铁路和航空的运输市场占有率情况。计算表明,随着距离的增加,航空运输的市场占有率越来越大(图 8-4)。在 500km 以内,理论上高速铁路占有绝对的优势,这一距离范围内旅客选择高速铁路出行的概率接近 100%;而在 900km 以上,理论上民航则占有绝对的优势,这一距离范围旅客选择航空出行的概率接近 100%。500～900km

是高速铁路和航空竞争博弈的显著距离,当运输距离为 692km 时,高速铁路和航空具有相同的市场占有率。即当城市间距离小于 692km 时,选择高速铁路出行的概率要高于航空;而如果城市间距离大于 692km,选择飞机出行的概率则要高于高速铁路。

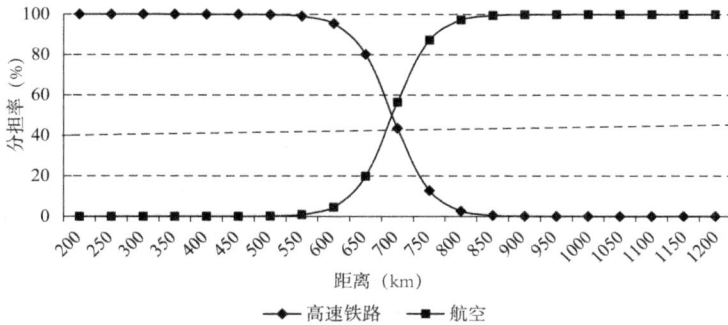

图 8-4　高速铁路和航空不同运输距离的计算分担率

然而,上述计算结果仅能反映高速铁路与民航的市场分界距离,在 500～900km 之内具有较高的可信度,而在 500km 以内以及 900km 以外的市场分担情况计算结果过于绝对。实际而言,500km 以内高速铁路的优势是绝对的,而 900km 之外,高速铁路仍能占据部分市场。

计算分析结果表明,692km 是高速铁路和航空运输市场的分界点。国内外学者都对这一数据进行过相关研究,由于研究对象和方法的不同,学者们得出的具体临界点数据也有所差别,但其结论却大致相当,即在研究区域的中等距离上高速铁路和航空具有较强的竞争性,而短途和长途距离分别是高速铁路和航空的优势区域,见表 8-2。

高速铁路和航空运输市场分界点的主要研究结论　　　　　　　　表 8-2

作　者		研 究 对 象	方　法	分 界 点
中国	彭峥(2009)	全国	Logit 分担模型	880～900km
	赵坚(2010)	全国	节省时间价值法	720km
	张莉(2010)	全国 1039 条航班	Robust 系数法	600～1000km
	郭春江(2010)	郑西、武广高铁	运输市场博弈模型	500～1000km
	王峰林(2010)	全国	时间经济价值理论	574 公里
日本	国土交通省(2004)	东京—名古屋—大阪—冈山—广岛—福冈通道	分担率曲线法 + 实证	800～900km
欧洲	Jim Steer(2008)	欧洲 18 对城市	分担率曲线法 + 实证	600km 左右

三、高速铁路与民航的竞争分析

京沪高速铁路沿线设有民用机场的城市主要有北京、天津、济南、济宁、徐州、南京、常州、无锡、上海等,这些城市之间在京沪高速铁路开通前的 2009 年共开通航线 16 条。根据京沪高速铁路在这些城市对之间的路线距离,运用高速铁路和航空的分担模型可以计算求得任意城市对之间高速铁路和航空的分担率,由此确定京沪高速铁路的开通对沿线城市各机场航空市场的影响程度。计算以京沪高速铁路线上的航空客流为研究对象,分析各机场飞往京沪高速铁路其他沿线城市的航空客流受高速铁路的影响情况,以各机场损失的航空客流占总航空客流的比重来衡量,结果见图 8-5。

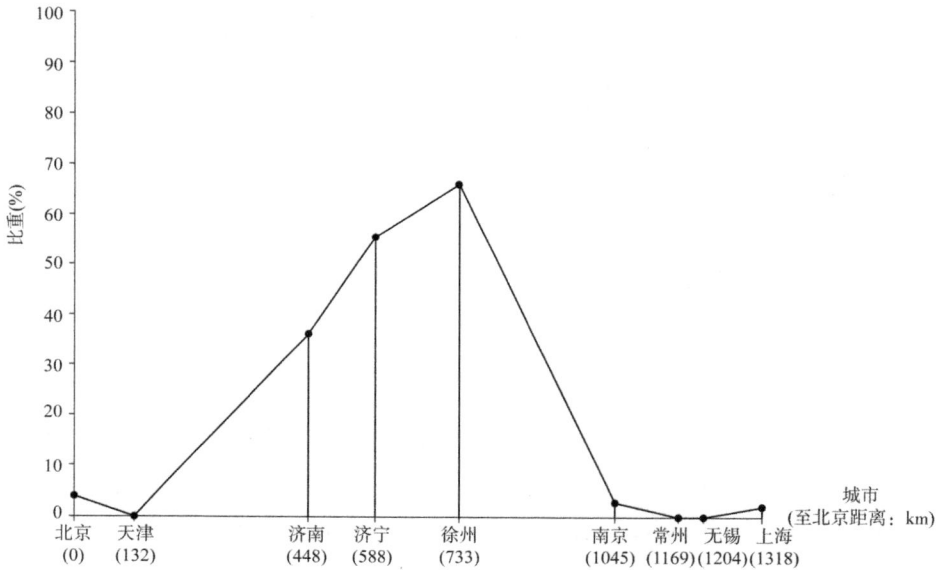

图 8-5　各机场受京沪高速铁路的影响程度

通过计算,可以得出京沪高速铁路的开通将导致沿线机场流失 4.65% 的客流。其中,徐州、济宁和济南机场受影响程度较大,其在京沪高速铁路沿线城市的航空客流分别锐减了 67.22% 、56.37% 和 36.23% ,这三座机场在京沪高速铁路沿线城市开通的航空线路较少,济南机场只有飞往南京和上海的两条航线,济宁和徐州机场则只有飞往北京和上海的航线,从这些航线的距离来看,均在 500～900km,而这一距离区间正是高速铁路和民航竞争的显著距离。受京沪高速铁路影响次之的机场是北京、上海和南京机场,这些机场飞往京沪高速铁路沿线城市的航空客运吞吐量较大,在 2009 年分别达到了793.9 万人、744.2 万人和 162.8 万人,而受影响的航线主要为飞往中小城市的航线,航线本身的客流量比较少,故总体受影响程度不甚明显。天津、常州和无锡机场受影响程度最低,主要是因为这三座机场目前在京沪高速铁路沿线城市已开通航线的距离均超过了900km,属于航空运输的优势距离范围,故高铁对这些城市航空的影响并不明显。

从各城市位于京沪高速铁路线上的地理位置来看,处于中间地带的城市航空客流受高速铁路影响程度最大,而两端城市航空客流受高速铁路影响的程度则较小,在空间上呈现出一种倒V形趋势。造成这种布局的原因一方面是由于位于中间位置的城市规模较小,另一方面是由于中间城市机场在高速铁路沿线城市的航线距离更趋近于高速铁路和航空的竞争距离。

依据京沪高速铁路与航空竞争关系的分析,可以归纳出高速铁路与航空竞争关系的一般规律,在同等条件下:①高速铁路对小城市机场的影响要大于对大城市机场的影响;②高速铁路对中间地带城市机场的影响要大于对两端城市机场的影响。若将高速铁路沿线上的各机场按照规模划分为大和小两种,并按照位置划分为中间和两端两种,将各机场按所在位置关系和机场规模抽象成"三串珠状",则任意三个机场在空间上共存有8种位置关系。假设城市之间均已开通航班,则各城市机场因规模和在高速铁路线上的位置不同,其受高速铁路的影响程度也各异,具体对应关系如图8-6所示。

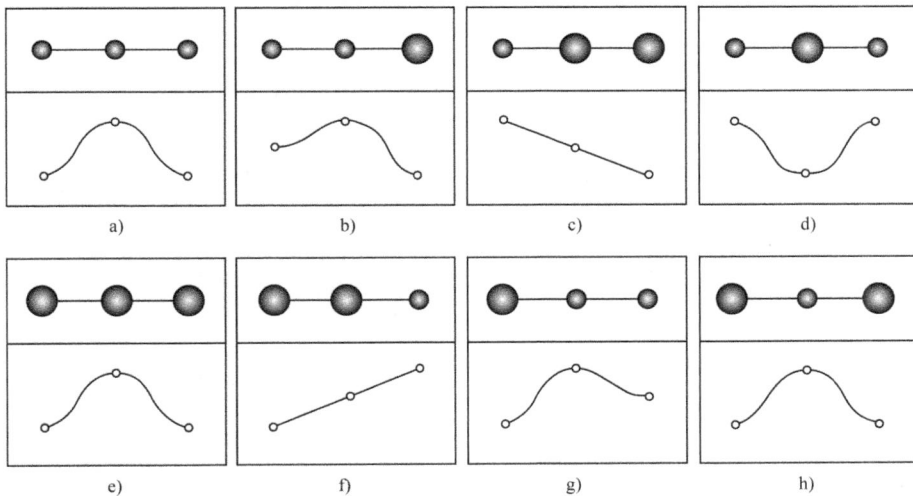

图8-6　机场位置和规模与受高速铁路影响程度对应关系模式图

高速铁路线上的任意三个城市机场均可按照规模和位置关系识别所受高速铁路影响的大小。因此,依据高速铁路与航空竞争关系的一般规律,可以较为直观地对沿线各机场受高速铁路影响程度的大小进行排序,进而识别出受高速铁路影响最为严重的机场。

第三节　高速铁路通道空间效应

一、高速铁路对区域发展的影响

(一)改变区域发展优势

高速铁路介入之前,航空作为一种快速交通工具,其在空间上的布局深刻影响着地区发展的区位优势,机场布局地区交通优势更加明显,其发展潜力也更大。航空运输的特性决定了航空对区域的发展呈点状影响,机场布局的地区也往往是区域经济发展的优势地区。高速铁路的介入对区域发展优势产生了重要影响。从图8-7可以看出,京沪高速铁路的开通增加了区域发展的优势,尤其是高速铁路沿线设站城市的发展优势。原本不具交通优势的地区因高速铁路的开通,更易承接京津冀和长三角等发达区域经济的溢出和扩散,使得具有发展优势的地区呈不断扩展趋势,这种扩展在空间上表现为条带状形态。京沪高速铁路的开通无疑会在京津冀和长三角两大经济体之间形成一条"黄金走廊"。

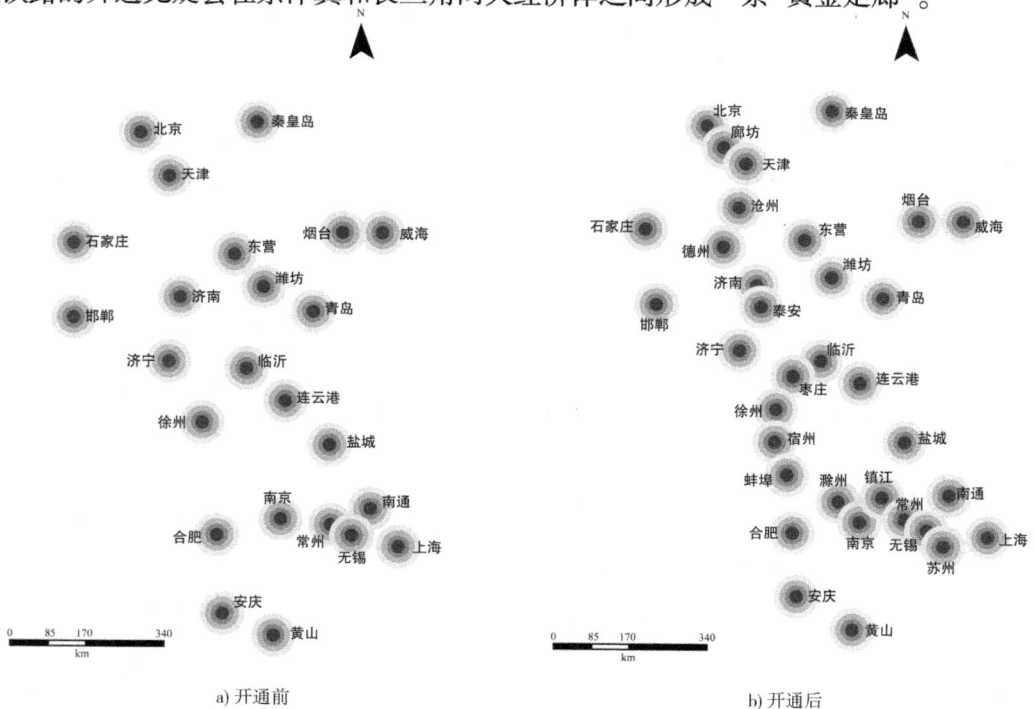

a) 开通前　　　　b) 开通后

图8-7　京沪高速铁路开通前与开通后区域发展优势对比

高速铁路的开通除增加站点及沿线所在区域的发展优势之外,还会产生因高速铁路与民航的竞争而导致的潜在发展优势区域。产业集群理论认为,集群内具有竞争关系的集群成员间达到均衡的条件是必须保持一定的差异性,不能完全同质。高速铁路与民航的竞争博弈使得二者形成不同的服务群体和区域。通过前文的分析可知,因京沪高速铁路的开通,会导致民航缩小在沿线城市尤其是线路中间城市的航空市场,一部分原先属于航空的优势地区逐渐为高速铁路所取代,民航进而转向距离高速铁路线路较远的其他地区,这种转变扩大了高速铁路交通的覆盖范围,增加了区域发展的优势地区。

由此可见,高速铁路的介入一方面给沿线地带的产业发展及产业结构提升带来巨大的促进作用,另一方面与民航形成竞争,使区域原有的产业发展特征改变或形成新的产业带或增长极,造成区域发展优势的重构。最终的结果必然是提高区域的空间可达性,导致不同区域的核心城市连接更加紧密,进而促进经济交流、产业扩散以及人员和技术的交流。

(二)区域经济发展更趋均衡

机场对区域经济发展的影响主要表现为一种尖端优势,即只对航线起讫点城市的发展产生积极影响,而对其他城市的影响作用甚微。因此,机场对区域社会经济发展的影响前期主要以集聚为主,其后果必然会加剧地区间的发展差异。与航空不同,高速铁路的影响要广泛得多,所有沿线设站城市均会因高速铁路的开通而受益,尤其是将为中小城市带来更多的发展机会。尽管如此,对欧洲和日本高速铁路的相关研究表明,高速铁路对经济活动和人口在空间上的作用不是扩散而是集聚。然而,在高速铁路和航空同时存在的地区,高速铁路和民航的竞争对区域经济发展的影响在微观区域以集聚为主,而在宏观区域则以扩散为主。受区位优势的影响,在高速铁路设站或布有机场的城市较之其他城市更具有发展优势,加速了周围地区人流、物流、资金流向这些地区的集聚,有助于培育新的增长极。而从宏观区域来看,受高速铁路和民航竞争的影响,两种交通方式逐渐形成各自的优势区域,并向边远地区渗透,在空间上表现为扩散效应。高速铁路和民航因竞争而不断扩大自己的市场范围,地区之间的发展差异逐渐缩小并渐趋均衡。

以京沪高速铁路为例,京沪高速铁路途经 7 个省、直辖市,其中 2009 年拥有机场的城市达 22 个,这 22 个城市占 7 个省、直辖市总土地面积的 11.61%,却覆盖了地区生产总值的 71.50%，以及总人口的 48.19%。这说明，一方面航空机场多布设在人口多、经济发展条件较好的地区；另一方面，航空机场的布设又为地区创造了发展优势，其人口和经济会进一步提高，集聚效应也会更加明显。京沪高速铁路介入以后，机场和高速铁路所覆盖的面积将提高到总区域面积的 16.54% 以上，服务的人口将提高到全区域的 62.62% 以上，生产总值提高到全地区生产总值的 81.09% 以上。随着高速铁路的开通，沿线现有机场尤其是位于中段位置的小城市机场，其市场将会受到严重影响，竞争的法则要求航空必然会向高速铁路的服务盲区延伸，进而扩大覆盖面，有利于边缘地区改善交通条件，推动经济发展，促进区域在空间上呈现出均衡发展的态势。

二、高速铁路对城市空间结构的影响

高速铁路对城市和区域发展将产生一系列影响。一方面，随着城市化进程的快速推进，高速铁路网的建设将迅速缩短沿线城市的时间距离，增强要素流动，沿线地区资源进一步整合，从而重构城市之间的空间结构关系。另一方面，高速铁路建设将缩短城市群内部的时间距离，"同城效应"逐渐显现，城市之间的竞争更趋激烈。

（1）中心城市可达性进一步提高，加剧了生产要素的集聚。

由于高速铁路运行速度快，沿线设置站点不会太多，因此一些小城市不能设置站点，而必须通过其附属的中心城市增强其对外的可达性。与此同时，一些中心城市往往成为高速铁路的集聚点，如北京、上海、广州、武汉和成都等。这些中心城市本身区位条件优越，社会经济较为发达，而多条高速铁路的汇聚，进一步强化了这些中心城市的区位条件，并加大与其他中小城镇可达性的差距，产生"核心—边缘"效应。从区域上看，长三角、珠三角和京津冀等城市群地区是高速铁路建设的集中区域，这些地区交通区位条件的改善，势必会进一步促进生产要素和生活要素的集聚以及人口的集中。因此，从高速铁路的建设考虑，未来我国中心城市的可达性将进一步提高，从而加剧了人口和经济要素向中心城市集聚。

（2）城际高速铁路建设导致"同城效应"的进一步加剧。

未来我国一些都市连绵区或城市带将出现城际高速铁路密集建设区。从高速铁路可达性服务范围分析可以发现，京津冀、长三角、珠三角和成渝等地区通过城际铁路的建设，高速铁路站点地面交通半小时可达范围已经开始衔接，而 1h 可达范围已经绵延成片。在主要城市群地区，城际高速铁路主要围绕核心城市，连接其邻近的、属于同一都市经济区范围内的其他大中城市。城际高速铁路对城市群地区的影响主要通过两方面来实现。一是提高旅客列车速度。如北京—天津城际高速铁路开通前,北京—天津按动车组最短旅行时间为1.2h,高速铁路开通之后,北京至天津的旅行时间缩短至30min。二是提高旅客列车发车频率。京津城际铁路开通后,北京和天津之间每天运行往返83对高速铁路列车。速度的提高和发车频率的提高导致工作在北京、居住在天津成为一种新的城市生活模式,"同城效应"进一步显现。同样,珠三角和长三角地区随着城际高速铁路的开通,缩短了城市群内部之间的时间成本,必然使各种生产要素加快在这些地区的集中、交流,最终围绕以大都市为核心、若干个大中小城市组成的大都市区逐渐形成一个完整的经济体。

(3)城市竞争转向城市群竞争,形成一种多元化的区域空间格局。

高速铁路建设对城市的影响还体现在另一方面:即扩大城市群的范围,并主要沿着高速铁路延伸。城市群一般指以一个或两个特大城市为中心,依托一定的自然环境和交通条件,城市之间内部联系紧密,并构成一个相对完整的城市"集合体"。高速铁路的开通,可以降低核心城市与邻近城市之间的旅行时间成本,加强城市间的联系,并扩大核心城市的辐射范围,让更多的城市进入该经济集合体。如随着高速铁路的开通,徐州—上海的时间距离将从6h缩短为2.5h;合肥、蚌埠至上海的时间距离将从4.5h缩短到2h,而2h和2.5h分别是杭州和南京在公路时代至上海的时间距离。因此,高速铁路建设将使上海的辐射范围进一步扩大,并囊括更多的中小城市,随着经济联系的加强,有可能形成一个更大型的城市群。同时,随着城市群的不断扩大以及城市群内部经济联系的增强,我国城市的发展将由过去单个城市之间的竞争转向以城市群为主体的群体竞争,形成一种多元化的区域空间格局。其中,城市群之间的竞争首先以主要城市为核心,如长三角地区以上海为核心,京津冀地区以北京为核心,融合周边中小城市形成完整的大都市地区。而离高速铁路较远的中小城市,则需要融入其联系最为紧密、拥有高铁区位的大城市中,并利用公路交通形成良好的衔接,以避免边缘化。

第九章

高速铁路对沿线产业发展的影响

★ 交通运输是促进区域经济发展的重要因素之一,可以显著带动区域产业集聚发展,促进区域产业空间结构优化调整。交通运输速度的提升可以加速区域产业发展及其空间结构的演进,高速铁路作为时下已商业运营的陆路运输速度最快的交通方式,其对沿线产业发展的影响尤为明显。既表现为对沿线产业带和城市现代服务业培育的直接影响,又表现为对沿线产业转移和城市产业转型升级带动的间接影响,具体表现为对旅游业、地产业、零售业等典型产业的培育带动和对以高速铁路车站为核心的"三圈层"式及以高速铁路线路为轴线的"轴带"式产业空间布局形态的塑造。

第一节　交通对区域产业的主要影响及作用机制

一、交通运输与区域经济关系解析

交通运输部门是国民经济中一个重要的物质生产部门,区域经济各部门的形成是由社会劳动分工引起的,交通运输部门是在第三次大分工中从工农业部门中分离出来的。交通运输把国民经济各部门、各区域,以及社会生产、分配、交换与消费各个环节有机地联系起来,是保证经济社会活动得以正常进行和发展的基础条件。交通运输系统是区域经济系统中重要的组成部分之一,是各项产业发展的基础条件,是区域投资环境的主要构成主体。

交通运输业在区域经济中是作为一个独立的生产部门存在的,但与区域经济发展有着密切联系,二者是协调发展的关系。在区域社会经济发展过程中,交通作为主要影响因素之一,通过可达性优势对区域社会经济产生重要影响,主要表现在对社会经济空

172

间结构塑造、生产要素集散、生产力布局等方面的影响,而且随着交通速度的提升,能够进一步加速对这些方面影响的演进(图9-1)。

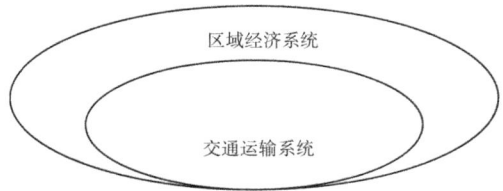

图9-1　区域经济与交通运输系统的关系

根据系统论的观点,区域经济系统和交通运输系统是相互影响的。一般认为,交通运输的发展能强化其对区域经济发展的支持作用,推进区域经济的发展;而区域经济的发展又增加了对交通的需求。二者之间是一种良性互动的关系。作为区域经济社会发展的基础性产业,交通运输是经济发展的必要条件,也是经济持续发展的根本保证;经济发展水平又决定着交通运输设施的数量和质量。因此,交通运输与区域经济的发展应该是协调发展的关系,两个系统之间相互依存、相互促进、相互适应、协同发展(图9-2)。

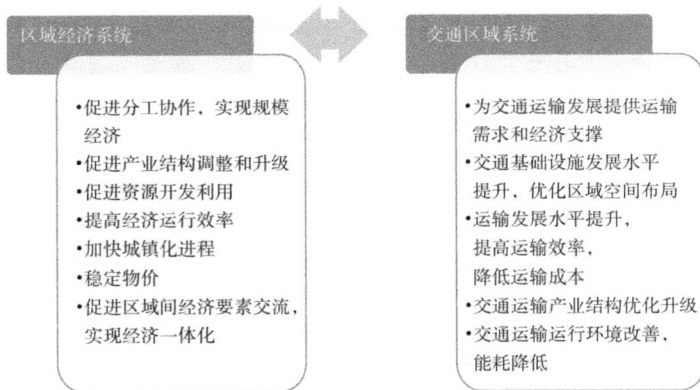

图9-2　区域经济与交通运输系统的关系

从交通与产业发展的关系来看,良好的交通运输系统有助于改善企业生产条件,降低企业成本,放大地区经济吸引力,增加地区经济发展潜能,改善企业与周边地区关系,加速地区间的交流,提高区域内产业发展的活力。梯度转移理论很好地解释了交通对于区域产业发展的影响。所谓梯度是指区域之间经济总体水平的差异,区域经济的发展按照梯度由高向低发展,产业结构的布局也会呈现出按照梯度变化的趋势。梯度转移理论是建立在产品生命周期理论基础之上的,它的基本原理就是经济发展水平较高地区将低技术含量、低附加值的产业向经济水平较低地区转移,这样一级一级地向下转移,创新活动首先从高梯度地区发源,随着时间推移,按顺序由高梯度向低梯度发展。交通运输系统在梯度转移过程中起了很大作用,加速了各个地区产业的转移和结构的优化。

二、交通对区域产业发展的主要影响

交通是区域产业发展过程中至关重要的影响因素,不断完善的交通不但增强了区域之间的连通性和可达性,而且引发了空间区位优势的变化。交通对区域产业发展的影响主要表现在两个方面:一是带动产业集聚发展,表现为产业带的形成与发展;二是调整产业空间结构,表现为产业布局的空间优化。

(一)带动产业集聚发展

由于地域差异,人类主要经济活动总是首先在交通便利的区位产生并发展。以速度快、负荷大、辐射广、效益高等运输特性为特征的交通干线提高了沿线地区的空间可达性,改善了区域投资环境,为沿线地区经济发展和生产要素向沿线集聚创造了条件。沃纳·巴特松在其提出的生长轴理论中,直接把交通运输与区域经济发展结合起来,强调了交通干线建设对区域经济发展的引导和促进作用。交通运输干线不仅对沿线地区社会经济发展产生巨大的影响,而且成为沿线地区产业布局,尤其是工业布局的重要轴线。

交通使沿线增长极之间建立联系,方便人员、要素流动,降低运输费用,形成新的有利区位和优良投资环境,产业受到新的交通干线的吸引,向交通轴线集聚,促成产业带的形成和发展。有研究表明,交通运输干线促进了与交通运输相关的产业的形成和发展,沿交通运输干线往往更易形成各类产业带,包括以经济开发区为代表的外向型经济产业带、以大型集贸市场为代表的商品流通产业带、以乡镇企业为代表的县乡产业带及旅游资源开发产业带、以科技园区为代表的高新技术产业带等。美国纽约—波士顿交通经济带的形成充分说明了运输干线发展到一定阶段便形成交通经济带。纽约—波士顿通道以发达的高速公路网为主体,依托综合运网将沿线发达的城市连接起来,从北部波士顿中心工业带,向南经纽约、费城、巴尔的摩,直到华盛顿,连绵不绝,长达600km,是美国最发达的沿交通轴线分布的经济带。其中,波士顿128号公路是环绕市外的一条宽阔的高速公路,沿线林立着电子、宇航、国际生物工程等大大小小的公司和工厂,现已成为一个高技术产业带。

(二)调整产业空间结构

交通是区域产业整合的前提,是合理配置资源、提高经济运行质量和效率的重要基础。交通主导了区域产业的发展方向,作为影响区域产业结构的诸多因素之一,对区域产业空间结构起着制约、引导作用。

一方面,交通条件的改善能够直接重塑区域产业空间结构。主要表现为交通能够明显改变区域发展条件,对区域内的生产要素进行重新分布,产生新的空间集聚和区域热点,重塑区域产业的空间结构。由于交通条件的不同,不同地区对不同产业吸引力不同。例如,为追求低成本优势,运费占较大比重的重型原材料工业大都集中在港口或铁路交通枢纽附近,而航空所具有的优势能满足产品特征为"轻、薄、短、小"的新兴工业的需要,从而形成了临空型的新型工业区。因此,由于交通运输条件的不同,不同地区对不同产业吸引力不同。随着运输条件的提高,区域产业结构的层次也随着提高,一般来说,交通运输条件优越的区域,其产业结构的层次比较高。

另一方面,交通的不断发展还能间接优化区域产业发展的空间格局。在集聚引力的作用下,交通干线周围的生产要素不断向交通干线周边的优势区位移动,促进了沿交通干线区域的产业发展,逐步形成产业发达的经济走廊。当集聚发展到一定阶段以后,产业又会沿交通干线向外扩散,对区域经济产生辐射作用。交通干线产业的扩散性将促进干线周边区域产业在空间上均衡分布,有利于逐步缩小区域产业发展差异,促进区域产业协调发展,进而优化区域产业发展的空间格局。

三、影响背后的作用机制

交通作为区域产业发展演进的基础动力,在两方面发挥了主导作用:一是交通是产业发展的基础设施性支撑,决定着区域产业发展的特征和潜力;二是交通所营造的空间优势和势能转化为生产要素配置的动力,推动着产业空间结构的演进。分析其背后的作用机制,其主要是通过费用—空间收敛效应、时间—空间收敛效应、成本收敛—流量扩张效应和匹配—空间协同效应营造出不同的空间区位优势和势能,导致生产要素的集聚与扩散,进而促进产业带的形成和发展以及产业空间结构的优化调整。

(1)费用—空间收敛效应

交通运输条件改善后,必然会降低企业的运输成本,进而使得产品的生产成本降低,而生产成本的降低能够提高产品的市场竞争力,吸引产业向交通区位优越的地点或交通沿线聚集,即费用—空间收敛效应。可见,交通的费用—空间收敛效应带来了区域产业的集聚发展。

（2）时间—空间收敛效应

交通运输条件的改善除降低企业的运输成本之外，还能缩短生产要素和产品的运输时间，而时间的减少意味着空间距离的缩短，企业或经济中心在相同时间内通达的地域服务范围得到延伸。因此，企业因交通改变节省了时间而使空间距离缩小，出现空间的"时间收敛"，同样吸引产业向交通区位优越的地点或交通沿线聚集，即为时间—空间收敛效应。

（3）成本收敛—流量扩张效应

交通运输条件的改善可以很大程度上节约运输成本，使得交通沿线区域承担空间交流的能力提高，扩大企业或经济中心的地域服务范围以及产品交流的规模，使交通沿线经济带的发展有了更大的空间，即为成本收敛—流量扩张效应。该效应带来区域产业集聚发展的同时，会导致沿交通干线向外扩散，产生辐射作用。

（4）匹配—空间协同效应

交通运输条件的改善使得区域间的交流日趋频繁，有助于依据优势互补、合理分工的原则，把区域间的资源优势结合起来，推动产业的区际转移与承接，形成布局合理、分工与协作并重的产业结构与布局，建立有效的产业分工与合作体系，推动区域空间协同发展，即为匹配—空间协同效应。该效应能够促进区域产业协调发展，调整区域产业发展的空间格局。

四、速度提升对产业发展的影响

随着区域经济交往的频繁和加快，为了获得更好的发展，区域经济的合作无论是在产业规模上还是在地域范围上，都在逐渐扩张。同时，经济发达区域的辐射和聚集效应也在不断地通过道路交通的辐射进行有效传递，从而改变着区域间的经济布局和产业结构。由于建立在区域经济合作意义上的交往所涉及的信息流和资金流可以借助信息技术的手段快速完成，而区域经济交往中的人流和物流却只能依靠现有交通设施的完善和改进来加快其流动的速度，缩短其交易的时间，从而提高效率，因此，交通速度的提升对区域产业发展和布局具有重要影响。

从交通速度提升对产业发展和布局的影响来看，其实质上是通过"空间压缩技术"所引发的时空变化，改变产业发展路径。前文分析表明，交通主要通过四大效应对区域产业发展带来影响，而交通速度提升所带来运输服务水平的改善则会导致上述效应的作用力、方向等发生变化,进而导致区域产业发展及其空间结构的演化,成为区域产业发展及其空间结构重构的主要动力。一是将促进区域产业发展格局的调整,成为产业带的主要支撑,引导生产要素在宏观区域上再配置。二是将使区域间的联系更加顺畅与便捷,成为促进市场扩展与资源共享的主要动力。三是区域产业发展和空间结构的调整将由于交通速度的提升而进一步提速,形成区域分工协作—协同系统。

因此,交通高速化能进一步加速区域产业发展及其空间结构的演进。从各种交通运输工具的发明创造史来看,运行速度的提升始终是交通运输技术发展进步的一条重要线索,且往往是一种革命性的标志,揭示了经济发展与交通运输所引发的时空变化之间的重要联系,反映出经济发展对交通运输的需求方向。伴随着生产力和生产效率的不断提升,人类经济活动的节奏也不断加快,单位时间所创造的经济价值在不断升高,这意味着人类的机会成本在普遍提升,反映在运输领域,表现为人们希望提高空间位移的时间价值,实现运输产品的高时效性。由此,交通速度变革加快推进,高速铁路也应运而生。从某种意义上说,高速铁路是经济发展对高时效运输产品需求的必然结果。高速铁路将使既有线铁路运力得以释放,缓解长期以来运能与运量的紧张矛盾,直接或间接加快人流、物流等生产要素的快速流通,降低社会物流成本,优化资源配置,对沿线产业发展带来重大影响。

根据国内外相关研究和高速铁路运营的实际情况,高速铁路建成运营后,会对沿线地区的产业发展带来较大影响,不但推动原有产业的升级和扩充,而且还会对发展新的产业起到巨大推动作用。如日本 1975 年新干线从大阪延伸到九州后,冈山、广岛、大分乃至福冈、熊本等沿线地带工业布局迅速发生变化,汽车、机电、家用电器等加工产业和集成电路等尖端产业逐步取代了传统的钢铁、石化产业。同样的变化也发生在法国,法国南特市 1989 年高速铁路开通后,带动了高速铁路站点周边地区的发展并吸引企业进驻南特,产生了明显的企业选址的集聚效应;在法国里昂,高速铁路的开通使得里昂博览会业和物流业得以快速发展,而博览会业和物流业进一步整合了汽车、医药、化工等产业,使产业群得以更好地发展。在我国,武广高速铁路开通后,湖南凭借独特的地理优势积极承接产业转移,2009—2010 年两年间,其承接的产业转移项目超过 3000 个,其中包括广汽菲亚特、比亚迪等一大批项目,这些项目带动了当地汽车产业及电子信息、航空航天等新兴产业的快速发展,产业转移也呈现出由低端向高端、粗放向"两型"、配套向总装转变的趋势,这些影响虽然未必都完全归功于高速铁路的开通,但却与之存在莫大关系。

当然,高速铁路是一把"双刃剑",在带动区域产业发展的同时,也会带来一些负面效应。如在带来"同城效应"的同时也会带来"虹吸效应"和"过道效应",将经济要素更多地向大城市抽离;在优化沿线产业空间布局的同时也会带来产业发展的同构,造成重复建设。

第二节　高速铁路对沿线产业发展的基本影响

尽管我国高速铁路的运营时间还比较短,但其对沿线地区的产业发展已表现出较为明显的影响。根据对国内外已开通运营高速铁路的相关分析,高速铁路对沿线产业发展的影响主要表现在两个方面:一是直接影响,主要表现为对沿线产业带和城市现代服务业的培育;二是间接影响,主要表现为对沿线产业转移和城市产业转型升级的带动。鉴于我国高速铁路开通运营的时间比较短,涉及的区域比较广,研究选取京津城际高速铁路、武广高速铁路和京沪高速铁路三条开通时间较早且较具代表性的高速铁路为重点研究对象(表9-1),分析高铁对沿线产业发展带来的主要影响。

京津城际、武广和京沪高速铁路概况　　　　　　　　　　表9-1

高速铁路	运营时间	里程	备　注
京津城际高速铁路	2008年8月1日	120km	我国开通的第一条时速300km以上的高速铁路
武广高速铁路	2009年12月26日	1069km	我国最早开通运营的长距离高速铁路
京沪高速铁路	2011年6月30日	1318km	我国一次建设里程最长、标准最高的高速铁路

一、直接影响

高速铁路是客运专线,其最显著特征是具有速度优势,因此,高速铁路对沿线产业发展的直接影响主要是对与旅客和速度有直接相关关系的产业的影响,以及由此带来的对产业空间布局的影响。

(一)带动现代服务业发展

高速铁路对沿线产业发展的最直接影响之一就是带动沿线地区第三产业的发展,尤其是促进沿线城市旅游、商贸业、房地产、文化教育等现代服务业的发展。高速铁路对产业发展的这一影响主要源于其对区域发展的时间—空间收敛效应。高速铁路能够极大压缩沿线城市间的时空距离,进而延长旅客一定时间内的出行距离,或者节约旅客一定地域范围的旅行时间,便于从事更多的经济和社会活动,这就为拥有高速铁路区位优势的地区通过吸引客流来发展第三产业增加了机会。

以京沪高速铁路为例,京沪高速铁路沿线各城市均以高速铁路建设为契机,以高速铁路车站为载体,大力发展高速铁路新区,尽管各高速铁路新区的规划面积有别,但其功能定位和产业规划却表现出明显的相似性。从京沪高速铁路沿线各城市规划的高速铁路新区的功能定位来看,除基本的综合交通枢纽功能外,多定位为城市发展新的区域增长极、现代服务中心、展示现代化形象的重要窗口等,由此可见高速铁路在城市现代服务业发展中所发挥的重要作用。从各高速铁路新区的产业规划来看,沿线各城市均将现代服务业作为高速铁路新区发展的主导产业,大力发展诸如旅游、商贸、会展、文娱、零售等第三产业,借此作为推动城市现代服务业发展的主要手段,实现客流增长和经济发展之间的良性互动。

其中,旅游业无疑是最先和最为直接的受益产业。以处于京沪高速铁路中间区段的山东曲阜"三孔"景区为例,以京沪高速铁路开通的 2011 年 6 月 30 日为分界线,上半年 1~6 月接待游客 173 万人次,门票收入 7384 万元;高速铁路开通的下半年 7~12 月接待游客 253 万人次,门票收入 10816 万元,无论是游客数量还是门票收入均增长了45%。此外,研究数据表明,京津城际的开通对天津旅游增长的贡献率达到 35%;而武广高速铁路通车后,"早喝广东茶,午登岳麓山,晚游黄鹤楼"成为沿线各旅行社的宣传口号。

京沪高速铁路沿线主要高速铁路新(站)区功能定位和产业规划见表 9-2。

京沪高速铁路沿线主要高速铁路新(站)区功能定位和产业规划　　　表 9-2

高速铁路新(站)区	规划面积	功能定位	产业规划
北京南站	180hm²	国际国内知名企业代表处聚集地、北京南部物流基地和知名的重要旅游地区	总部经济和高新技术、商贸物流、现代服务、特色旅游等高端产业
天津高速铁路车站	10km²	城市主要的铁路、公共交通综合枢纽和城市的商业、商务副中心	高档商务、休闲娱乐、金融保险、物流、零售商业、宾馆、房地产、商品贸易
徐州高速铁路车站	8.7km²	现代化综合交通枢纽、展示徐州现代化形象的重要窗口、带动东部地区快速发展的重要增长极	行政办公、商业金融、文化娱乐
南京高速铁路车站	603hm²	华东地区大型综合交通枢纽、联动区域的经济服务性中心、南部新中心的主要组成部分、南京城市的标志性形象门户	优先发展房地产、总部基地、产品展示、金融业、第三方物流、休闲旅游等;引导发展电子商务、文化传媒、文化娱乐和医疗等

高速铁路新(站)区	规划面积	功能定位	产业规划
无锡高速铁路车站	45.62km²	新兴增长区、充满活力的东部新城中心、吸纳带生产服务功能的主要空间载体之一、具有区域功能的现代化交通枢纽	重点发展信息咨询服务、创新服务、研发、中介服务、职业教育、商务服务、房地产、服务外包,远期发展会展会议、旅游、文化创意、零售、娱乐等
苏州高速铁路车站	173hm²	具有区域功能的现代化交通枢纽,展示现代化形象的重要窗口,现代服务功能的空间载体	商务商贸、文化娱乐等
虹桥高速铁路车站	146.2hm²	长三角交通中心和区域服务中心	研发、展示、结算、中介、教育、培训等现代服务业,总部商务、会展商务、国际商贸、特色餐饮、休闲娱乐

(二)促进沿线产业带的形成

交通基础设施是影响产业布局和产业转移的重要因素之一,高速铁路的产生在形成"圈状"经济地理格局的同时,还会形成沿高铁线布局的"带状"产业地理格局。

首先,高速铁路直接带来的是沿线各个城市产业的发展,但由于高速铁路的联系,各城市的产业发展并不是孤立的。高速铁路的建设使得沿线区域间的人流、物流、资金流、信息流等生产要素交流日趋频繁,加快区域间的产业分工与协作,在各城市间产业转移的过程中,促进高铁沿线形成以产业链、产业集聚带为基础的产业分工和布局。其次,高速铁路能够有效平衡沿线地区的区位优势,扩大沿线地区那些以交通作为重要发展条件的产业的空间布局范围,极大提高依托高速铁路区位优势的产业在空间布局上的灵活程度。由于高速铁路扩大了经济活动的半径,使得处于一定半径中的生产或服务网络可以有更大的自由度进行组织,许多原先集中布局在个别区位和交通优势突出城市中的产业,逐步向高速铁路沿线的其他城市或地区扩散,主要表现为产业的空间转移或上下游产业的空间再布局,进而培育沿线城市新型产业带。

由于我国高速铁路开通运营的时间尚短,其对产业发展的影响仍处于对城市层面的"圈状"影响阶段,而对沿线区域层面的"带状"影响尚不明显。在高速铁路运营时间较早的国家,高速铁路对沿线产业带的形成带来的较大影响已经形成。如1975年日本新干线从大阪延伸到九州后,冈山、广岛、大分乃至福冈、熊本等沿线地区逐渐形成工业集聚带。同样的变化也发生在法国,法国高速铁路开通后,在南特和里昂等沿线地带产生了明显的企业选址的集聚效应,使产业群得以更好地发展并形成连绵产业带。

二、间接影响

高速铁路的开通具有连锁效应,首先,高速铁路开通后能极大程度释放既有铁路线的货运能力,进而能够加快沿线产业转移步伐;其次,高速铁路开通后加速培育新兴产业,进而能够提高沿线产业转型升级步伐。

(一)加快沿线产业转移

高速铁路属于客运专线,其对产业的影响主要表现为与客运直接相关的服务业方面。尽管如此,其对其他产业的影响也不容忽视,这种影响主要表现为高速铁路线路的开通对既有铁路线货运能力的释放而对产业发展带来的间接影响。

高速铁路的建设能够极大地释放既有线的货运能力,从胶济客专、京津城际、武广高速铁路、郑西高速铁路和沪宁城际等几条高速铁路线路对既有线货运能力的影响来看,高速铁路开通后,既有线的货运能力均有较大幅度的提升,见表9-3。而既有线货运能力的释放,为沿线产业发展提供了物流保障,为调整沿线区域各板块之间的产业关联配套和资源配置创造了条件,从而加快推动产业转移步伐。

部分高速铁路线路对既有线货运能力的影响　　表9-3

高 速 铁 路	既有线增加货物列车对数(对)	年增加货运能力(万 t)
胶济客专	11	2920
京津城际	4	1095
武广高速铁路	33	8760
郑西高速铁路	5	1460
沪宁城际	32	8395

以武广高速铁路为例,高速铁路开通后,湖北、湖南积极通过招商会、推介会展示自身优势以实现与广东对接,增强承接产业转移的吸引力。2009年底,武广高速铁路开通后,湖南省仅2010年就承接签约了广东228个产业转移合同,引资近900亿元。沿线各城市都大打高铁牌,积极承接产业转移,如武广高速铁路沿线的咸宁已成为湖北承接产业转移的桥头堡;岳阳则依托武广高速铁路加快承接产业转移升级,加速推

进新型工业化"千百十"工程；衡阳在武广高速铁路开通后的前半年引进外资同比增长近30%。

(二)推动产业转型升级

由于交通条件的不同,不同地区对不同产业吸引力不同,随着运输条件的提高,区域产业结构的层次也随着提高,一般来说,交通运输条件越优越的区域,其产业结构的层次也越高。高速铁路对城市产业转型升级的影响主要表现在两个方面：

一是改善传统产业的发展环境,提升其市场竞争能力,进而加快转型升级步伐。高速铁路的发展使得其通过费用—空间收敛效应、时间—空间收敛效应、成本收敛—流量扩张效应和匹配—空间协同效应所营造出的不同空间区位优势和势能更为明显,导致优质生产要素更加集聚,给沿线产业的发展和转型升级创造良好的环境。二是诱增形成新兴产业,培育发展新的高速铁路产业,促进产业结构调整优化。随着高速铁路沿线地区第三产业的发展,其产业结构也得到进一步的调整和优化。正如前文所言,高速铁路的开通会直接带动现代服务业的发展,尤其是会培育形成一些原本不具发展基础或发展优势的高端服务业,成为带动城市现代服务业发展的新的增长极。

以长三角地区为例,沪宁、沪杭、宁杭、京沪4条高速铁路有效促进了长三角地区形成协同分工、错位发展、有序的产业等级体系。高速铁路开通前,长三角地区产业同构现象普遍存在：在长三角地区的16个城市中,选择汽车作为重点发展产业的有11个城市、石化有9个城市、电子信息业有12个城市；在食品饮料、纺织、印刷、塑料等产业方面,长三角的同构率高达80%以上。高速铁路开通后,上海成为制造业总部服务的知识型服务业产业体系；杭州形成以现代商务休闲、文化创意等产业为核心的高附加值产业体系；宁波形成以现代物流商贸和电子商务为主的商贸产业体系；苏州、无锡、常州等城市形成具有区域特色的新型制造业产业体系。

第三节　高速铁路沿线地区相关产业影响分析

高速铁路的客专和高速特性,决定了不同类型的产业受高铁的影响程度不一样。一般而言,与旅客直接相关并且对速度和舒适具有较高要求的产业,也更易受高速铁路开通的影响。对高速铁路沿线地区受影响产业进行辨析,从中发现受影响最大的产业,便于对沿线产业发展和布局进行科学规划。

一、高速铁路沿线地区受影响产业辨析

高速铁路的发展极大地缩短了地区间的时空距离,使得人们可以在一定时间内实现更多的空间位移,也可以在一定的地域范围内利用从旅行中节约的时间从事更多的经济和社会活动。这就为那些拥有高铁区位优势的地区通过吸引客流来发展相关产业增添了机会。为从各行业中辨析出受高速铁路影响最大的行业,下面选取武广高速铁路进行分析。

武广高速铁路是我国最早开通运营的长距离高速铁路,于 2009 年开通运营,途经湖北、湖南和广东三省,其中,湖南是武广高速铁路完全贯穿的省份,辖区内线路最长(518km),经过的地市最多,自北向南分别穿越湖南的岳阳、长沙、株洲、衡阳和郴州五市。而且,湖南处于武广高速铁路的中间位置,沿线产业发展受高速铁路的影响更具代表性。同时,考虑到研究时段湖南仅开通了武广高速铁路,武广高速铁路沿线外的城市不会受其他高速铁路的影响,便于进行高速铁路沿线和非沿线城市的对比分析。因此,本文以武广高速铁路的湖南段为研究对象,对相关产业发展的受影响程度进行辨析。

研究基于统计年鉴中的 19 个行业 2006—2013 年的发展情况,分别对武广高速铁路沿线地区和非沿线地区的 19 个行业的发展情况进行对比分析。考虑到行业固定资产投资额能够很好地反映行业年度发展情况,对 19 个行业不同年度的固定资产投资额年均增长情况进行分析。通过对沿线地区和非沿线地区的对比,可以发现,武广高速铁路开通后的一年(2010 年)相比开通前的一年(2009 年),电力、燃气及水的生产和供应业、住宿和餐饮业、房地产业、租赁和商务服务业、教育等行业固定资产投资额增长率在高速铁路的非沿线地区均有不同程度的下降,而在高速铁路的沿线地区却有不同程度的提升。同时,从各行业固定资产投资额年均增长的长时间序列来看,大部分行业在高速铁路沿线和非沿线地区基本保持了相同的增长步伐(同增或同减),但上述几大行业在高速铁路沿线和非沿线地区的增长步伐却存在较大的差异性,尤其是在高速铁路开通后的几年,增长步伐的不一致性愈加显现。这就说明高速铁路对这些行业存在一定程度的直接影响。而且这些受影响行业基本为第三产业。由此也可以断定,高速铁路的发展有助于促进相关地区第三产业的发展。这些地区可以利用这种区位优势,来发展诸如会展、旅游、餐饮、住宿、零售等第三产业,实现客流增长和经济发展之间的良性互动。

按行业分析固定资产投资额历年增长率发展情况如图 9-3 所示。

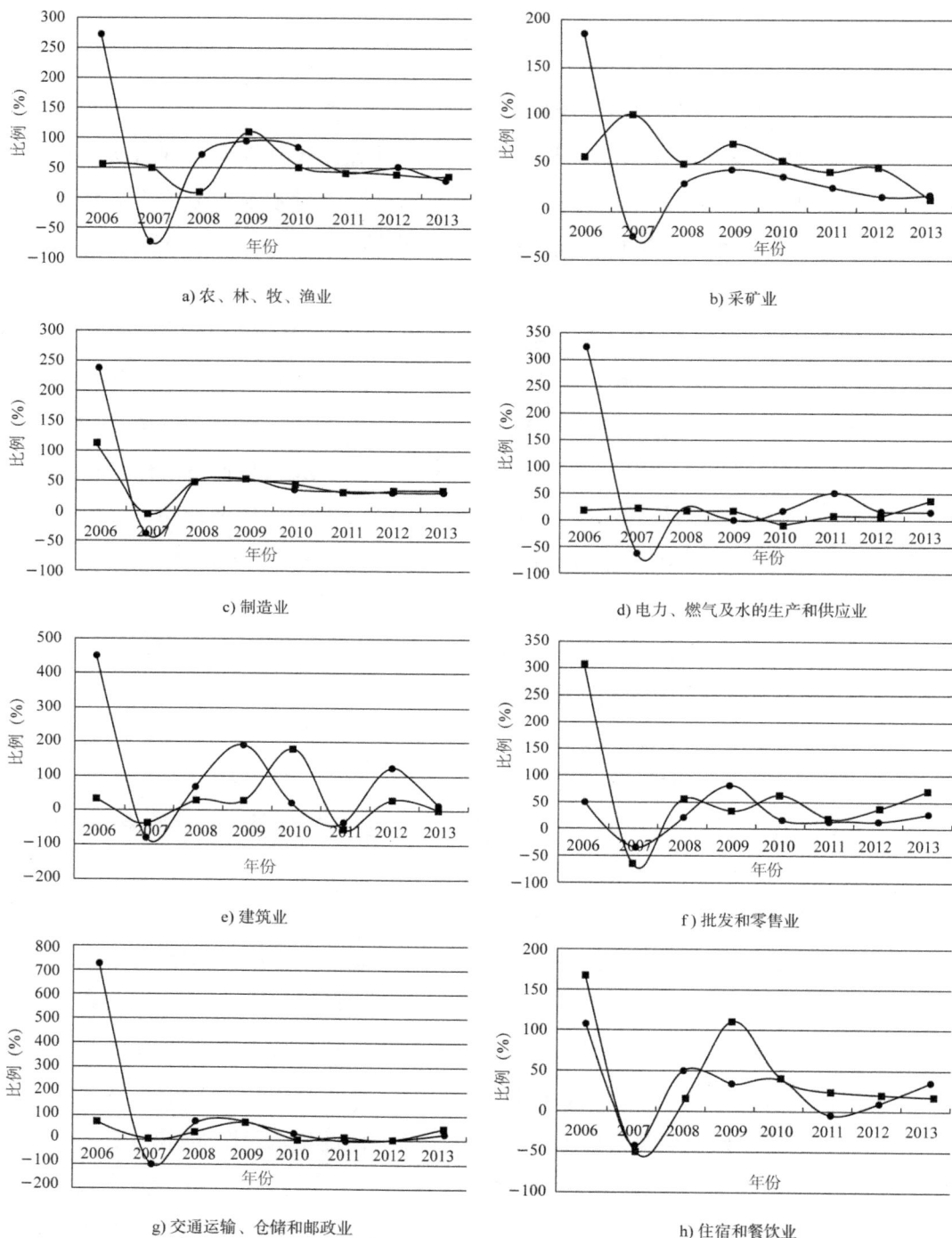

a) 农、林、牧、渔业

b) 采矿业

c) 制造业

d) 电力、燃气及水的生产和供应业

e) 建筑业

f) 批发和零售业

g) 交通运输、仓储和邮政业

h) 住宿和餐饮业

图 9-3

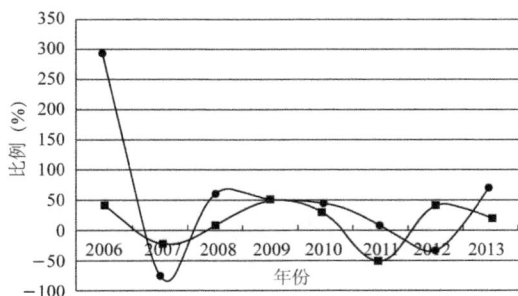

i) 信息传输、软件和信息技术服务业

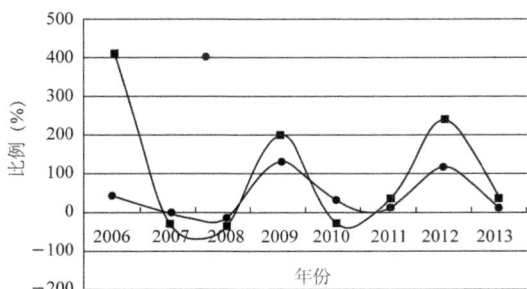

j) 金融业

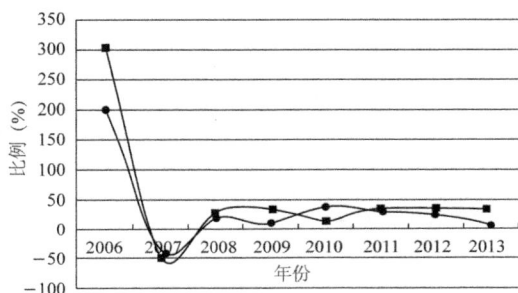

k) 房地产业

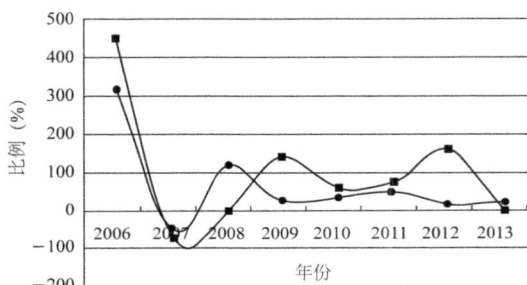

l) 租赁和商务服务业

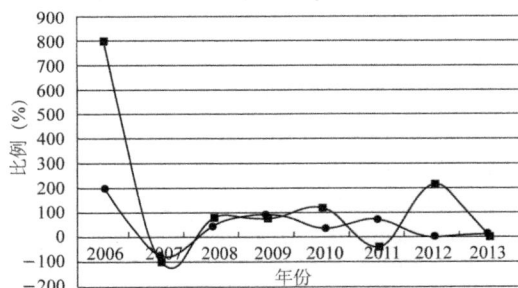

m) 科学研究、技术服务业

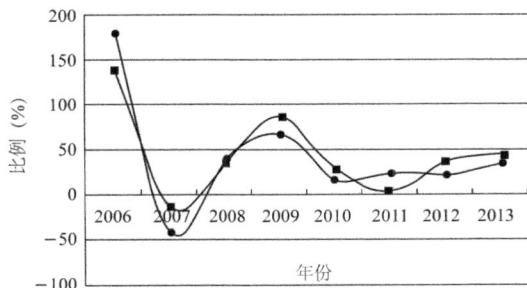

n) 水利、环境和公共设施管理业

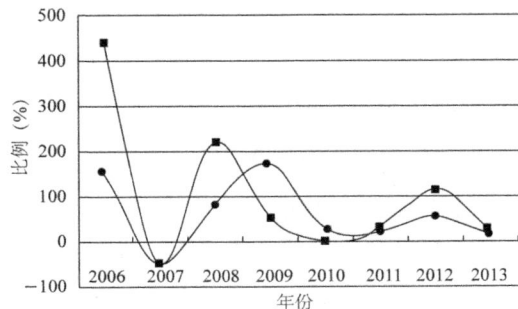

o) 居民服务、修理和其他服务业

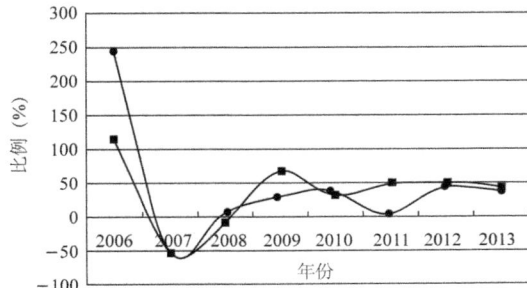

p) 教育

图　9-3

q) 卫生和社会工作业

r) 文化、体育和娱乐业

s) 公共管理、社会保障和社会组织

—●— 高速铁路沿线地区投资额增长率　　　—■— 高速铁路非沿线地区投资额增长率

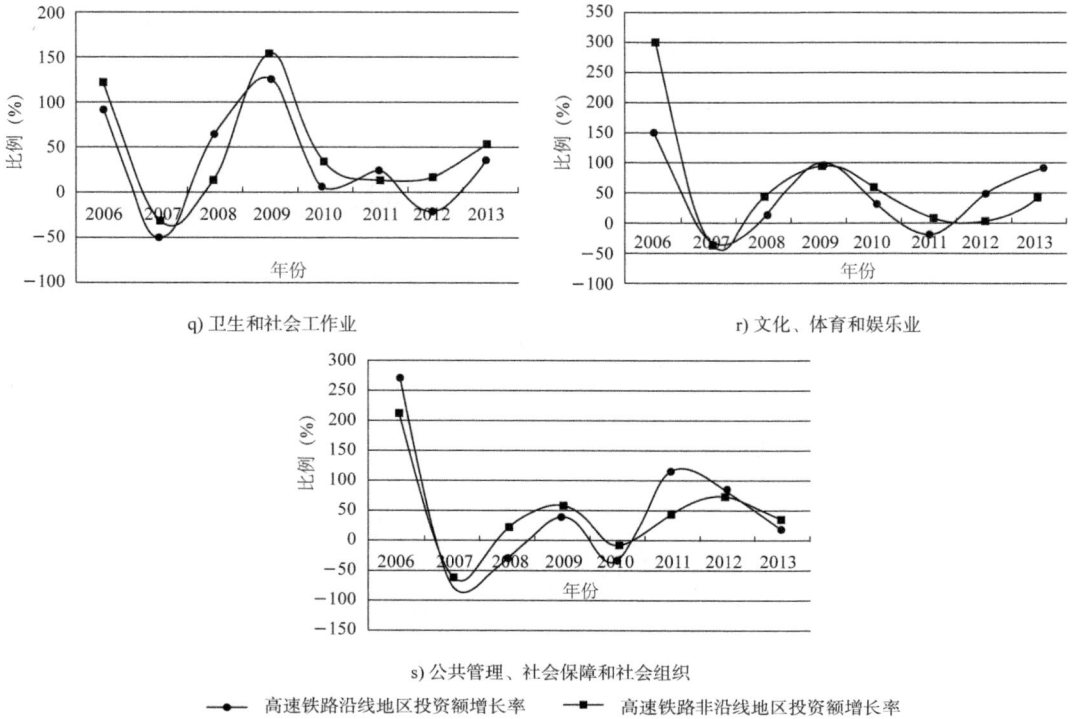

图 9-3　按行业分析固定资产投资额历年增长率发展情况

再从不同行业从业人数的变化情况来分析高铁对不同行业的影响(表 9-4)。行业的从业人员是最能直接反映本年度该行业的发展情况的指标之一,尽管从业人员会受技术进步、薪资水平等因素的影响,但从业人员数量的变化一般较能成为行业发展的晴雨表。以武广高速铁路开通的 2009 年为分界,分别对高速铁路开通前四年(2005—2008年)和开通后四年(2010—2013 年)各行业从业人员的增长情况进行对比分析,从中可以发现,电力、燃气及水的生产和供应业、批发和零售业、住宿和餐饮业、金融业、房地产业、文化、体育和娱乐业以及公共管理、社会保障和社会组织等行业,在高速铁路非沿线地区,高速铁路开通后的从业人员数量增长要低于高速铁路开通前(或有小幅增长);而在高速铁路沿线地区的这些行业,高速铁路开通后的从业人员数量增长要明显高于高速铁路开通前。相比之下,高速铁路开通前后的制造业等行业从业人员增长在高速铁路沿线地区是降低的,而在非沿线地区却有显著提高。其他行业的从业人员增长情况,则在高速铁路开通前后的沿线和非沿线地区保持了相同的增长步伐,要么都升高,要么都降低。由此同样可以看出:高速铁路开通后,对第三产业的影响普遍较为显著,如沿线地区的批发和零售业、住宿和餐饮业、房地产业等从业人员增长幅度均超过了10%。

不同行业从业人数增长情况对比 表9-4

行 业	2005—2008 年		2010—2013 年	
	沿线地区	非沿线地区	沿线地区	非沿线地区
农、林、牧、渔业	−1.45%	−4.33%	13.79%	−0.49%
采矿业	10.74%	134.54%	−7.82%	−14.11%
制造业	−2.23%	−5.94%	−6.18%	67.90%
电力、燃气及水的生产和供应业	−2.21%	3.29%	305.18%	−3.67%
建筑业	35.70%	16.96%	−3.66%	7.91%
批发和零售业	−1.50%	−1.92%	10.96%	−13.35%
交通运输、仓储和邮政业	−3.48%	−1.39%	74.27%	199.31%
住宿和餐饮业	0.88%	−5.53%	17.41%	−18.14%
信息传输、软件和信息技术服务业	17.62%	4.40%	16.55%	158.94%
金融业	5.40%	−6.39%	7.43%	−6.89%
房地产业	−2.09%	3.57%	10.34%	5.97%
租赁和商务服务业	2.65%	11.70%	−2.29%	−4.36%
科学研究、技术服务业	5.34%	0.22%	6.24%	5.25%
水利、环境和公共设施管理业	2.49%	3.73%	3.81%	3.75%
居民服务、修理和其他服务业	37.87%	9.60%	−18.43%	−4.12%
教育	2.21%	−0.13%	1.35%	−0.11%
卫生和社会工作业	5.15%	2.20%	5.78%	6.01%
文化、体育和娱乐业	9.67%	0.03%	10.85%	0.71%
公共管理、社会保障和社会组织	1.34%	1.76%	3.56%	0.11%

资料来源:《湖南省统计年鉴》(2005—2014 年)相关统计数据计算求得。

当然,行业的固定资产投资额和从业人员的年度增长情况要同时受多种因素的影响,高速铁路仅是其中因素之一,上述变化虽不能完全归结于高速铁路开通带来的影响,但高速铁路的开通加速了这种变化趋势的进程,甚至改变了部分产业的发展轨迹,尤其是对批发和零售业、住宿和餐饮业、房地产业等直接相关产业而言,将是最为直接受益的产业。同时,还应注意到,由于高速铁路开通运行的时间尚短,对产业的影响尚不能完全表现出来,有些潜在影响还会逐步显现。

二、高速铁路对不同类型产业影响的一般规律

上述分析表明,高速铁路的直接影响主要表现为对第三产业的影响,其影响主要与高速铁路的客专、高速、舒适等特性相关。因此,可以总结出高速铁路对不同类型产业影响的一般规律。

(1)与客运密切相关产业易受高铁影响。

受高速铁路影响较大的诸如住宿和餐饮、房地产等行业都与客运存在直接关系,高速铁路的客专特性将给沿线与客流直接相关的产业带来商机。首先,高速铁路方便了旅客运输,提高了旅行舒适性,高速铁路对客流的集聚能够为相关产业发展吸引更多的客流;其次,高速铁路缩短了旅行时间,由此带来的时间—空间收敛效应扩大了旅客的出行空间范围,这就意味着大大提高了相关产业的客流空间吸引范围,为产业发展培育更多客流。因此,高速铁路的开通将给沿线与客运密切相关产业带来新的发展机遇,武广高速铁路对湖南沿线住宿和餐饮业、房地产业等行业的带动也充分证明了这一点。2010年,武广高速铁路开通后的第一年,湖南沿线住宿和餐饮业固定资产投资额较上一年增长了42%,房地产业增长了37%;从业人员在高速铁路开通后的四年年均增长率比开通前四年的年均增长率则分别提升了12.46和12.43个百分点。

(2)对时效性要求越高的产业受高速铁路影响越大。

高速铁路开通后直接影响的另一类产业是对时效性要求较高的产业。高速铁路与普通铁路相比的主要优势就是速度,速度的提升意味着时间成本的降低,一些对速度要求较高的产业会因为高速铁路的开通得到较快发展,同时还会加速其他地区的相关产业逐步向沿线地区集聚。武广高速铁路开通后,沿线地区的交通运输、仓储和邮政业、金融业等对速度要求较高的行业从业人员年均增长率比高速铁路开通前有了明显提升,其中交通运输、仓储和邮政业从业人员在高速铁路开通后的四年年均增长率比开通前四年的年均增长率提升了70多个百分点,在一定程度上说明高速铁路的开通加速了物流、人流、资金流的流通速度,能够直接带动这些相关产业的发展。当然,也存在负面影响的一面,即高速铁路开通后,严重影响了沿线相关地区的长途汽车运输业务,给中短途的民航业也带来了较大挑战,武广高速铁路的开通,就迫使武汉至广州的航班不得不以降价来应对。

（3）对第二产业的直接影响相对消极。

第二产业一般对高速铁路的客专和高速特性需求相对较低,因此,基本分享不到高速铁路带来的直接发展机遇。从武广高速铁路开通前后,湖南沿线地区的制造业和建筑业的投资额和从业人员增长率的变化情况可以看出,高速铁路开通后,其增长率不但没有提高,甚至还有所降低。以制造业为例,非沿线地区的制造业从业人员增长率在高速铁路开通前后一直保持提升,而在沿线地区,高速铁路开通后其增长率却出现下降;同时,沿线地区制造业固定资产投资额增长率在高速铁路开通后也出现下将,而且下降的幅度要大于非沿线地区。出现这种变化可有两种解释,一是地区产业升级本身带来的自然变化;二是高速铁路对第三产业的带动平抑了第二产业的增长。但可以肯定的是,高速铁路开通可以极大程度释放既有铁路线的货运能力,由此能够加快沿线产业转移和产业转型升级步伐,进而影响沿线和非沿线地区第二产业的发展。

三、典型产业影响分析

根据对高速铁路沿线地区受影响产业的分析,高速铁路的特性基本迎合了旅游、地产和零售等产业的发展需求,旅游、地产和零售等产业是受高速铁路影响最为直接和显著的产业。既有高速铁路案例表明,高速铁路开通后,对这三大产业将带来显著影响。

（一）对旅游业的影响

高速铁路将使旅游业最先、最直接受益。随着高速铁路的开通,区域间的时间距离将大大缩短,将直接促进沿线区域的景区游客人数增加。同时,人流交互增加势必将提高当地酒店入住率和餐饮上座率。各个区域的景区及酒店、宾馆随着高速铁路开通将渐次受益。

以武广高速铁路为例,高速铁路开通之前一年,高速铁路的湖南非沿线地区旅游接待人数增长率具有较大增长,而高速铁路开通后的两年,旅游接待人数增长率持续下降;与此恰好相反的是,沿线地区的旅游接待人数增长率在高速铁路开通后的两年内却保持连续增长。受高速铁路的影响,原本非沿线地区的旅游客流逐渐吸引转移至沿线地区,特别是衡阳,高速铁路开通后,其旅游接待人数增长率（2010 年为 37%）比上一年（2009 年为 14%）增长了 24 个百分点。与此同时,高速铁路沿线地区的住宿和餐饮业也得到较快增长。高速铁路开通后,非沿线地区的住宿和餐饮业销售额增长率持续降低,而沿线地区却持续提高,最高值在 2012 年达到 29.30%。这说明,住宿和餐饮业受高速铁路的影响会随着旅游业的发展而快速发展(图9-4、表9-5)。

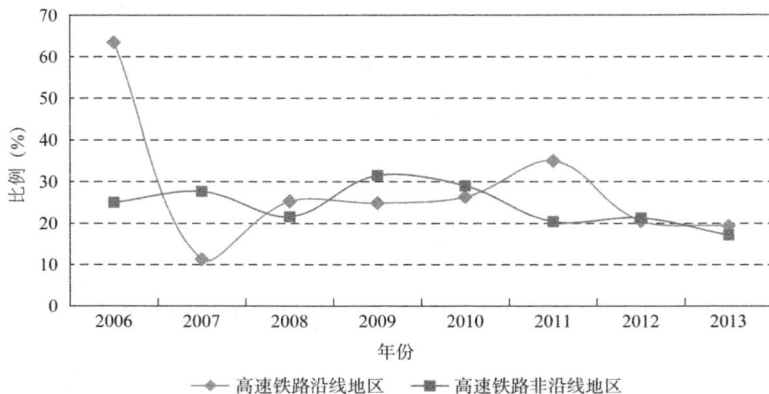

图9-4 接待旅游总人数历年增长率发展情况

武广高速铁路开通后住宿和餐饮业销售额增长情况   表9-5

地 区 类 别	2010 年	2011 年	2012 年	2013 年
高速铁路沿线地区	8.49%	12.34%	29.30%	11.77%
高速铁路非沿线地区	15.03%	14.92%	13.54%	12.09%

根据高速铁路开通后沿线地区旅游业的发展情况分析,高速铁路对旅游业的影响主要表现在以下几个方面:

一是高速铁路以其独特魅力有效吸引旅游市场中的中高端商务人群,为当地旅游业发展开辟新的市场。根据相关研究数据,商务客人是不同旅游细分市场中消费能力最强的客人,他们价格敏感度低,重复使用频率高,选择忠诚度高,且人群规模也在不断扩大,因此这部分客人是不同旅游交通行业竭力争取的消费群体。高速铁路在争夺这部分客人中具有较强的竞争力。在 200～500km 之内的出行范围,与汽车比,高速铁路更快、更舒适;与飞机相比,高速铁路更准时,且不易受天气的制约。随着高速铁路的开通,高速铁路的优势范围将会逐步扩大,成为旅游交通的中坚力量。

二是高速铁路加快了区域旅游合作进程,有助于将沿线各旅游目的地串联起来,合力打造旅游交通带。区域旅游合作是区域之间的一种关系,虽然区域只是空间概念,真正起决策作用的是区域旅游主体,但区域交通条件的改善可以有效增加区域旅游主体合作的可能,为合作创造条件,使彼此的合作成为水到渠成的选择。由于高速铁路的开通,空间距离的缩短,可以有效打破地域限制,根据不同景区之间的相关性和差异性,整合旅游景点,联合开发旅游产品,设计旅游线路,进行旅游的策划和营销,实现"连点成线,以线带面"的共赢发展模式。

三是形成"高铁休闲圈",加快沿线旅游目的地旅游产业转型升级的步伐。随着高速铁路的发展,邻近省会城市将形成1~2h交通圈、省会与周边城市形成半小时至1h交通圈。高速铁路的布局使沿线城市的距离大大缩短,"同城效应"增强,城市之间的休闲活动更加密集,以高速铁路网络为依托的"高铁休闲圈"将加快形成,城市游憩的范围也不再局限于城市内部和城市郊区,而是扩大到高速铁路所连接的区域城市,环城游憩的旅游发展格局将有所改变,加快沿线旅游目的地旅游产业转型升级。

四是高速铁路直接冲击了民航在旅游交通中的地位,改写了旅游交通格局。民航一直是远程旅游交通的首选,时速200~350km的高速铁路给民航带来了直接的压力。如武广高速铁路在开通100多天后,2010年3月28日起武汉飞广州的航班从每天最多13班减为最多10班。郑西高速铁路开通不到50天,2010年3月25日起郑州到西安航线所有航班停飞。因此,高速铁路的开通,将在很大程度上转移来自民航的旅游市场,进而改变既有的旅游交通格局。

专栏9-1　"数"说高速铁路影响

京津城际高速铁路通车运营一周年,共计运送旅客1870万人次,京津间的总体客流比开通前增长86%,旅客满意率也高达99%。天津古文化街日客流量比京津城际开通前增长了15%,2008年京津铁路对旅游增长的贡献率达到了35%。

2010年武广高速铁路开通后的第一个春节黄金周期间,咸宁接待游客比去年同期增长155.14%,旅游总收入同期增长390.2%。武汉市旅游局的统计数据显示,武广高速铁路开通后的第一个"五一"假期,武汉市各景区景点接待游客人数202.1万人次,同比增长37.25%;创造旅游综合收入4.9亿元,同比增长46.5%,其中高速铁路游客成为主力军。

(二)对地产业的影响

高速铁路的建设,一方面使土地空间可达性大大增强,导致土地使用价值的大幅度提高;另一方面将加速人口流动,进而推动沿线城市就业和经济增长,抬高沿线城市房价。从我国目前的情况看,高速铁路建成后,沿线地价、房价均出现明显上涨。

以武广高速铁路为例,在高速铁路开通前的2008—2009年,高速铁路沿线地区的商品房销售均价增长率出现下降,但在 2009 年底高速铁路开通之后,商品房销售价格出现大幅上扬,销售均价较上一年增长了 28.58%。尽管非沿线地区的商品房销售均价增长率也保持增长,但其增长幅度远低于沿线地区。统计表明,仅长沙在高速铁路开通的第一年,即 2010 年春节期间新建商品房签约成交 59 套,成交面积 6217m²,成交均价 4947 元/m²,与 2009 年春节相比同比分别增长 68.57%、67.21%、34.47%(图 9-5)。

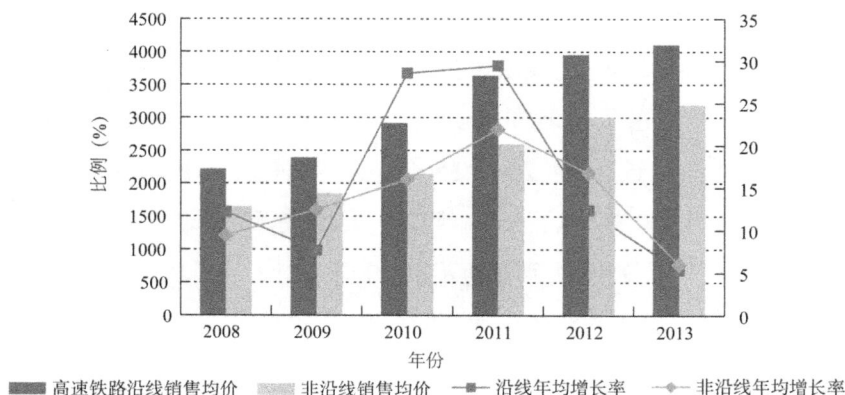

图 9-5　商品房销售价格及其增长率发展情况

总体来看,高速铁路对地产业的影响主要表现在以下几个方面:

一是推动沿线城市,特别是节点城市房价上涨。高速铁路在催生新增房地产需求、提升沿线城市经济水平的同时,必将推动沿线房价上涨。不论是城市内部交通的改善,还是城际交通,都必然导致周边房价上涨,这是一个毋庸置疑的结论,高速铁路建设也不例外。以英国 HS1 高铁(英国 2003 年开通的第一条跨国高速铁路,从伦敦穿越英吉利海峡至法国巴黎)带动沿线房价为例,仅伦敦周边房价就上涨 1 万~3 万英镑,相当于伦敦当前中位数房价●(30 万英镑/套)的 3%~10%;沿线其他地区房价增长额度虽然没有伦敦周边地区大,但是由于当地房价中位数水平本身也较低(约 8 万~12 万英镑/套),因此房价涨幅也普遍在 3%~5%。由此可以判断,高铁建设能够推动沿线及周边城市房价上涨,其中对于节点城市的影响更为明显。

二是增加沿线城市人口,进而增加对房产的刚性需求。国际经验表明,建设高速铁路可显著带动沿线城市人口增长,从而扩大房地产需求。如日本的新干线开通(1964年)后沿线城市的人口数量较其他城市大幅增加(表 9-6)。1960—1985 年,新干线布站

●中位数房价,是指将房价按升序排列,或者按降序排列,处于中间位置的那个数就是房价的中位数。

城市的人口数量增长了 52.6%,而未布站城市的人口数量仅增长了 40%。1980—1985年,在新干线布站的 33 个城市中,19 个城市人口数量正增长;而没有新干线站点的 71个城市中,55 个城市人口呈现负增长。由此表明,新干线缩短了空间距离,使人口向城际交通便利的城市流动的趋势得到加强。可以判断,我国高速铁路建设同样会加速人口流动,带动沿线城市人口数量增速加快,必然将带动高速铁路沿线城市房地产刚性需求的增加,进而导致价格上涨。

日本新干线布站及未布站城市人口变化情况对比 　　　　表 9-6

城市类别	人口数量变化(1960—1985 年)				城市个数变化(1980—1985 年)	
	1960 年(人)	1985 年(人)	增长率(%)	年均复合增长率(%)	人口增加(个)	人口减少(个)
新干线布站城市	104404	159360	52.6	1.7	19	14
未布站城市	732563	1025531	40	1.3	15	55

专栏9-2　"数"说高铁影响

2008 年天津的房地产成交额中,北京购房者占其中的 50%,京津城际开通之后,天津房价至少升涨 50%,武清房价涨了 100%。

武广高速铁路开通后 2010 年的一季度,武汉市商品房销售面积为 360.2 万 m²,同比增长 67.6%,成交套数 35221 套,同比增长 53%。商品房销售均价为 5923 元/m²,同比上涨了 12.2%。买房的人中,外地在武汉购买商品住房的比重出现增加,购房超过 1.3 万套,占比为 46.95%,较去年同期增长了 7 个百分点。

沪杭高速铁路开通后,嘉兴站点所在的南湖新区,在沪杭高速铁路开通后的两年内,房地产市场逆市上扬,楼盘均价已经破万元,较两年前上涨近 500%。

(三)对零售业的影响

零售行业主要受益于高速铁路建成后带来的后续效应。高速铁路有利于推进城市化进程和缩小区域经济差异,吸引大量外来人口前来落户,这对提高沿线地区城镇化水平,实现铁路沿线城镇的集聚起到了不容忽视的促进作用。而人口、产业的集聚必然带动商业、餐饮等第三产业的迅速发展。因此高速铁路对零售业的影响,主要表现为提升沿线区域经济增长和居民收入,进而刺激商贸等零售业的发展。

　　同样以武广高速铁路为例,2008 年以来,湖南省社会消费品零售总额年增长率整体呈现下降趋势。但受高速铁路开通的影响,在高速铁路开通后的 2010 年和 2011 年,高速铁路沿线地区的社会消费品零售总额年增长率下降趋势要明显缓和于非沿线地区(图 9-6)。因此,从历史数据来看,高速铁路对社会消费品零售总额的增长并没有起到提升作用,只是在高速铁路沿线地区延缓了社会消费品零售总额增长下降的趋势。

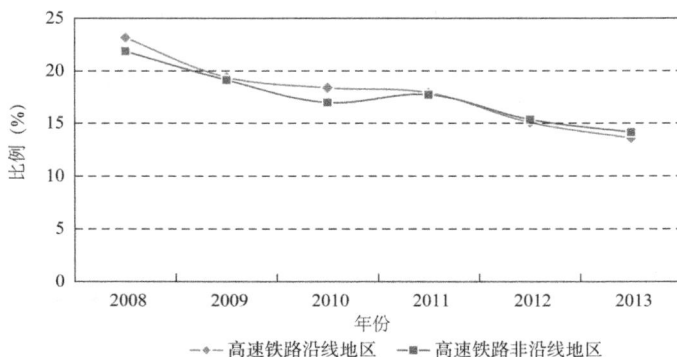

图 9-6　社会消费品零售总额历年增长率发展情况

　　尽管如此,高速铁路对零售业的影响依然是显著的,具体而言,其影响主要表现在如下几个方面:

　　一是高速铁路带来的产业转移带动居民收入增加,促进零售业发展。高速铁路的建成将促进产业转移,提升沿线区域的经济增长和居民收入,有利于零售业的内生增长。随着高速铁路的开通,沿线欠发达地区将成为发达地区产业转移的首选,而资金、产业、人才的流入将使区域消费能力得到进一步提高,促进零售业发展。

　　二是高速铁路促进城镇化进程加快,推动当地零售业空间上的扩张。高速铁路的开通将使沿线经济发展趋同化,加快区域经济一体化和城镇化进程,同时城镇化进程的加快将从根本上提高当地的消费能力、增加新的商圈位置,为零售商网络的扩张开辟新的天地。

　　三是高速铁路推动区域间人流快速交互增加,带动当地零售业的增长。高速铁路的发展将增强出行的便捷性,诱增或激发客流的潜在出行机会,并刺激旅游产业的发展,而客流交互增加和旅游业的发展必然会带动住宿和餐饮业等下游相关联产业的繁荣,从而带来城市零售行业的发展。

> **专栏9-3　"数"说高速铁路影响**
>
> 　　2008年8月京津城际高速铁路开通后的第一个月,天津市社会消费品零售额171.4亿元,同比增长25%;2008年8~12月为862.1亿元,同比增长24.2%。2009年上半年,尽管受金融危机影响,天津市社会消费品零售额仍达到1176亿元,同比增长20.7%左右;商业增加值实现376亿元,可比价增长16.3%;其中,批发零售业324亿元,增长17.8%;餐饮业180亿元,增长24%。
>
> 　　2010年元旦期间,受武广高速铁路开通影响,长沙众多商家开展了一系列的促销活动,其旗下的友谊商店4天销售突破4000万元,较去年同期增长35%,通程百货旗下6家百货门店,元旦期间销售额较去年提升20%;步步高在长沙的11家超市,元旦3天客流环比激增三成、销售增长逾五成。

第四节　高速铁路对沿线地区产业空间布局的影响

　　高速铁路除对具体产业的发展带来直接影响之外,还将对沿线地区的产业空间布局带来间接影响。从二者的关系来看,高速铁路对沿线产业发展的间接影响是直接影响的空间体现,因此,高铁对沿线地区产业空间布局的影响一般要迟滞于对具体产业发展的直接影响。由于我国高速铁路开通的时间较晚,与对具体产业发展的直接影响相比,高速铁路对产业空间布局的影响表现的尚不成熟。因此,本节选取国外开通运营时间较早的高速铁路作为研究案例,分析高速铁路对沿线地区产业空间布局的影响。

一、高速铁路影响下的产业主要发展模式

　　对高速铁路沿线地区产业发展的内外因进行分析,高速铁路影响下的产业发展主要存在三种模式,即受高速铁路的影响,沿线地区的产业主要通过产业升级、产业转移和产业链分工等几种发展模式实现发展。

(一)产业升级

　　产业升级是依托高速铁路提升内力实现产业发展。高速铁路的发展有助于加快相

关地区产业的转型升级,高速铁路增强了相关产业在相同时空距离内进行产业布局的灵活性,也使得那些缺乏高速铁路优势的地区面临竞争威胁。因此,高速铁路无论是对沿线地区还是非沿线地区而言,均起到了加速产业升级步伐的作用。一方面,使得那些拥有高速铁路区位优势的地区需要预防产业的同质化发展,避免恶性竞争;另一方面,也使那些不具备高速铁路区位优势的地区科学定位其产业发展目标,以实现区域内产业间的合理分工。从积极意义上讲,高速铁路所造成的地理不均衡性将形成倒逼机制,使得相关地区加快产业转型升级的步伐,以利用高速铁路优势或规避高速铁路带来的风险。

日本新干线开通后,极大提升了沿线相关城市的产业升级步伐,不但促进沿线文化教育产业,带动沿线旅游、商贸产业的发展,还吸引各类学校、医疗中心、邮局、图书馆等其他机构使高速铁路各站成为沿途的社区中心。新干线从大阪延伸到九州后,冈山、广岛、大分乃至福冈、熊本等沿线地带工业布局迅速发生变化,汽车、机电、家用电器等加工产业和集成电路等尖端产业逐步取代了传统的钢铁、石化产业。尤其是对大阪而言,高速铁路成为城市发展的催化剂,对于城市功能的外拓、产业的升级发挥了至关重要的作用。大阪原有的主导产业为钢铁、石化等传统工业,而新大阪所在区域的经济发展以农业为主,东海道新干线的建成,促进了城市产业由传统制造业向汽车、机电、家用电器等加工产业和集成电路等尖端产业的转变。区域产业,尤其是服务业也随着新干线的建成而快速发展,逐渐形成服务型产业集群和总部基地集群。

法国里尔同样是高速铁路建设促进区域产业转型较为成功的典范,里尔抓住了TGV为城市带来的大量人流、物流、信息流,在继承原有工业的基础上,大力发展服务型行业,实现了城市产业的升级。20世纪80年代之前,里尔是法国北部最大的工业城市,亚麻工业、毛纺织、机器制造、化学、食品等工业以及矿产业是城市的主导产业。20世纪80~90年代,TGV的建设以及英吉利海峡的通车,使得里尔由一个交通节点型城市转变成为一个交通枢纽型城市,城市定位也从传统工业城市变为现代化工业城市,城市打破原有的工业为主的产业格局,开始注重服务业的发展。20世纪90年代以后,城市产业多元化发展,现代服务业成为城市产业发展的重点,为区域的商贸、物流、金融、传媒、酒店等行业带来了发展机遇,实现了区域产业的升级。

(二)产业转移

产业转移是依托高速铁路借助外力实现产业发展。高速铁路的发展有助于提高产业布局的灵活程度,高速铁路的发展增强了相关地区的区位优势,但同时也使得拥有相同区位优势的地区逐渐增多,这就使得相关依托高速铁路区位优势的产业可以在空间布局上有更强的灵活性。换句话说,由于高速铁路改变了经济活动的半径,使得处于一定半径中的生产或服务网络可以有更大的自由度进行组织。尤其是对沿线的中小城市来说,高速铁路强化了与大城市联系的紧密性提高,吸引了大量生产企业和商贸服务业公司将总部搬迁至沿线经济基础较强的沿线中小城市。高速铁路带来的这一产业转移过程,对大城市而言有助于调整优化其产业结构,对中小城市而言则有助于直接促进其产业发展进程。

法国南特市 1989 年高速铁路开通后,距巴黎时间缩短至 1.5h,不但吸引了更多的原本在巴黎的商务活动转移至南特市开展,而且因高速铁路减少了旅行时间,提高了工作和生产效率,大大增强了商业、企业进驻南特的信心,特别是吸引了很多跨国公司来到南特落户。对南特市而言,高速铁路已成为吸引更多高科技公司进驻的一张城市名片,极大促进了本市产业发展。

韩国高速铁路于 2004 年开通运营,虽然运行时间尚短,但其对沿线城市产业转移的影响已表现得非常明显。高速铁路开通前,全罗北道益山市工业园区长期进驻企业寥寥,处于停滞状态,高速铁路开通后一年,原来在首都圈的 22 家企业先后迁入园区;忠清南道牙山市历来以农业为主,经济缺乏活力,高速铁路开通后三星与索尼合作在该地区建立了大型电子产品生产基地。

专栏 9-4　广东的"腾笼换鸟"产业升级战略和两湖的承接产业转移政策

随着珠三角地区正在向重化工业发展,劳动力密集型的低附加值行业使得土地、人力资源变得更加紧缺,广东省提出"腾笼换鸟"的产业升级战略。即将劳动力密集型为主的低端加工制造企业从珠江三角洲转移至广东的东西两翼及北部山区,同时使高素质的劳动力向珠江三角洲地区转移。

广东的东西两翼交通不便,而武广高速铁路的建成为产业向北部转移提供了便利的交通纽带。为依托武广高速铁路加快承接广东的产业转移,湖南和湖北各地纷纷出台了相应政策支持。湖南省委、省政府出台了《关于支持郴州市承接产业转移先行先试的若干政策措施》,除在用地审批、税收优惠等方面将给予大力扶持,还启动了 3 年 300 万 m² 标准厂房建设工程,用以承接沿海产业转移。长沙制定了"武广新城"战略规划,计划总投资 295.5 亿元,规划居住人口约 40 万人。咸宁市也专门开辟了广东工业园区,计划投资 20 亿元,以咸宁北站为中心打造一座现代化的城市新区。

事实上,这种产业的转移正在发生。武广高速铁路开通后,湘南正式获批国家级承接产业转移示范区,利用高速铁路客运带来的人流、信息流,湖南省已承接 1600 余项产业转移项目,其中 138 个项目投资 1000 万美元以上。湖南省已为此推行涉及税收、工商、财政、人力等多个部门的 34 条优惠新政。沿线各地市均因此而受益,阿迪达斯鞋业已在衡阳征地 250 亩,拟将东莞总部搬迁到衡阳;全球最大的交换式电源供应器制造商台湾台达电子,也在湖南郴州建立了新的生产基地。

(三)产业链分工

产业链分工是依托高速铁路借助内力(自身优势)和外力(产业转移)共同实现产业发展。高速铁路在向外转移产业的过程中,将在沿线形成以产业集聚带为基础的产业布局的同时,还将在沿线形成以产业链分工为基础的产业分工。高速铁路使得沿线地区产生"同城效应",这使得区域内部联系更为紧密,各类生产要素能够更加充分地进行流动,实现资源共享,也会加快产业的梯度转移,细化功能分工,将有效地推动区域内产业优化分工。因此,高速铁路沿线地区可以依托自身比较优势,找准定位,围绕构建高速铁路沿线产业链条,凸显比较优势,寻求发展特色产业和产业链条的空白产业,实现与沿线其他地区的产业协调互补发展。

德国的法兰克福位于欧洲中心点,随着德国高速铁路 ICE 在 20 世纪 80 年代的逐步建设,高速铁路对法兰克福产业发展的延展呈现出愈来愈高的正相关度。产业的升级逐步由工业向金融业、服务业过渡。近年来,法兰克福根据自身优势,在高速铁路沿线产业发展中寻找错位发展,大力发展会展业,高速铁路与会展业的结合带动了地区经贸活动、增强了城市形象。目前,法兰克福会展经济正成为新的支柱产业,法兰克福也成为全球会展业的翘楚,不仅拥有世界上历史最悠久的展览中心,更加拥有设施齐备,集会议、住宿和展览于一体的国际顶级商贸展览中心,不仅促进了法兰克福经济的发展,也带动了它的旅游业,使法兰克福成为一个重要的旅游城市。

韩国釜山是传统的工业城市,历史上,釜山的纺织、食品、化学、造船、电子、建材工业等是传统主导产业。2004年韩国高速铁路KTX的开通运行,使釜山重新审视了自身的产业发展定位。将产业的加工制造等环节成功转移到周边城市,城市重点发展产业研发、设计、营销、管理等环节。同时,积极推动产业链的延伸,大力发展自身优势产业及与周边城市的互补产业,催生了新型产业的发展,大大提升了城市经济的发展活力。

二、高速铁路影响下的产业空间布局形态

高速铁路影响下的产业空间布局形态在不同的地域尺度上表现为不同的布局形态,在沿线城市上表现为以高速铁路枢纽站为中心的圈层式的产业空间布局形态,而在全线则表现为产业带式的空间布局形态,整体来看,在沿线空间上呈现点—轴式布局。

(一)以高铁站为核心的“三圈层”式产业空间布局

高速铁路枢纽站地区的产业布局具有明显的空间分异。由于高速铁路枢纽集散效应从枢纽站内圈到外围地区呈现递减的态势,导致不同产业由于自身特征差异从高速铁路枢纽站内侧到外围依次布局,呈现明显的空间分异格局。Schutz和Pol等人结合高速铁路站点周边地区开发的案例研究,提出“三个发展区”的结构模型,即将高速铁路站点的影响区域以高速铁路站点为核心从内到外划分为第一圈层、第二圈层和第三圈层。

第一圈层为核心地区,包括交通核在内的服务区域,交通核包括枢纽主体、广场、公交站场等综合交通设施,并为车站旅客提供各种配套服务。这个区域是车站发挥作用的最基本功能区,服务主体是旅客,其活动特征和需求与车站关系最为紧密,空间规模以车站为圆心,方圆$1\sim1.5km^2$,开发强度高,建筑密度大。产业门类主要有宾馆、餐饮、购物、旅游、咨询、信息服务以及部分高等级的商务、办公、金融等与高速铁路枢纽关联度较高的产业功能。

第二圈层为影响区,是对第一圈层各种功能的拓展和补充,随着距离的增加、旅客人群的扩散和密度降低,对各种配套服务需求减少,各种功能与车站的关联度也在逐步降低,并逐步向常态的城市功能组织、空间结构和土地利用平衡过渡。空间规模在$3\sim5km^2$。该范围是高速铁路站场枢纽直接拉动区域,重点是根据各城市具体情况,判断车站枢纽功能外延的位置和内容,发挥枢纽拉动效应,注重土地经济性的培育。主要产业类型有商务、办公、居住、商业、贸易以及文化、教育等与高速铁路枢纽关联度稍低的功能配套类服务产业。

第三圈层为外围影响区,这一圈层在功能组织和空间结构等方面与高速铁路枢纽

关联性更弱,已经基本上恢复正常的城市功能结构,或者说各种城市建设用地与车站枢纽需求没有直接关联,整体影响不明显。空间规模上没有明显的界限,表现出更加开放的形态。产业类型也与枢纽地区关联度更低,对产业影响与城市其他地区几乎没有差别,即使有影响也集中在教育、医院、居住以及部分高科技类产业(图9-7)。

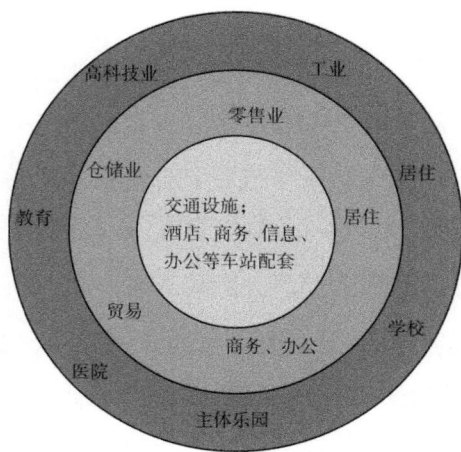

图9-7　以高速铁路站点为核心的"三圈层"式产业空间布局示意图

国外早期高速铁路枢纽站周边地区的发展经验也充分证实了这一现象的客观存在。以法国高速铁路为例,法国里昂1981年高速铁路开通后,里昂高速铁路站点周边地区由近及远基本形成三级功能圈:核心区、扩展区和产业区。高速铁路开通后,里昂高速铁路站点周边的会展业和物流业得以快速发展,而会展业和物流业整合了外围的汽车、医药、化工等产业,使产业群得以更好地发展。随着经济的发展,传统工业不断转移和转型升级,高速铁路枢纽地区的物流等低端产业已经不能满足区域产业升级转型的需要,于是在高速铁路枢纽站地区开始发展商业,继而发展酒店、购物、休闲娱乐、旅游、金融等现代服务业,逐步满足商务办公的需求,同时开展公园、广场等公共空间建设。最终在距离枢纽站最近的地区汇聚了商业、办公、商务、金融等产业,而在远离枢纽站的周边广泛分布着各类工业园。法国南特市1989年高速铁路开通,高速铁路开通后,南特高速铁路站点周边地区的产业发展发生明显变化:高速铁路站点东部和南部过去是工业区,高速铁路通车后该区域改造为办公区;在高速铁路站点的西南方过去是工业区,并混杂了部分居住功能,高速铁路开通后该区域功能定位为面向区域的商业服务功能,一半用于商业和办公开发,另外一半用于居住开发。总的来说,南特的高速铁路带动了高速铁路站点周边的地区发展并改变了周边地区的产业发展格局。

当然,以高速铁路站点为核心的"三圈层"式产业空间布局的形成需要长时间的培育过程,这一过程也体现了高速铁路对产业升级的影响过程。里昂高速铁路枢纽站周边地区从最开始的低端物流业、会展业逐步升级为商业,最后生长成现在的集商务、酒店、购物、休闲娱乐、旅游、金融和会展等产业于一体的综合枢纽中心;以及日本东海道新干线品川站周边地区产业从最开始的居住等生活性服务业,最后逐步发展到高档写字楼、高级酒店、购物及居住区等综合性的商业中心,均既体现了以高速铁路站点为核心的"三圈层"式产业空间布局过程,也反映了城市产业不断转型升级的过程。

(二)以高速铁路线路为轴线的"轴带"式产业空间布局

受两种作用的影响,沿高速铁路线路产业分布将逐步形成"轴带"式产业空间布局形态,即产业带。一是高速铁路对产业发展的集聚效应。在高速铁路开通的初期,生产要素主要向优势区位集聚,进而发展成若干产业集聚区,当发展到一定规模之后又由集聚区向外沿高速铁路轴线扩散,这两种空间过程既相互推动又相互制约,由此形成产业带。二是高速铁路加快沿线产业转移步伐,在推动产业由沿线发达地区向欠发达地区转移的同时,还将加速产业链上下游产业的沿线布局,有助于在高速铁路沿线进行产业的全产业链布局,形成产业发展带。因此,从宏观视角审视,高速铁路影响下的产业空间布局在全线将形成产业"轴带"式形态(产业带)。

以日本高速铁路为例,日本第一条高速铁路东海道新干线于1964年10月1日开始通车营运,新干线起初连接东京到大阪,随后通过山阳地区,延长到福冈。新干线建成以后,活跃了沿线的经济活动,促进了沿线产业结构的调整和产业带的形成。运用"动态地区产业投入产出模型"对1966—1970年的统计计算结果进行分析,当时东京到大阪的新干线对日本全产业经济效果的贡献率为0.23%。由于新干线因素,1970年的全产业增加额为2238亿日元,这个数字约相当于国民生产总值的0.3%。新干线从大阪延伸到九州后,冈山、广岛、大分乃至福冈、熊本等沿线地带工业布局迅速发生变化,汽车、机电、家用电器等加工产业和集成电路等尖端产业逐步取代了传统的钢铁、石化产业。同时,新干线将京滨、中京、阪神、北九州四大工商业地带与静冈、冈山、广岛等新兴建的工业地带连接起来,形成沿太平洋伸展的太平洋工业带。

在新干线的带动下,日本以太平洋工业带为中心的地区得到巨大发展,而其他地区的发展却相对滞后,经济上出现了地区不均衡。为谋求均衡开发,消除经济上的地区差异,日本于1970年制定了《全国新干线铁路扩建法》,并据此确定了总长约为6000km的新干线铁路建设基本计划。1982 年,东北新干线和上越新干线先后通车,形成伸向东北和日本海地区的高速铁路线。根据资料统计表明,1982 年东北新干线开通后,沿线的企业及商业发展速度大大高于其他地区,自开通以后沿线城市的企业增加了 45%,人口增加了 30%,远超过日本其他地区(其他地区为企业增加 15%、人口增加 10%),东北新干线产业带逐步形成。同时,由于新干线的建设,使原先集中于关东地区的产业活动向中部地区、近畿地区扩散,为日本产业均衡发展作出了贡献。

三、高速铁路沿线产业空间布局主要特征

高速铁路是沿线地区产业发展的催化剂,能够促进沿线产业带的形成,优化提升沿线地区产业布局。高速铁路以其自身的客专和高速等特性重塑的产业空间布局有其固有特性。通过上述分析,可以看出,高速铁路影响下的沿线产业空间布局一般具有如下特征。

(一)高速铁路对产业布局具有明显的空间吸引和空间分异效应

国内外已开通高速铁路的实际情况表明,高速铁路对产业布局的空间吸引效应明显,沿线各类产业布局不断增加;其中,对商业、地产和公建的吸引效应较为明显,吸引效应水平基本符合距离衰减规律;而对工业的吸引效应则表现在短期,从长期来看,对工业具有明显排斥作用。从高速铁路对产业布局的空间分异效应来看,高速铁路站点对周边产业影响的差异性非常显著。高速铁路站点对于周边产业发展的影响根据空间和时间变化而呈现不同的圈层:第一影响圈层适合发展高等级功能的产业,包括交通、餐饮、宾馆、旅游、购物、咨询、信息服务等产业;第二影响圈层适合布局可进行产业聚集的相关产业,包括办公、商务、居住、商业、贸易以及文化、教育等服务产业;第三影响圈层取决于地段状况,可以发展与高速铁路站点需求没有直接关联的产业。

(二)高速铁路沿线产业布局的趋同性和互补性

高速铁路的开通,相对均衡了沿线的区位优势,一些依附高速铁路而发展起来的"高铁产业"在沿线各个地区进行产业布局的外部条件具有相似性,这就使得沿线各地区在产业的发展与布局方面形成趋同性:在产业的选择上,各城市大都依托"高铁产业"大力推进发展诸如旅游、餐饮、零售、地产等直接相关产业;在产业的布局上,各城市围绕高速铁路站点基本都形成明显的"三圈层"式空间格局。高速铁路在带来产业布局趋同性的同时,也会带来产业的互补性发展。高速铁路推动了沿线地区产业转移的步伐,延

伸了沿线产业的产业链条,加快了区域产业的分工与合作,有助于推动沿线各地区根据自身的特色和优势,在沿线产业竞争中清晰自己的功能定位,进而在产业链条中寻求适合自身的产业分工。因此,尽管从短期来看,高速铁路沿线产业布局存在趋同性,但从长期来看,沿线产业布局将会形成互补性。

第五节 "高铁热"的"冷思考"

高速铁路所带来的土地价值提升和产业投资增多,使高速铁路成为地方政府眼中又一个巨大商机。"高铁一开,黄金万两""不问原因,不看现状,大干快上""一年成名、三年成型、五年成城"等成为不少高速铁路沿线城市的宣传口号。高速铁路能否撬动沿线"产业带"的崛起,需要我们对"高铁热"进行"冷思考"。

一、高速铁路沿线产业发展的主要问题

高速铁路是一把"双刃剑",在给沿线地区产业发展带来正面影响的同时,也会带来一些负面效应。只有正视其发展中存在的主要问题才能扬长避短,真正发挥高速铁路带来的正面效应,推动沿线产业的协调发展。

(1)产业同构问题。

高速铁路可以加快沿线产业转移,推动产业转型升级,在沿线区域形成协同分工、错位有序的产业等级体系,从而解决沿线区域既有产业发展的同构问题。但是,高速铁路的开通,同样也会带来新的产业同构问题。高速铁路增强了相关产业在相同时空距离内进行产业布局的灵活性,相对均衡了沿线地区产业发展的区位优势,城市间产业发展的外部条件差距渐趋缩小,相同产业在沿线的布局范围扩大,由此,高速铁路沿线地区产业发展的同质化问题也将愈发显现。从京沪高速铁路沿线主要高速铁路新(站)区的产业规划情况可以明显看出,各高速铁路新(站)区规划布局的产业均具有很大的相似性,这既说明了高速铁路产业发展条件的相对宽松,也说明了存在潜在同质化竞争的风险。

因此,高速铁路沿线城市如果发展战略定位不明确,缺乏特色,在与发达城市的竞争中,就难以较好地发挥比较优势,势必导致城市发展的替代性强、互补性弱,造成城市之间缺乏明确的产业分工,带来产业同构、重复建设。

（2）"过道效应"和"虹吸效应"问题。

"过道效应"是指人流、物流、资金流等仅在当地经过，而对当地没有起到任何影响。高速铁路在带来"同城效应"的同时也可能会带来"过道效应"，尤其是对沿线中小城市而言，如果没有较好的硬件设施和软件配套，对产业发展的吸引力就存在一定的局限性，高速铁路很有可能就仅仅是通过而已。"虹吸效应"是指当地的人流、物流、资金流等被外地所吸走。高速铁路的开通既有助于承接大城市的产业转移，同时也有可能将经济要素更多地被大城市抽离。由于高速铁路能够扩充沿线大城市高端服务业（如金融业）等相关产业的辐射半径，其对优质要素的吸引无疑将给中小城市带来较大风险。

一般而言，高速铁路的"过道效应"在高速铁路开通的初期表现不甚明显，而"虹吸效应"则在初期就易显现出来，而且"过道效应"和"虹吸效应"主要作用于沿线的中小城市。如京沪高速铁路由于京沪两地强大的吸引力，对徐州的"虹吸效应"在高速铁路开通初期就已开始显现；而武广高速铁路开通后，对株洲的"过道效应"也开始逐步显现。

（3）对高速铁路的过度依赖问题。

"高铁热"热的不仅是高速铁路建设的高潮，其背后更是高速铁路建成后所带来的产业发展热，由此带来的对高速铁路的强依赖值得警惕。目前，高速铁路沿线城市都不同程度存在对高速铁路效应的过度放大问题，这就导致过于强调高速铁路给产业发展带来的正面影响，造成产业发展对高速铁路的过度依赖。从目前的实际情况来看，沿线各城市都大打"高铁牌"，希望借此大力发展第三产业，带动产业转型升级。由此带来的负面影响是显而易见的：一是加剧了沿线地区的产业同构问题。当沿线城市过于依赖高速铁路带来的正面影响，而忽略自身的发展基础、特色和优势，纷纷争相发展同类高速铁路产业，其必然会加剧产业的同构，商务办公、商业、行政、文化休闲等几乎成了各个高速铁路新城的标配。二是带来产业发展布局的空间不均衡。目前，高速铁路沿线的几乎所有城市都大力发展高速铁路新（站）区，吸引产业向高速铁路新（站）区和沿线地区集中布局，在给产业带来集聚发展的同时，也极化了产业发展的空间不均衡。

（4）以高速铁路为名的圈地问题。

高速铁路在带来产业集聚发展的同时，也带来了以高速铁路新城、高速铁路产业园为名的圈地问题。由于目前国家对土地的审批越来越严格，高速铁路新城、高速铁路产业园等以高速铁路为名的土地开发也成为为数不多的有可能获得国家审批并获得大量土地的渠道之一。由于征地成本低、溢价空间大，高速铁路新城开发带来的巨额土地财政收益,正成为地方政府积极争取高速铁路的原因之一。目前,高速铁路沿线城市内新建的高速铁路新城、高速铁路产业园,已有存在被媒体冠以"空城""鬼城"的现象。这其中既有高速铁路新区自身发展的原因,如很多高速铁路新城片面求"大"、求"高",高速铁路新区建设面积规划的很大,在产业选择上又都注重发展商业、商务、会展等高端产业(据不完全统计,在已有明确城市定位的29座高速铁路新城中,有20座都提出要发展商务中心、高端服务业),而城市发展的基础配套产业却跟不上。同是,也需要警惕地方政府借高速铁路之名的圈地问题。一些地方在土地困局的压力下,只期望利用高速铁路新城来获取用地指标,造成耕地流失,导致土地利用质量和效益的双下降。

二、高速铁路沿线产业发展的相关建议

在我国高速铁路规模快速扩张的新时期,迫切需要科学判定高速铁路对沿线产业发展带来的影响,同时为避免高速铁路带来的负面影响,急需沿线各地区制定合理的产业发展战略,指导产业科学发展和合理布局。

(1)正视高速铁路对产业发展的影响。

高速铁路对沿线产业发展的影响已显而易见,但这种影响有多大,或者说沿线城市产业的发展有多少是高速铁路引起的,需要科学审视。首先,产业发展有其自身的规律,高速铁路作为外部条件之一,对产业的发展起到促进作用,切忌片面放大高速铁路给产业发展带来的影响。其次,高速铁路对不同产业的发展具有不同的影响,有诱增,有带动、有削弱,也有逼退,只有明确了高速铁路在沿线不同类型产业发展中的影响,而且既要看到其正面影响,也要看到其负面影响,才能充分发挥高速铁路效应。

(2)合理有序发展高速铁路相关产业。

高速铁路沿线地区在依托高速铁路大力培育发展相关产业的同时,需要预防产业的同质化发展,避免恶性竞争。对沿线地区而言,既要利用高速铁路优势,又要规避高速铁路带来的风险,这就需要沿线各地区在认真开展市场调查的基础上,合理有序发展和布局相关产业。一方面,结合自身优势,积极培育发展较具竞争优势的高速铁路产业;另一方面,借助高速铁路机遇,加快淘汰转移与本地区产业发展政策不相吻合的产业。同时,还要兼顾产业发展的地域特性,引导产业合理有序布局。

(3)积极打造承接产业转移基地。

高速铁路沿线城市应主动迎接发展机遇,重新进行产业战略定位,调整优化生产力

布局和空间布局,促进产业链及资源共享和优势互补,实现差异化发展,构建统一开发、竞争有序、产业互补、错位发展的区域一体化格局。对高速铁路沿线欠发达地区而言,要加快产业园区建设,设立专业园、"飞地"园等特色园区,加速提升产业规模和产业能级,形成梯度发展、功能互补的园区发展平台,打造承接产业转移基地。

(4)借助高速铁路放大自身特色优势。

高速铁路相对均衡了沿线各地区的区位优势,因此,在高速铁路优势相对均衡的条件下,各城市首先需要明确自身在沿线各城市中的发展特色,找准自身定位,在产业发展中寻求错位发展。一是依托高速铁路放大自身特色产业优势,强化自身优势产业在沿线地区的主导地位;二是积极培育发展高速铁路沿线产业链中的短板产业,奠定自身在整个高速铁路产业链条中的位置;三是突出自身优势,根据产业发展政策,依托高速铁路有选择的承接产业转移,弥补自身产业发展的不足,壮大产业发展基础。

(5)完善发展高速铁路产业的自身配套。

尽管高速铁路开通后会给本地区带来发展优势,但是如果自身准备不足,配套不完善,难免会给本地区造成高速铁路的"过道效应"或"虹吸效应"。为使高速铁路效应最大化,需要积极改善交通基础设施等硬件配套设施,以及规范服务市场等软件环境,通过完善自身配套,加快与高速铁路效应的接轨,为培育发展高速铁路产业以及承接产业转移创造良好的环境。

(6)采取紧凑、高效的发展模式。

高速铁路产业的发展应特别注重节约集约土地利用,遵循以高速铁路站点主导的"三圈层"发展模式。为避免高速铁路新城的大而空,高速铁路新城开发必须强化紧凑、混合、高效,即将整个高速铁路站点地区看作城市的一个片区、一个城市的综合体进行发展。以城市综合体的角度,合理布局内部各项产业用地,城市中的居住、生活、服务、商业和交通等城市生活空间进行组合,各种城市功能之间相互依存、相互关联,从而形成一个多功能、高效率的站点新城开发。

第十章

高速铁路对人口流动的影响

★ "中国经济哪里火,首先中国人往哪个地方移,哪个地方就会火。……除了产业以外,一定要关注中国的地理布局,一定要多研究中国地图,把中国地图和中国高铁的规划图挂在办公室反复研究,地区选错了,有时候往往也是致命的。"

——中国经济学家 李稻葵

第一节　高速铁路与人口流动的基本关系

一、交通运输与人口流动

人口流动一般是指跨越城市的长距离流动,城际之间的人口流动对于活化区域间社会经济系统,改善地区间经济发展不平衡和缩减收益差距具有重要作用。从人口流动的关联因素来看,人口的流动虽然受到经济、政治以及政策等因素的影响,但是交通在其中起到了基础性的作用。交通运输技术的每一次进步都对人口变化产生了重要影响。尤其是铁路的发展,加速了人口的流动,特别是高速铁路出现后,对人口流动的影响日益显现。

改革开放以来,我国流动人口数量持续增加,1982 年第三次全国人口普查显示我国大陆地区省际流动人口总量只有 657 万人,1990 年第四次全国人口普查显示省际流动人口总量为 2125 万人,2000 年第五次全国人口普查显示该数据增加到 1.2 亿人,2010 年第六次全国人口普查显示该数据已达 2.2 亿人,自 20 世纪 90 年代以来,我国基本上每十年增加 1 亿流动人口。影响人口流动的因素很多,既有政治、经济和政策等方面的因素,也有交通因素。尤其是交通作为人口流动的载体,是人口流动的最重要影响因素。

一般来说,某一区域交通通达性的提高将会促进人口和经济活动的集聚。早在19世纪40年代,交通地理学鼻祖考罗(J. G. Kohl,1841)的交通区位思想就认为,交通与聚落具有密不可分的关系,交通发展与人口的集中和聚落的形成是相互补充的。这就反映了交通运输和人口流动之间的关系,人口流动的距离和规模与交通工具的发展和布局具有很大关系,也即人口流动在很大程度上受制于交通的通达性,交通基础设施的改善能够显著促进人口或劳动力要素的自由流动和最优配置。

铁路对人口流动的影响尤为明显,铁路作为国民经济大动脉、国家重要基础设施和大众化交通工具,在我国经济社会发展中的地位和作用至关重要。在铁路的影响下,沿线地区人口社会流动的速度和规模以及产业结构和社会结构的变动速度,特别是城镇的人口规模和商业规模的变动,普遍较非铁路沿线地区明显。研究表明,火车交通时间提速1%将会促使跨省人口迁移增加约0.8%,并且铁路提速所导致的沿线城市可达性每提高1%,可使其人口出现0.39%的相应增长。

二、高速铁路的客流效应

高速铁路除了具有显著的经济效应外,还会在扩大运输能力、节省旅行时间、扩大旅行范围、提高科技水平、保证运输安全、节约社会资源、减轻环境污染、提高科技水平、促进社会发展等方面产生巨大的社会效应。高速铁路的社会效应主要包括提升沿线区域可达性、促进区域人口流动、完善国家和城市基础设施建设、提升区域运输能力与服务质量、节约资源和保护环境以及推动城市化进程。各要素之间存在着相互推动关系:随着高速铁路的开通,区域可达性增强,因而方便了区域人口流动;高速铁路建设本身就属国家和城市基础设施建设,它的开通运营在促进人口流动的同时也为"客货分流"的运输模式奠定了基础,从而提升了区域货运能力与服务质量;高速铁路"以电代油"的牵引模式又为节能环保作出了重大贡献;随着区域客货流的增强及节能环保水平的提升,又将逐步提升区域乃至全国范围内的城市化进程(图10-1)。

高速铁路作为客运专线,对客流的影响尤为明显。近年来,随着我国高速铁路网络的建设和完善,高速铁路在我国客运市场中占据了重要地位。2013年,我国每天大概有165万人乘坐高铁动车组列车,占铁路旅客发送量的29%;2014年,又分别增加到225.3万人和37%;至2017年,进一步提高到469.6万人和56.4%。高铁带来了大量运输需求,极大地方便了人们出行,作为时下最发达的快速交通方式,俨然已成为承载人口流动的重要运输方式,必将对区域间的人口流动带来重要影响。

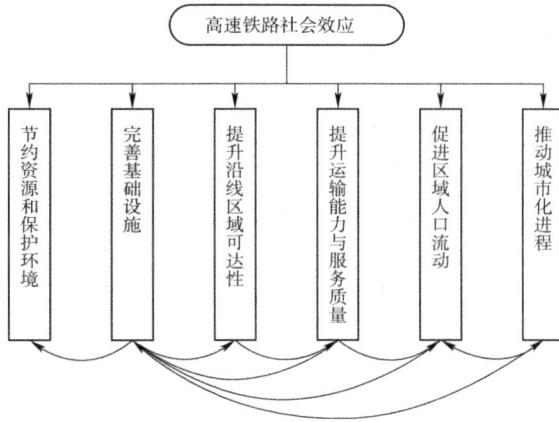

图 10-1　高速铁路社会效应

一般而言,区域人口流动主要发生在就业群体和旅游群体之中,而高速铁路的开通对这两类人群将产生显著影响。对就业群体而言,高速铁路的开通大大缩短了城市间的时间距离,区域间的时间成本降低,空间可达性增强,从而能更有效地促进城乡劳动人口的转移和人才在区域间的流动。对旅游群体而言,交通运输一直以来都是制约旅游业发展的关键因素,旅游地的交通便捷程度直接关系到旅客数量,高速铁路作为快速、大运量的交通运输工具,无疑会在旅游交通中发挥着重要作用。

此外,高速铁路运营后,民航、公路长途客运、普客列车等客流均在不同程度上受其影响。与公路和普通铁路相比,高速铁路的运行速度更快,可节约大量的时间成本,这对出行时间要求比较高的旅客来说更容易选择乘坐高速铁路出行;与航空运输相比,高速铁路的优势主要集中在中短距离运输,高速铁路票价比航空票价低,而且机场都地处郊外,因此乘坐高速铁路可减少航空运输中因换乘等带来的时间和经济成本。当然,高速铁路开通后除了分担既有客运方式的客流之外,还会诱增一部分新的出行客流,也就是说,高速铁路不但给既有客运方式带来较大影响,而且还改变了人们的出行习惯,增加了人们的出行频次。其一,高速铁路作为一种绿色交通工具,会逐步吸引更多关注和保护环境的旅客选择乘坐高速铁路出行。其二,高速铁路的开通会改变以往因交通限制而不能自由流动的就业人群的就业观和择业观。其三,高速铁路的开通会因其对时空距离的压缩而对传统的借助节假日探亲和旅游的观念有所转变。

三、高速铁路对人口流动的基本影响

人口流动的距离和规模与交通工具的发展和布局具有很大关系,国内学者马伟(2012)根据 1987 年、1995 年、2005 年三次全国 1% 抽样调查人口迁移数据进行的面板分析结果表明,火车交通时间每提速 1% 将会促使跨省人口流动增加约 0.8%,这就表明高速铁路的运行将直接带动人口流动的增加。除此之外,高速铁路的开通运行,还将对人口流动的出行方式、出行频次、出行目的和空间分布等带来显著影响。

(一)高速铁路改变人口流动的出行方式

高速铁路具有快速、舒适、大容量等运行特性,作为一种新式现代化交通工具,高速铁路的开通运营增加了人们对出行方式的选择途径。而且作为既有运输方式的有力补充,高速铁路转移了其他交通方式对流动人口的运输市场,尤其是其作为中长途距离最具竞争力的一种运输方式,已成为特定人群出行的首选方式。根据侯雪(2011)对京津城际高速铁路的研究,京津城际高速铁路对其他交通运输方式带来显著影响,高速铁路开通后乘坐城际高速铁路的乘客有 47.9% 来自于普通火车,其次是大客车(26.2%)、私家车(19.9%)、出租汽车(3.1%)和公司班车(2.9%),其中尤其吸引了以商务出行为目的的人群,商务出行占比高达 45.2%。在对各出行方式的影响中,高速铁路因最优市场服务范围与民航存在重叠(前文研究表明 500~900km 是高速铁路和航空竞争博弈的显著距离),其对民航的影响无疑是最显著的。根据日本新干线、法国 TGV 高速铁路、英国欧洲之星快速列车以及我国郑州至西安(505km)、武汉至广州(1069km)等高速铁路运营的实际情况,高速铁路建成运营后,均对民航运输造成了不同程度的冲击。

(二)高速铁路增加人口流动的出行频次

随着经济社会的发展,居民出行及相互交流更加注重时效性,高速铁路具有明显的高速特征,能够显著缩短城市间平均旅行时间,通过对出行空间的“压缩效应”,激发了潜在出行需求的出行意愿,进而增加了流动人口的出行频次。同时,高速铁路能够缩短城市间的空间距离,进一步强化了“同城效应”,其以较高的服务水平、舒适度、准时性和高效性吸引了基于通勤目的的居民出行,尤其是对有较高职业声望的居民出行具有较强的吸引力,显著增加了特定人群的出行频率。通过对比京沪、京广铁路既有线和高速线路 2011—2013 年客运量的变化情况,可以看出,高速铁路建成后,既有铁路线的客运量基本没有显著变化,相反的是高速铁路线的客运量却显著增加,这就说明高速铁路的

运行显著诱增或转移了部分出行需求(表10-1)。根据张萌萌等人对京广高速铁路及沿线城市的问卷调查,京广高速铁路开通后有近2/3的高速铁路旅客出行次数增多,由此可见高速铁路的运行显著激发了一部分潜在出行需求。

京沪、京广铁路既有线和高速线客运量对比　　　　表10-1

客运量(万人)	2011 年	2012 年	2013 年
京沪既有线	8692.09	7480.88	8217.74
京沪高速线	2445.20	6506.90	8389.80
京广既有线	15849.91	15881.54	15489.44
京广高速线	3087.00	3857.00	6886.00

(三)高速铁路影响人口流动的出行目的

高速铁路扩大了人们生活需求范围,其所带来的时空距离的缩减使人们的生活需求范围由居住城市扩展到了邻近城市,增强了特定目的的出行需求,改变了出行目的结构。根据侯雪等人对京津城际高速铁路的研究,高速铁路开通后,购物、商务出行、娱乐、访友、旅行等各出行目的都有所增加,尤其是以商务、旅游为目的的出行相比高速铁路开通前增加最明显。一般而言,区域人口流动主要发生在就业群体和旅游群体之中,而高速铁路的开通对这两类人群将产生显著影响。对就业群体而言,高速铁路的开通大大缩短了城市间的时间距离,区域间的时间成本降低,空间可达性增强,从而能更有效地促进城乡劳动人口的转移和人才在区域间的流动。对旅游群体而言,交通运输一直以来都是制约旅游业发展的关键因素,旅游地的交通便捷程度直接关系到旅客数量,高速铁路作为快速、大运量的交通运输工具,使得高速铁路旅游成为一种新时尚,无疑在旅游交通中发挥着重要作用。而且,高速铁路通过促进社会资源和要素的合理流动,能够极大拓展和丰富人们以往的出行目的。高速铁路的运行,吸引了更多的18~25岁的年轻人跨城消费、娱乐等,而且还催生出"星期天工程师""假日专家"等新的职业。

(四)高速铁路改变人口流动的空间分布

首先,高速铁路的开通能够极大缩短城市间的时空距离,改变人们对城际出行的空间感知,扩大人们居住地、就业地的可选范围,使得部分人群产生职住分离的意愿,进而对人们的出行空间分布带来影响。如侯雪(2011)对京津城际的研究表明,高速铁路开通前,有83.4%的人没想过或不愿意职住分离,仅有16.6%的人有过职住分离的意愿;而高速铁路开通后分别降至61.8%和增加至38.2%,有37.5%的样本相比他们过去的职住分离意愿有所改变,说明越来越多的人能够接受职住分离这种新的就业、生活方式。其次,高速铁路能够提升沿线的交通优势度,进而改变人口流动的方向,形成人口流动的集聚区。武广高速铁路2009年开通前三年衡阳和郴州的常住人口年均增长率分别为0.83%和0.51%,高速铁路开通后,分别达到1.78%和1.32%,高速铁路对人口流动的吸引效应非常明显(图10-2)。进一步对比沿线和非沿线地区的人口增长情况,武广高速铁路开通后,沿线地区人口平均增长率达1.35%,而非沿线地区只有1.07%,表明高速铁路沿线地区的人口增长普遍高于非沿线地区,向高速铁路沿线地区的人口流入普遍高于非沿线地区。

a) 衡阳

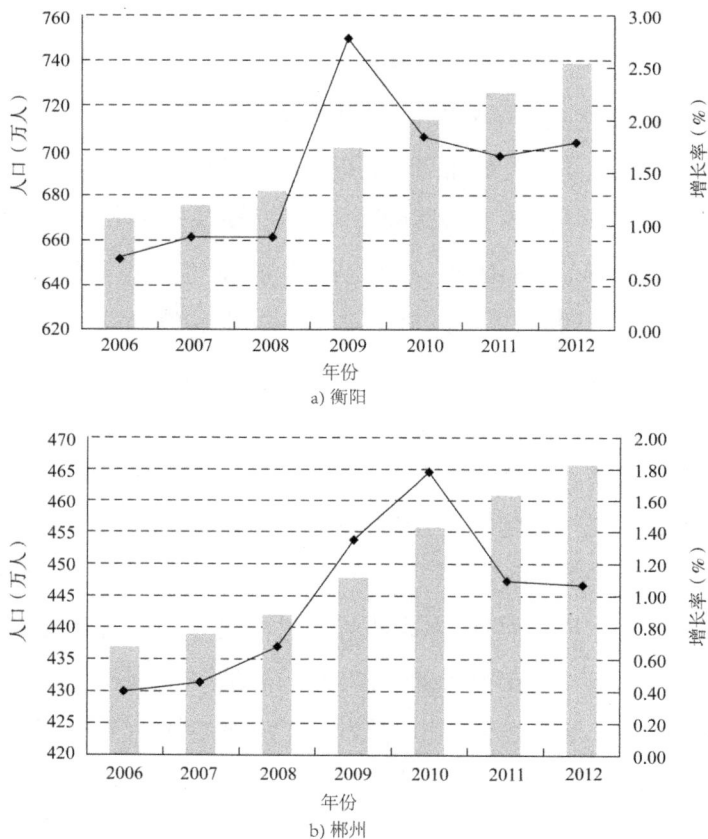

b) 郴州

图10-2　衡阳和郴州人口增长情况

四、高速铁路对人口流动的影响路径

高速铁路对人口流动的影响复杂且多元,总结其深层次原因,主要是通过以下三个路径对人口流动带来影响。一是高速铁路通过作用于经济路径——产业布局影响人口流动;二是高速铁路通过作用于社会路径——城镇布局以城市化发展转移出大量劳动力,影响人口流动;三是高速铁路通过缩短时空距离导致人们的生产生活方式观念的转变,进而影响人口流动。

(一)经济路径——产业布局影响人口流动

经济路径是高速铁路影响人口流动的最根本原因,其本质是高速铁路通过影响产业分布或转移,进一步影响人口流动中的劳动力交流。其作用的基本机理是:高速铁路通过廊道效应、集聚效应、辐射效应和同城一体化效应,产生现代产业集聚经济和城市集聚经济,扩大高级产业比重,改变区域经济结构,促进区域整体产业结构的升级,进而带动大规模的人口流动。具体作用路径如图 10-3 所示。

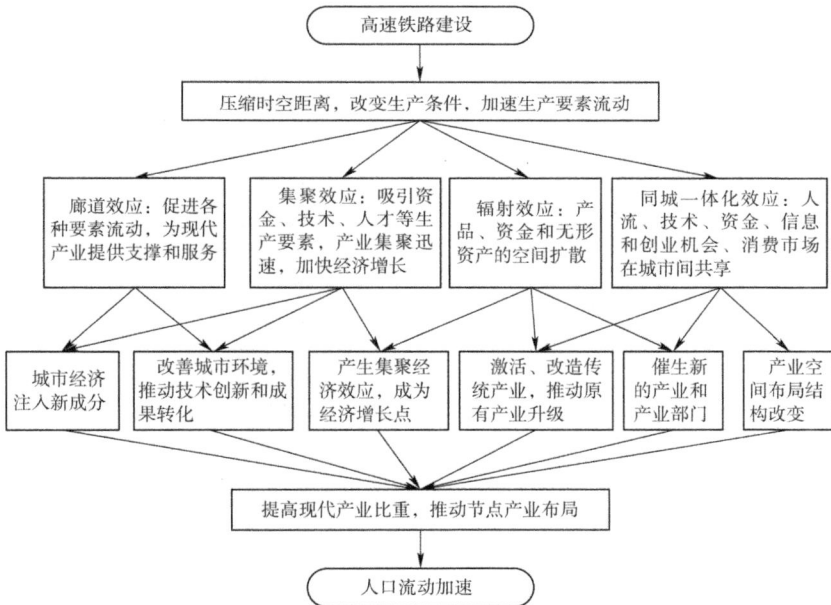

图 10-3　高速铁路对人口流动影响的经济路径

高速铁路通过经济路径对人口流动的影响,最直观的表现是带来就业机会的增多。高速铁路带动相关产业发展所带来的就业机会极为可观,使得大量人口涌入第三产业,同时也带来了都市第三产业的扩大和一、二产业的快速升级。由于直接产业和二级服务业都需要各个层次上的人才,所以无论是精英阶层还是简单体力劳动者都有机会在这一过程中获得迁移的机会。从这一层面上讲,高速铁路带来产业模式上的变革将会成为引领城市化步伐加快的先声,从而加快人口的空间流动。

(二)社会路径——城镇化进程影响人口流动

社会路径是高速铁路影响人口流动的最主要原因,其本质是高速铁路通过沿线城市高铁新城、新区等的集聚建设及加速的城镇化进程来影响人口流动。其作用的基本机理是:一方面,高速铁路通过提高城市可达性,密切城市间的联系,引发区域"同城效应",加快城际的人口交流;另一方面,高速铁路显著推动城镇化进程,提高城市劳动力供给,引发区域"集聚效应",加快人口向城镇集聚,进而促进人口在城际以及城乡间的大规模流动。具体作用路径如图10-4所示。

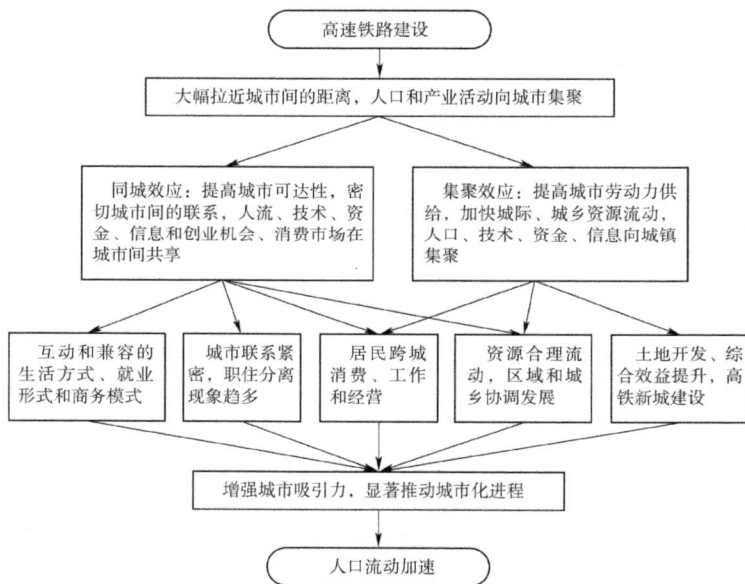

图10-4 高速铁路对人口流动影响的社会路径

具体而言,高速铁路以其高速度而著称,能大幅拉近大城市之间的距离,增强沿线地区城市吸引力,促使区域经济获得长足发展,显著推动城镇化进程。从单条线路城镇化的拉动作用来看,高速铁路的建设运营有利于优化沿线地区的资源配置,带动沿线产业发展,加快沿线城镇化进程。从多条高速铁路线路构建的高速铁路网对区域城镇化的影响来看,高速铁路的建设有利于将邻近的城市连接起来,构成跨区域的城市经济圈,从而改变人口和资源过度向大城市集中的局面,促使资源的合理流动,推动区域和城乡协调发展。总体而言,高速铁路作为连接区域间的纽带,对城镇化发挥着巨大的带动作用,是实现城市间人口快速流动的重要动脉。

(三)个体行为路径——时空感知影响人口流动

个体行为路径是高速铁路影响人口流动的最直接原因,其本质是高速铁路通过压缩人们出行的时空距离,以高速铁路快速、安全、舒适、便捷的特性吸引人们出行来影响人口流动。其作用的基本机理是:高速铁路以一种全新的方式,通过袭夺效应、同城效应、诱发效应和时空压缩效应等,提供给出行者不同的时空感知,进而影响出行者在出行方式、出行频率、出行目的、出行空间等方面的行为感知,改变出行习惯,激发出行意愿,进而加速人口流动。具体作用路径如图 10-5 所示。

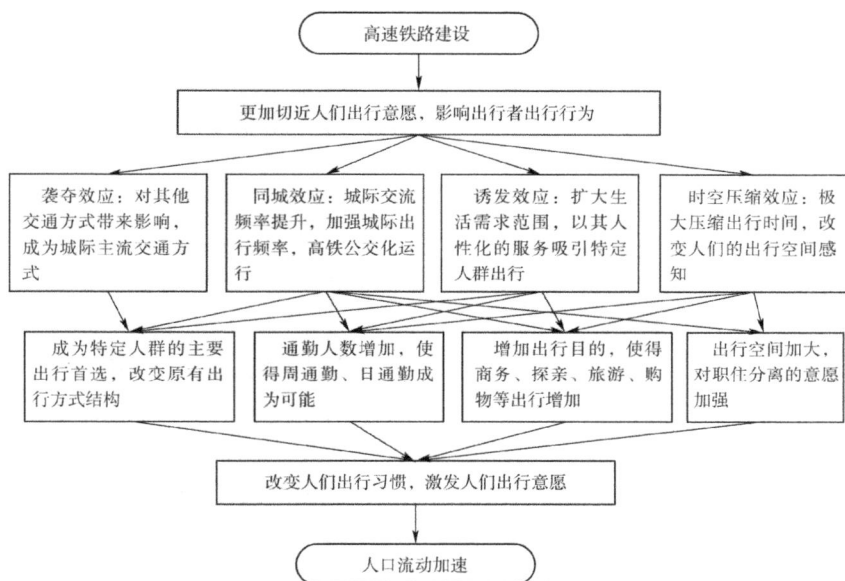

图 10-5　高速铁路对人口流动影响的个体行为路径

从个体的出行行为来看,城际出行作为一种重要的城市空间相互作用的表现形式,在促进区域一体化进程方面发挥了重要的作用。高速铁路能缩短时空距离,导致人们生产生活方式的改变,主要表现为生活观念、生活习惯以及工作模式和发展理念等的转变,由此也催生了一些新的出行行为,如在邻近城市购置房产、实行就业与居住分离的模式,以实现城际的"钟摆式"通勤;随着高端产业进入邻近城市而往返于母体企业与分支企业之间,某地的居民被邻近城市企事业单位长期聘用或兼职,或被应邀短期到邻近城市传技和讲学等。

综上,高速铁路通过经济路径、社会路径和个体行为路径对人口流动带来影响,在高铁的影响下,产业发展和布局、城市化进程和城镇空间结构、个人出行行为方式均发生不同程度的改变,进而对人口的流动带来影响。而且,这三种路径彼此关联,互相制约,而高速铁路影响下的人口流动是其中的"传导器"(图 10-6)。

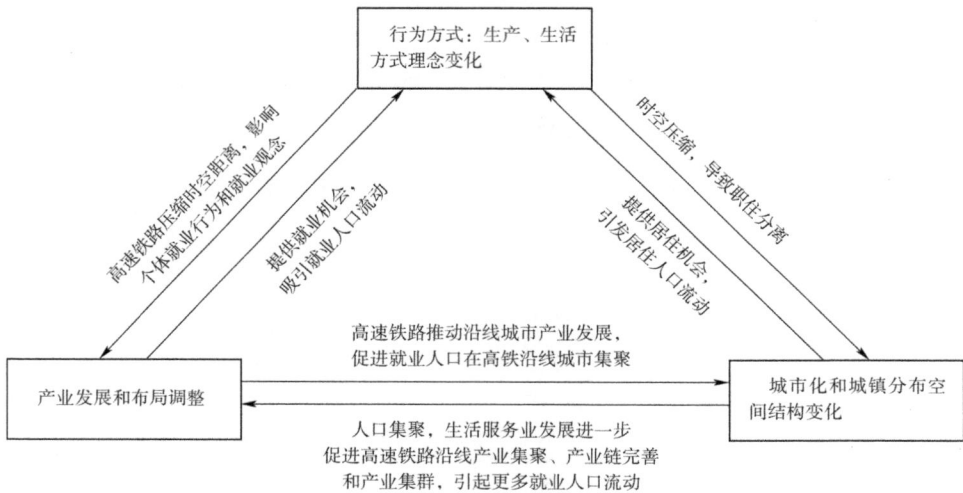

图 10-6 高速铁路影响人口流动的路径关系

第二节 国外高速铁路与人口变化的关系

一、日本新干线

(一)日本新干线发展概况

日本是世界上第一个建成并使用高速铁路的国家,第一条连接东京与大阪之间的东海道新干线于 1964 年 10 月 1 日开始通车运营,这条路线也是全世界第一条投入商业运营的高速铁路系统。日本境内有东海道、山阳、东北、上越、北陆、九州、山形、秋田 8 条新干线路线,总里程约 2884.2km,均为纯客运服务(图 10-7)。根据日本制定的《全国新干线铁路扩建法》,日本规划了总长约 6000km 的新干线铁路建设基本计划。

(二)日本新干线客运量情况

客运量是人口流动的最直观体现。日本新干线承担了巨大的客运量,在日本的铁路客运中发挥了重要作用。东海道新干线于 1964 年投入运营,当年客运量就达 1100 万人次,1971 年达到 8500 万人次,每年以 34% 的超高速向上递增。1972 年山阳新干线的大阪—冈山段开通,东京—冈山间的客运量达到 11100 万人次。1975 年山阳新干线修到博多之后,东京—博多间的客运量达到 15700 万人次,比 1964 年增长了 13.3 倍,平均增长率为 27.3%,而同期国铁既有线客运量平均增长仅为 0.95%,大大低于新干线的增长速度。日本新干线承担了国铁的大量中、长途的客运量,缓解了既有线的运输压力,减轻了列车拥挤和超员状况,为日本国内的旅客运输作出了巨大的贡献(图 10-8)。

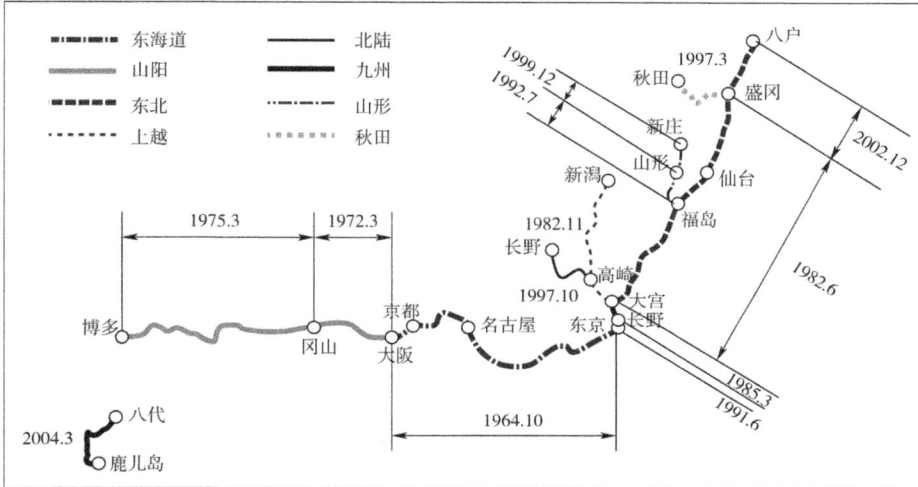

图 10-7　日本新干线空间分布示意图

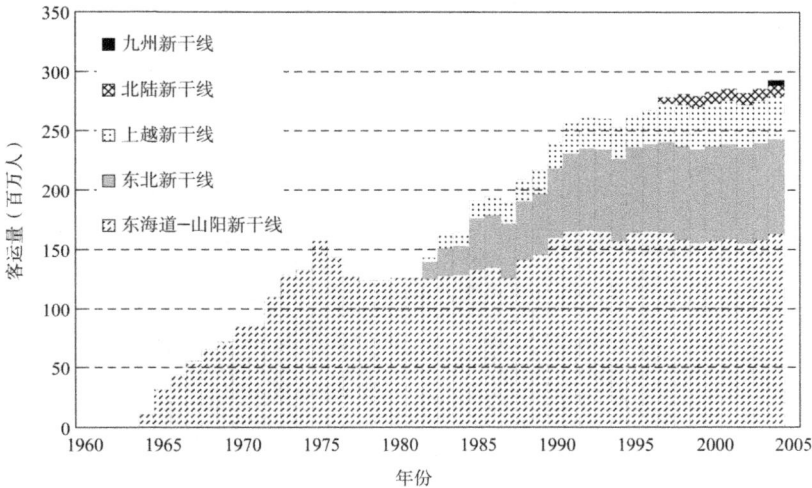

图 10-8　日本主要新干线客运量发展情况

日本新干线高速铁路的旅客运输,以其高速度、高密度、高运量而著称。以东海道新干线高速铁路客运为例,一天(早 6 点至晚 23 点)开行 270 列,运送旅客 36.2 万人次,而高速公共汽车、小汽车、飞机航空(按一天往返200架次计)一天仅运送旅客12万人次、15万人次、10万人次,其运输量之比为1:0.33:0.41:0.28。而在平均旅行速度上,东海道新干线高速铁路每小时表定速度为221km,高速公共汽车仅为63km,小汽车仅为71km,飞机为275km,其平均旅行速度之比为1:0.29:0.32:1.24。

(三)沿线地区人口变化情况

新干线对人口流动的影响可以从以下几个方面进行说明:

一是新干线客运量逐年增加。以东海道新干线为例,新干线开通运营后的前十年,东京—大阪线路上商业旅行和商务出差的旅客增加了260%,东京—京都线路上观光游客增加了360%。东海道新干线与我国京沪高速铁路具有较大的相似性,从运营里程上来看,我国京沪高速铁路1318km,东海道新干线1180km(图10-9);从运营初期客运量增长情况来看,在运营初期的头四年里,两条高速铁路线路客运量均逐年大幅增长,表现出很强的客流吸引能力(图10-10)。

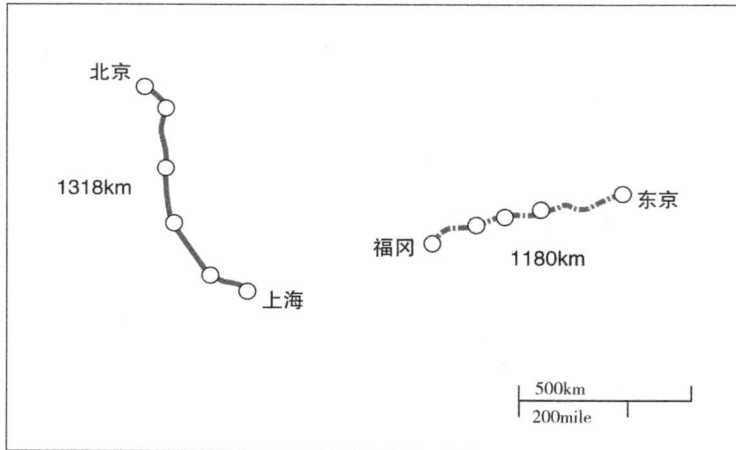

图10-9　京沪高速铁路与东海道新干线里程对比

二是沿线地区人口增长迅速。通过对新干线沿线地区和非沿线地区的人口增长、工商企业数量以及财政收入的对比发现,新干线沿线地区的人口增长、工商企业数量以及财政收入都远远高于非沿线地区,也超过全国平均水平(图10-11)。新干线的运行为沿线各城市资源、技术资源、生产资源和市场间的优化组合提供了便利条件,其更大意义在于加快和扩大了信息、知识和技术的传播,促进新知识的产生和互动,促进沿线地区人员流动,进而将沿线各城市连接成扩张功能区或整体的经济走廊,从而又会进一步促进人员交流,带动沿线地区的人口流动。

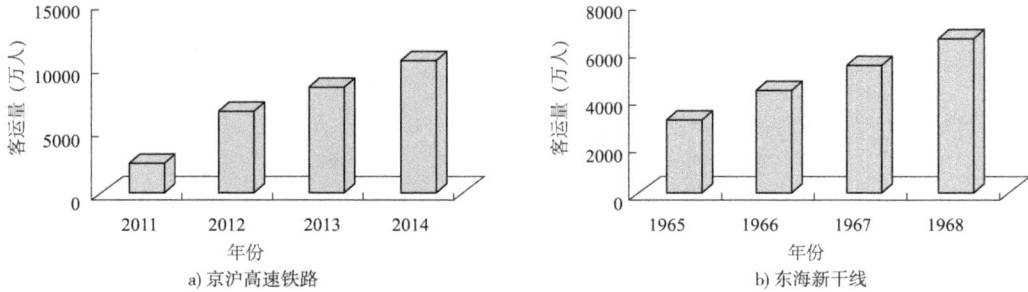

a) 京沪高速铁路

b) 东海新干线

图 10-10　京沪高速铁路与东海道新干线运营初期客运量增长情况对比

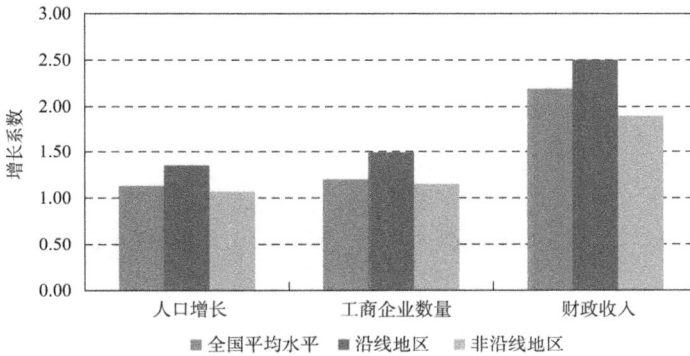

■ 全国平均水平　■ 沿线地区　■ 非沿线地区

图 10-11　新干线沿线地区与非沿线地区对比

三是人口出行时空距离不断扩大。日本新干线的大量修建使日本"一日交流可能人口比率"迅速提高。1975 年,"一日交流可能人口比率"较高地区仅仅局限于大城市及其周边地区;1985 年,各地"一日交流可能人口比率"虽存在区域差距,但几乎所有地区的比率都有所提高;1998 年,随着新干线的快速发展,"一日交流可能人口比率"的区域差距在逐渐减小,60% 以上的人口处于一日交流范围内。总体来看,新干线为日本民众出行带来了便利条件,一日交流人口不断增加,进而大大提高了人口流动的数量和范围(图 10-12)。

四是对人口变化的影响比其他方式更大。通过对新干线和高速公路的对比分析,可以明显得出以下结论:在日本高速铁路和高速公路共有的地区,人口增长快速,同时外流速度也加快,人口流动性很大;在高速铁路和高速公路都没有的地区,由于竞争力较弱,人口外流严重,人口减少的地区高达 39 个;不论是对人口的吸引还是人口的流失方面,高速铁路对人口流动的影响比高速公路影响力要大(表 10-2)。

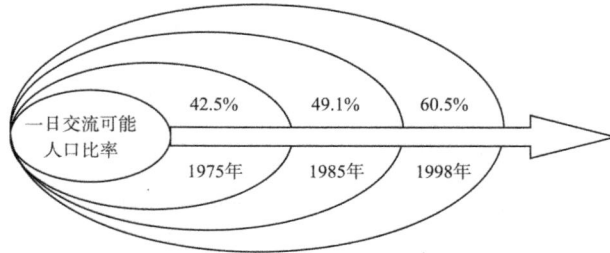

图 10-12　日本一日交通圈的人口比率变化

日本新干线沿线人口变化　　　　　　　　　　　　　　　　表 10-2

项　　目	有 新 干 线	无 新 干 线	共计(个)
有高速公路	人口增加的地区 17 个	人口增加的地区 13 个	56
	人口减少的地区 10 个	人口减少的地区 16 个	
无高速公路	人口增加的地区 2 个	人口增加的地区 3 个	48
	人口减少的地区 4 个	人口减少的地区 39 个	
共计(个)	33	71	104

资料来源:Reed,High Speed Rail Related Development in Europe and United States,1991。

二、法国 TGV

(一)法国 TGV 发展概况

法国于 1981 年建成运营第一条高速铁路 TGV 东南线(巴黎至里昂),目前,法国高铁线主要有东南线(417km)、大西洋线(282km)、北方线(333km)、东南延伸线(148km)、巴黎地区联络线(128km)、地中海线(295km)、欧洲东部线(300km)等,总里程 1903km。由于法国 TGV 可以在高速铁路与普通铁路上运行,所以目前法国高速铁路虽然只有1903km,但 TGV 的通行范围可达 6000 多公里,覆盖大半个法国。

(二)法国 TGV 客运量情况

法国 TGV 是法国人口流动的主要运输方式,承担了法国主要的客运量。以 TGV 东南线为例,自 1981 年开通后的 10 年里,其客运量不断上升,与此同时,普通铁路的客运量却在下降。从法国 TGV 东南线客运量的演变情况来看,大致经历了建成初期的高速增长阶段和后期的平稳发展阶段(图 10-13)。

在东南线建成初期,为了追求高速度、享受高速铁路带来的经济和时间效益,许多普通铁路的旅客纷纷乘坐高速铁路,既有铁路的客运量一直呈现下降趋势,数据表明,到 1984 年底东南线全线开通后,既有铁路运量下降了 60%,转移来的这部分乘客成为高速铁路最稳定的客流。除转移部分客流外,法国 TGV 还以其技术先进、设备完善、安全可靠、舒适方便等优越性,刺激了人们潜在的出行需求,激活了新的运量。

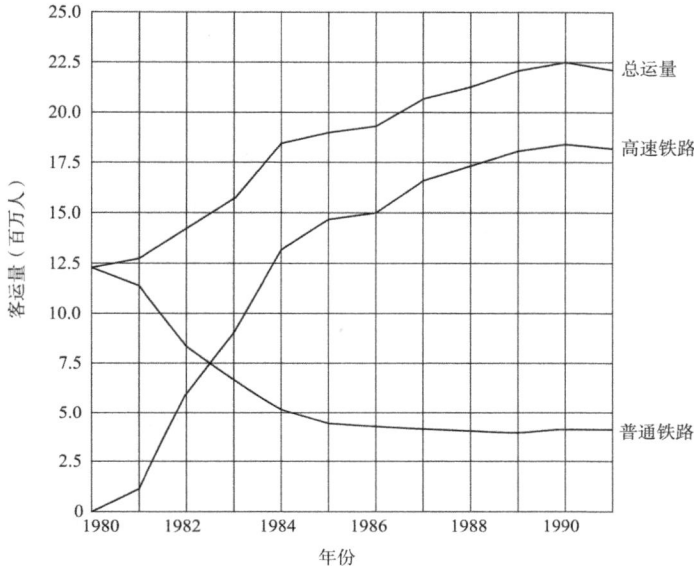

图 10-13　TGV 东南线客运量演变

在经历了几年的高速发展之后,由于高速铁路的出现而带来的客运市场重组的高潮已经过去,东南线高速铁路的运量增长速度开始放缓,但仍有一部分客流在继续向高速铁路转移,另外还有一部分客流在继续增长。同时,伴随着高铁客运量的稳步增长,其他各种运输方式则表现为客运量不再下降,最终使得客运量在各种运输方式中按照客运市场的需求进行合理分配、优化组合、互相促进和共同发展。

(三)法国 TGV 沿线地区人口变化情况

法国 TGV 对沿线地区的人口变化影响同样显著。作为仅次于巴黎的法国第二大都市和法国最重要的工商业中心之一,法国东南部城市里昂的人口变化情况很好地反映了高速铁路所带来的影响。

一是高速铁路改变了里昂人口的衰退趋势。法国建设的第一条高速铁路线路连接了巴黎和里昂,根据里昂的人口发展历史,其主要经历了"高涨—衰落—增长"的过程。工业革命时期,里昂是著名的纺织、钢铁和煤炭基地,快速发展的经济吸引了移民,人口集聚增加,1801—1896 年,里昂的人口从 52000 增加到 216000。20 世纪 50 年代,里昂工业开始衰落,老工业城市的衰落造成了大批失业人口,迫使居民开始外迁,人口出现下降。至 20 世纪 80 年代初,法国的第一条高速铁路修至里昂,以此为契机,里昂开始经济发展振兴计划,人口开始出现第二次快速增长,见图 10-14。

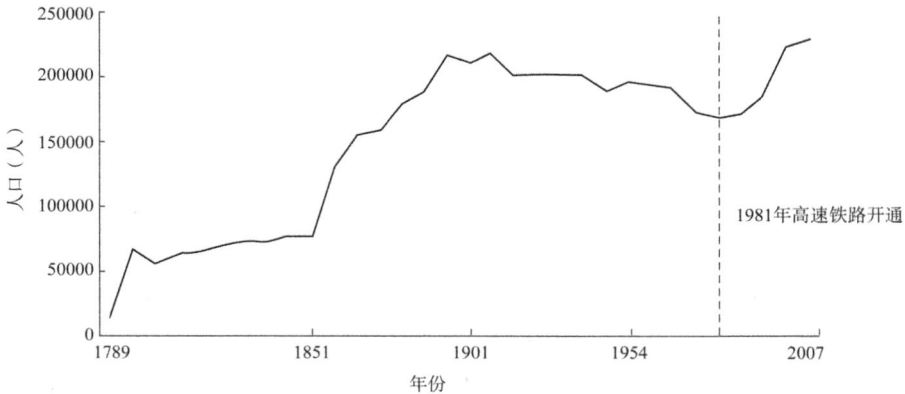

图 10-14 里昂人口发展演变历程

二是高速铁路改变了周边地区的人口结构。在高速铁路的影响下,高速铁路站周边人口社会结构也发生了明显改变,吸引了较高收入的人群。从 1983—1990 年,站区周边区域办公物业从 17.5 万 m² 增至 25.1 万 m²,整体增长 43%,年均增长 5.2%。周边社会层次较高的人群数量显著增加,从占总人数的 8% 上升到 14.9%;而工人群体的比例明显降低,从 1975 年的 39% 下降到 1990 年的 15.9%。在高速铁路乘客中,人数增加最多的是服务、贸易相关行业的旅客,整体商务旅行乘客增加了约 56%,其中与服务、贸易相关的乘客人数暴涨了 112%。

第三节 我国高速铁路与人口流动的空间分析

一、高速铁路与人口流动的空间耦合关系

从我国人口流动空间与高速铁路布局的基本关系来看,二者具有较强的空间耦合性。一方面,人口及人口流动的空间分布指引了高速铁路的基本走向,是高速铁路空间布局的主要影响因素之一;另一方面,高速铁路的建设运行又吸引了人口的集中分布,是人口流动趋向性的主要影响因素之一。

(一)人口空间分布与已建成和在建高速铁路的走向基本吻合

我国人口空间分布整体呈现东多西少的格局。1990—2000 年,我国东、中、西部地

区人口比重分别为 42.47%、34.83% 和 22.70%,到 2000—2010 年,东、中、西部地区人口比重变为 44.73%、33.57% 和 21.70%。整体来看,我国东部人口密集并且集中趋势越来越强,而中西部地区人口极化作用在不断减弱。这与我国高速铁路的空间发展基本吻合。我国高速铁路主要分布在中东部人口较为密集的地区。

从我国已建高速铁路的空间分布来看,目前已建成通车运营的高铁线路多数位于我国人口分布较为密集的几个区域,如京津冀、长三角、珠三角地区,以及哈长地区、中原地区、武汉和长沙地区、成渝地区、东南沿海地区和北部湾地区等。目前全国 200 万以上人口(指城市非农人口)的城市已实现高速铁路全覆盖,如果以高速铁路站点服务范围 50km 或 1h 计,则现有高速铁路站点所服务的人口数已超过 50%。此外,我国还有一批在建高速铁路线路,同样也主要经过人口分布密集的地区,基本能够将我国人口集中分布的各大城市群连接起来,建成后我国高速铁路 50km 或 1h 范围内至少能覆盖全国 70% 的人口。由此可见,我国目前已建和在建高速铁路的走向与人口空间分布基本吻合。

(二)人口流动发展特征与交通客流发展特征基本吻合

基于历次人口普查数据,我国流动人口的数量持续增加,第六次全国人口普查显示,流动人口占全国人口总数的比重由 2000 年的 11.6% 迅速增长到 19.6%。从增长速度看,十年间我国流动人口增加了 80.7%,远高于这期间我国总人口 7.3% 的增长速度。同时,劳动力的流动方向对经济变化高度敏感,随着各地经济发展进程和经济形势变化,人口流动的地域特征也发生了局部性变化。近年来,以长三角为核心的华东地区、以珠三角为核心的华南地区、以京津冀为核心的华北地区,以及以中三角为核心的华中地区对流入人口的吸引力逐渐增强,这几大区域间的人口流动通经济发展相一致,保持了较高的热度。

交通客流区际交流的规模及变化趋势,是考察人口流动空间特征的重要科学依据。随着我国国民经济的迅速发展和人民生活水平的不断提高,区际客运需求总量迅速增加。到 2013 年底,我国七大区域❶间客运交流量达到 10.58 亿人,比 2008 年增长了 42.59%。其中,铁路客运交流量达到 5.70 亿人,占到总客运交流量的 53.88%。从交通

---

❶ 华北(北京、天津、河北、山西、内蒙古)、华东(上海、山东、江苏、浙江、江西、安徽、福建、台湾)、华中(湖北、湖南、河南)、华南(广东、广西、海南、香港、澳门)、西南(重庆、四川、贵州、云南、西藏)、西北(陕西、甘肃、宁夏、新疆、青海)、东北(黑龙江、吉林、辽宁)。

流的指向性来看,主要集中在华北⇔华东,华中⇔华东、华中⇔华南方向上,占到七大区域旅客交流量的40.98%,且客流基本平衡,双向客流分别占到48.33%和51.67%。可见,我国交通客流的发展特征与人口流动的发展特征基本相吻合(表10-3、表10-4)。

2008 年我国七大区域客运交流量(单位:万人)   表10-3

项目	华北	东北	华东	华中	华南	西南	西北
华北	—	2821	4610	2667	643	471	1640
东北	2967	—	1619	244	141	32	58
华东	4711	1176	—	4493	3188	1409	1035
华中	2761	270	5888	—	4928	1421	1037
华南	953	174	4118	4666	—	1934	409
西南	1103	49	2206	1187	2024	—	872
西北	1488	40	875	961	315	641	—

资料来源:《全国交通统计资料汇编》《从统计看民航》《全国铁路统计资料汇编》以及调研数据。

2013 年我国七大区域客运交流量(单位:万人)   表10-4

项目	华北	东北	华东	华中	华南	西南	西北
华北	—	3970	6768	3797	1121	1140	2570
东北	3876	—	1588	312	208	74	81
华东	7192	1552	—	7400	4667	2731	1358
华中	3700	320	8810	—	6791	2282	1482
华南	1113	215	4779	6404	—	2967	466
西南	1104	76	2625	1768	2645	—	1130
西北	2225	79	1354	1441	435	1215	—

资料来源:《全国交通统计资料汇编》《从统计看民航》《全国铁路统计资料汇编》以及调研数据。

(三)人口流动空间方向与高速铁路空间布局走向基本吻合

我国省际人口流动规模呈扩大趋势,总体来看,东部地区是我国人口流入数量较多的地区,其流入人口数量约占全国省际总流入人口数量的80%;而中部则是我国的主要人口流出地区,其流出人口数量占全国省际总流出人口的45%左右。其中,东部地区人口流动主要集中在长三角、珠三角、京津冀等经济较发达地区;中部地区的河南、安徽是全国流出人口最多的省份,主要流入东部沿海地区;而西部流入人口规模较大的地区是四川、新疆和重庆,流出人口规模较大的地区为四川、贵州和重庆。

交通是人口流动的载体,我国人口流动的空间方向反映了交通旅客运输需求的主要方向,而高速铁路作为客运专用运输方式,日渐成为省际人口流动的主要运输工具。从我国人口流动的空间方向与高铁空间布局的走向关系来看,二者存在较强的空间吻合性。一方面,人口流动的主要方向指引了高速铁路空间布局的主要走向。2008年(我国高速铁路开通运营的第一年),我国客流主要集中在北京⇔河北、上海⇔江苏、上海⇔浙江、江苏⇔安徽、广东⇔湖南、广东⇔广西、重庆⇔四川等省际交流段,其比重占到省际客流总交流量的25.5%,而这些主要人口流动方向成为日后我国高速铁路空间布局的主要方向。另一方面,高速铁路的开通进一步加强了人口流动的集中性。至2013年,经过高速铁路五年的快速发展和对人口流动的带动,我国上述省际客流集中交流段占省际客流总交流量的比重进一步提升至29.3%。可见,我国人口流动空间方向与高速铁路空间布局走向存在很强的关联性。

二、高速铁路影响人口流动空间潜力分析

基于高速铁路与人口流动的空间耦合关系,进一步衡量高速铁路对人口流动的影响程度,有助于在更深层次上把握二者的关系,并为二者的融合发展提供依据,为此采取高速铁路客运影响潜力作为衡量高铁影响人口流动程度的一个指标,通过分析其对人口流动的空间潜力,辨析二者存在的主要问题和发展方向。

(一)高速铁路客运影响潜力空间分布

高速铁路作为客运专线,已成为人口流动的重要运输方式,一个城市开通的高速铁路车次数量反映了承运客流的市场潜力。根据对全国铁路旅客列车时刻表的统计,截至2017年底,我国共有超过226个地级城市开通高速铁路,其中高速铁路车次(指G和C字头)超过200趟的城市有19个。整体上,高铁客运影响潜力比较高的城市主要集中在中、东部地区,西部地区城市潜力比较低。而且,我国城市高铁客运影响潜力在空间上呈现多中心—廊道结构:影响潜力高的城市主要集中在长三角、珠三角、京津冀等城市群内部,呈现多中心结构;其余多沿连接重要城市群的京广、京沪、京哈、杭州—上饶—长沙等铁路线分布,呈现廊道结构。

高速铁路车次是客流的主要反映,而客流又是人口流动的主要反映,因此,高速铁路的车次能够很好地体现人口流动的主要态势。从上述高速铁路客运影响潜力来看,北京、上海、广州、天津、南京、深圳、长沙、杭州、苏州、东莞、济南、武汉、郑州等城市是人口流动潜力较大的地区,这些地区的高速铁路车次密集,具备为人口流动提供更充分运

输服务的能力,是全国人口的主要集聚区。

(二)高速铁路影响人口流动的空间潜力

通过对高速铁路客运影响潜力和人口的空间分布进行对比,可以明显判别出当前我国高速铁路对人口流动服务的不足之处,以及未来的发展空间。

首先从我国人口城市空间分布特征来看,我国人口主要分布以重庆、上海、北京和广州等为核心城市的几个人口密集区,在这几个密集区之外,围绕各省会城市或区域中心城市,人口也都较为密集。总体上,从全国版图来看,我国人口的集中趋势并不太明显,空间分布相对分散,尤其是在中东部地区。而我国未来的人口流动也将基于这样的人口分布格局展开,根据人口的空间分布格局,未来我国人口的短距离流动将成为主流,使得我国人口的空间分布更加均衡。而且,随着我国高速铁路的发展,人口流动的空间将会被进一步拉大,这有助于人口集聚区的扩散,进而进一步缩小人口的空间分布差异。

与我国人口空间分布特征不同,从高速铁路客运影响潜力的分布特征来看,其集中趋势却十分明显,显著呈现出以京津冀、长三角和珠三角为核心,沿京沪、京广、京哈和上海—杭州—长沙等线集中分布的格局。高速铁路客运影响潜力的这种分布格局与我国人口空间分布格局的分异性,说明当前我国高速铁路对人口流动的支撑能力还有待完善的空间。尽管这与高速铁路的网络布局有关,但也与城市高速铁路车次密切相关。从目前的高速铁路客运影响潜力分布来看,我国既有高速铁路因车次的影响客运影响潜力还很不均衡,这与人口流动的渐趋均衡趋势相悖。因此,根据人口空间分布特征和未来人口流动趋势,适当加强相关地区的高铁客运影响潜力极为重要。

三、基于人口流动的高速铁路发展思路

高速铁路诞生以来,人们往往更关注于高速铁路对沿线区域经济带来的影响,如对区域经济发展、沿线产业布局、城市空间结构的影响等等。相反,对人口流动的影响则关注较少。实际上,高速铁路作为客运专线,除对沿线产业的发展带来影响外,对人口流动的影响同样较为明显。根据高铁对人口流动的影响分析,我们从中至少可以得到如下启示。

(1)高速铁路的线路规划应充分反映人口流动的主要方向。

一定的客流基础是高速铁路建设的基本条件。高速铁路网的布局规划一般都会考

虑人口因素,选择经过人口较为密集的地区,但是对人口的考虑只是以静态的人口空间分布作为参考对象,而不是以动态的人口流动作为依据。与人口空间分布相比,人口流动更能直观反映高铁的客流基础。尽管高速铁路的建设规划也会进行客流的预测分析,但只是针对单条高铁路线的客流预测,缺乏对区域的整体考虑,不能反映人口流动的网络特征。根据前文高速铁路对人口流动的影响分析表明,人口流动的空间指向对高速铁路的线路规划具有很强的指导意义。从我国省际人口流动空间特征来看,我国人口流动具有较强的空间指向性,在京津冀、长三角、珠三角和成渝等地区形成了人口流动密集带,而这些地区已经成为高速铁路发展的集中地区。目前,我国高速铁路进入快速发展时期,未来高速铁路的发展应充分反映人口流动的主要方向,尤其是在人口流动较为密集的城市群地区,应切实加强城际高速铁路的规划建设。

(2)根据人口布局特征适当调整相关地区的高速铁路路线和车次。

在高速铁路线路网路确定的情况下,通过调整车站的高速铁路路线和车次同样可以增加高速铁路的空间服务能力和客运影响潜力。从我国目前的人口空间分布特征和高速铁路客运影响潜力分布特征来看,二者还存在一定程度的不协调。总体来看,我国人口空间分布是渐趋均衡的趋势,尤其是在高速铁路的带动下,人口流动空间的不断扩大拓展了人们的活动空间范围,有助于缩小人口分布差异;而目前的高速铁路路线下,我国的高速铁路客运影响潜力却是集中分布态势,这就不利于人口的扩散,有悖于人口发展趋势。因此,应根据我国人口空间分布格局和人口流动趋势,适当调整既有高速铁路车站的路线和车次安排,以此增加高铁沿线地区的高速铁路客运影响潜力,加强不同地区对人口流动的空间服务能力。这就需要打破旧有的铁路排图思维,针对高速铁路,制定合适的"大站快车+跳停列车"的运行模式,满足日益增多的小站乘客中短途通勤需求。

(3)根据人口流动特征制定灵活的高铁票制票价。

当前我国高速铁路在客票定价机制上采用的是基准票价制,现行高速铁路票价约为每公里人次0.47元,客票种类单一,定价机制和票价体系不尽完善。国外的高速铁路票价机制则相对灵活,如法国将高速铁路乘客分为三个等级,针对不经常乘坐、偶尔乘坐和经常乘坐三个不同等级的乘客给予不同程度的优惠。我国人口流动在空间上具有典型的集聚特征,即存在人口流动集聚区;在人群上具有明显的分异特征,即不同出行目的人群高速铁路乘坐频率不同。这些特征为高速铁路提供更加有针对性和人性化的服务,指导铁路部门制定灵活的票制票价提供了决策参考。根据我国人口流动的特征,高速铁路票价的制定可以在既有票价的基础上,在人口流动集聚区(如京津冀、长三角、珠三角、成渝等城市群地区),改变一成不变的单一票价模式,按照职业、出行目的等针对不同人群制定更加灵活的票价制度,如推行周票、月票、年票、联票等多种票制,给予通勤、旅游、联运等客流一定优惠,吸引经常出行的乘客乘坐高速铁路。

(4)基于高速铁路积极发展旅客联程联运。

高速铁路的开通对人口流动的出行方式带来较大影响,给其他交通运输方式带来冲击。加强各运输方式之间的协调,尤其是基于高速铁路,联合其他运输方式积极发展联程联运,能够更好地服务于人口流动。从目前发展实际来看,高速铁路与民航的竞争最为激烈,二者的衔接也最为薄弱。因此,对各地政府而言,在快速发展高速铁路的同时,应主动加强与航空的高效衔接,充分发挥两种高速运输方式的优势。一是在硬件上依托基础设施建设实现空铁联运。对新建机场而言,应考虑高速铁路车站的垂直建设,将高速铁路线路引入机场,构建综合交通枢纽;对已有机场而言,则应考虑高速铁路车站和航站楼的高效接驳,利用机场大巴、轨道交通等实现高速铁路与民航的快速换乘。二是在软件上依托运输服务实现空铁联运。积极发展联运信息服务和联运票务服务,协调高速铁路车次与机场航班时间,尽可能实现旅客一票联程。

参 考 文 献

[1] Adams J S. Residential structure of Midwestern cities[J]. Annals of the Association of American Geographers, 1970, 60(1): 37-62.

[2] Albrechts L, Coppens T. Megacorridors: striking a balance between the space of flows and the space of places[J]. Journal of Transport Geography, 2003, 11(3): 215-224.

[3] Aljarad S N. Disaggregate Mode Choice Modeling for Intercity Non-business Travelers in the Saudi Arabia-Bahrain Corridor[J]. Indiana University, 1993.

[4] Aljarad S N, Black W R. Modeling Saudi Arabia-Bahrain corridor mode choice[J]. Journal of Transport Geography, 1995, 3(4): 257-268.

[5] Allen W B, Liu D, Singer S. Accesibility measures of US metropolitan areas[J]. Transportation Research Part B: Methodological, 1993, 27(6): 439-449.

[6] Baerwald T J. The Emergence of a New "Downtown"[J]. Geographical Review, 1978, 68(3): 308-318.

[7] Baerwald T J. Land use change in suburban clusters and corridors[J]. Transportation Research Record, 1982, 861: 7-12.

[8] Berry B J L. Comparative urbanisation: divergent paths in the twentieth century[J]. Macmillan, 1981.

[9] Bryan B A. A generic method for identifying regional koala habitat using GIS[J]. Australian Geographical Studies, 1997, 35(2): 125-139.

[10] Carballo D M, Pluckhahn T. Transportation corridors and political evolution in highland Mesoamerica: Settlement analyses incorporating GIS for northern Tlaxcala, Mexico[J]. Journal of Anthropological Archaeology, 2007, 26(4): 607-629.

[11] Chang I. A Network-based Model for Market Share Estimation Among Competing Transportation Modes in a Regional Corridor [J]. University of Maryland, College Park, 2001.

[12] Chapman D, Pratt D, Larkham P, et al. Concepts and definitions of corridors: evidence from England's Midlands[J]. Journal of Transport Geography, 2003, 11(3): 179-191.

［13］ CHI Guangqing. The impacts of transport accessibility on population change across rural, suburban and urban areas: a case study of Wisconsin at sub-county levels［J］. Urban Studies, 2012, 49(12): 2711-2731.

［14］ Cholakis F. The regeneration of an urban corridor, enriching the experience of a highway strip at the city's edge［J］. MAI, 1999.

［15］ Church R, VELLE C R. The maximal covering location problem［J］. Papers in Regional Science, 1974, 32(1): 101-118.

［16］ Comtois C, Rimmer P J. Transforming the Asia-Pacific's strategic architecture: transport and communications platforms, corridors and organisations［J］. Asia-Pacific Security: The Economics-Politics Nexus. Allen and Unwin, Canberra, 1997: 206-226.

［17］ Daskin M, Owen S. Location models in transportation［J］. Handbook of Transportation Science, 2003: 321-370.

［18］ De Vries J, Priemus H. Megacorridors in north-west Europe: issues for transnational spatial governance［J］. Journal of Transport Geography, 2003, 11(3): 225-233.

［19］ Diaz D, Didier M. Integrated information and traffic control strategies for congested urban freeway corridors. University of Texas at Austin, 1999.

［20］ Erickson R A, Gentry M. Suburban nucleations［J］. Geographical Review, 1985: 19-31.

［21］ FINN E A. Cruising into the 21st Century1987(Forbes August 24): 80-83.

［22］ Gutiérrez J, Urbano P. Accessibility in the European Union: the impact of the trans-European road network［J］. Journal of Transport Geography, 1996, 4(1): 15-25.

［23］ Hall P. Cities in civilization. Pantheon Books New York, 1998.

［24］ Hart T. Transport, the urban pattern and regional change, 1960 – 2010［J］. Urban Studies, 1992, 29(3): 483-503.

［25］ Hensher D A. A practical approach to identifying the market potential for high speed rail: A case study in the Sydney-Canberra corridor［J］. Transportation Research Part a: Policy and Practice, 1997, 31(6): 431-446.

［26］ Illingworth V, Market H B L. The Penguin dictionary of physics. Penguin Books, 1991.

[27] Kiyoshi Kobayashi, Makoto Okumura. The Growth of City Systems with High- speed Railway Systems[J]. The Annals of Regional Science, 1997, 31(1).

[28] Blum U, Haynes K E, Karlsson C. Introduction to the Special Issue: The Regional and Urban Effects of High speed Trains[J]. The Annals of Regional Science, 1997, 31 (1).

[29] Knowles R D. Research agendas in transport geography for the 1990s[J]. Journal of Transport Geography, 1993, 1(1): 3-11.

[30] Levinson D, Yerra B. Self-organization of surface transportation networks[J]. Transportation Science, 2006, 40(2): 179-188.

[31] Li Y H, Yuan Z Z, Cao S H, et al. Application of Combined Traffic Demand Forecasting for Comprehensive Transport Corridor[J]. Ncm 2008 : 4Th International Conference On Networked Computing and Advanced Information Management, Vol 1, Proceedings, 2008: 205-210.

[32] LIN G. Transportation and metropolitan development in China's Pearl River Delta: the experience of Panyu[J]. Habitat International, 1999, 23(2): 249-270.

[33] Linneker B J, Spence N A. An accessibility analysis of the impact of the M25 London Orbital Motorway on Britain[J]. Regional Studies, 1992, 26(1): 31-47.

[34] McDonald J F, Osuji C I. The effect of anticipated transportation improvement on residential land values [J]. Regional Science and Urban Economics, 1995, 25 (3): 261-278.

[35] McGee T G. The emergence of desakota regions in Asia: expanding a hypothesis[J]. The Extended Metropolis: Settlement Transition in Asia, 1991: 3-25.

[36] Moon H. The interstate highway system. Geographical snapshots of North America: commemorating the 27th Congress of the International Geographical Union and Assembly, 1992, 425.

[37] Murray A T, OKelly M E. Assessing representation error in point-based coverage modeling[J]. Journal of Geographical Systems, 2002, 4(2): 171-191.

[38] Murray A T, O'Kelly M E, Church R L. Regional service coverage modeling[J]. Computers & Operations Research, 2008, 35(2): 339-355.

[39] Muscarà C. Progress report italian urban geography: counterurbanization versus peripheral development[J]. Urban Geography, 1991, 12(4): 363-380.

[40] Newman P, Kenworthy J R. The land use--transport connection: An overview[J]. Land Use Policy, 1996, 13(1): 1-22.

[41] Nookala M, Khan A M. Cost-efficiency of Intercity Bus Technology Innovations,1987.

[42] O Kelly M E. A geographer's analysis of hub-and-spoke networks[J]. Journal of Transport Geography, 1998, 6(3): 171-186.

[43] PAPAGEORGIOU M. AN INTEGRATED CONTROL APPROACH FOR TRAFFIC CORRIDORS[J]. Transportation Research Part C-Emerging Technologies, 1995, 3 (1): 19-30.

[44] Patterson Z, Ewing G O, Haider M. The potential for premium-intermodal services to reduce freight CO_2 emissions in the Quebec City-Windsor Corridor[J]. Transportation Research Part D-Transport and Environment, 2008, 13(1): 1-9.

[45] Perroux F. Note sur la notion de p le de croissance[J]. Economie Appliquée, 1955, 7 (1-2): 307-320.

[46] Petersen E R. A highway corridor planning model: QROAD[J]. Transportation Research Part a-Policy and Practice, 2002, 36(2): 107-125.

[47] Priemus H, Zonneveld W. What are corridors and what are the issues? Introduction to special issue: the governance of corridors[J]. Journal of Transport Geography, 2003, 11(3): 167-177.

[48] Qiu Y Z, Chen S F, Chen T. Evolution Mechanism of Demand for Comprehensive Transportation System Based on Metabolic Ecology[J]. Journal of Southeast University (English Edition), 2009, 25(2): 271-273.

[49] Rahman S, Smith D K. Use of location-allocation models in health service development planning in developing nations[J]. European Journal of Operational Research, 2000, 123(3): 437-452.

[50] Reggiani Giorgio A, Pepping G. Towards a typology of European inter-urban transport corridors for advanced transport telematics applications[J]. Journal of Transport Geography, 1995, 3(1): 53-67.

［51］Richmond J. Simplicity and complexity in design for transportation systems and urban forms［J］. Journal of Planning Education and Research, 1998, 17: 220-230.

［52］Sch Nharting J, Schmidt A, Frank A, et al. Towards the multimodal transport of people and freight: interconnective networks in the RheinRuhr Metropolis［J］. Journal of Transport Geography, 2003, 11(3): 193-203.

［53］Slack B. INTERMODAL TRANSPORTATION IN NORTH AMERICA AND THE DEVELOPMENT OF INLAND LOAD CENTERS［J］. The Professional Geographer, 1990, 42(1): 72-83.

［54］Soria Y Mata A. The Linear City［J］. Translation by Marcos Diaz Edge/ Thoemmes, 1997.

［55］Sutton C J. Land use change along Denver's I-225 beltway［J］. Journal of Transport Geography, 1999, 7(1): 31-41.

［56］Tim Lynch. Analysis of the Economic Impacts of Florida High- speed Rail［J］. Berlin: InnoTrans, UIC, CFECER-GEB and UNIFE, 1998.

［57］Ullman E L, Boyce R R. Geography as spatial interaction. University of Washington Press, 1980.

［58］Van Hengel D R. Citizens near the path of least resistance: travel behavior of Century Freeway corridor residents: University of California, Ph. D, 1996.

［59］VATURI A, GRADUS Y, PORTNOV B. A. Train access and financial performance of local authorities［J］. Journal of transport geography, 2011, 19(2): 224-234.

［60］Vance J E. The merchant's world: the geography of wholesaling. Prentice-Hall, 1970.

［61］Werner C. The role of topology and geometry in optimal network design［J］. Papers in Regional Science, 1968, 21(1): 173-189.

［62］Whebell C F J. Corridors: a theory of urban systems［J］. Annals of the Association of American Geographers, 1969, 59(1): 1-26.

［63］Y Mata S. A. (1882): La ciudad lineal. Madrid (Reprint1931), 1882.

［64］Zhou Y. The metropolitan interlocking region in China: A preliminary hypothesis［J］. The Extended Metropolis: Settlement Transition in Asia, 1991: 89-112.

［65］曹小曙. 全球化背景下穗深港巨型城市走廊发展演化及其意义［J］. 珠江经济, 2008

（4）:5-12.

[66] 曹小曙. 穗深港巨型城市走廊空间演化研究[M]. 北京:商务印书馆,2006.

[67] 曹小曙,马林兵,颜廷真. 珠江三角洲交通与土地利用空间关系研究[J]. 地理科学,2007(6):743-748.

[68] 曹小曙,田文祝,郭庆铭. 穗港城市走廊城镇用地扩展类型分析[J]. 经济地理,2006a(1):111-113.

[69] 曹小曙,阎小培. 20世纪走廊及综合运输通道研究进展[J]. 城市规划,2003(1):50-56.

[70] 陈波莅. 区域综合运输通道的界定[J]. 交通企业管理,2011(4):56-57.

[71] 丁金学,金凤君,王成金,等. 中国交通枢纽空间布局的评价、优化与模拟[J]. 地理学报,2011(4):504-514.

[72] 丁金学,金凤君,王成金,等. 交通枢纽的空间演进与发展机理[J]. 地理科学进展,2012(4):484-490.

[73] 丁金学,金凤君,王姣娥,等. 高铁与民航的竞争博弈及其空间效应——以京沪高铁为例[J]. 经济地理,2013(5):104-110.

[74] 段国钦. 交通走廊运输需求分析及其运输结构优化研究[D]. 西安:长安大学,2000.

[75] 费洪平. 产业带空间演化的理论研究[J]. 热带地理,1993,13(003):272-280.

[76] 顾朝林. 经济全球化与中国城市发展:跨世纪中国城市发展战略研究[M]. 北京:商务印书馆,1999.

[77] 国金证券. 高铁专题分析报告——高铁催生新的"交通经济带",2010-4-14.

[78] 高铁经济:机遇、挑战与我省应对,河北省哲学社会科学规划网,2013-04-27.

[79] 官卫华,姚士谋. 基于交通走廊的城市群区域空间成长研究——以宁镇扬区域成长三角为例[J]. 2006中国城市规划年会论文集,2006.

[80] 郭春江. 高速铁路与民航客运量分担博弈模型研究[D]. 北京:北京交通大学,2010.

[81] 郭振淮,金陵,李丽萍. 论产业密集带[J]. 经济地理,1995(1):1-9.

[82] 韩凤. 城市空间结构与交通组织的耦合发展模式研究[D]. 长春:东北师范大学.2007.

[83] 韩增林,杨荫凯,张文尝,等. 交通经济带的基础理论及其生命周期模式研究[J]. 地理科学,2000(4):295-300.

[84] 韩增林,尤飞,张小军. 高速公路经济带形成演化机制与布局规划方法探讨[J]. 地

理研究,2001(4):471-478.

[85] 何丹.轨道交通对城市住宅价格的影响效应研究——以北京市为例[D].博士后出站报告,2011.

[86] 侯雪,刘苏,张文新,等.高铁影响下的京津城际出行行为研究[J].经济地理,2011(9):1573-1579.

[87] 胡亮.城市综合运输通道分流措施与设计模式[J].城市交通,2009(5):78-84.

[88] 胡序威,周一星,顾朝林.中国沿海城镇密集地区空间集聚与扩散研究[M].北京:科学出版社,2000.

[89] 黄承锋.运输通道合理运行及经济聚集作用研究[D].重庆:重庆大学,2001.

[90] 黄苏才,王静.高速公路通道运输结构合理配置模型研究[J].华东公路,1999(5):17-20.

[91] 黄苏萍.高铁网络与人口流动管理[M].北京:社会科学文献出版社,2015.

[92] 姜丕军.交通运输与经济增长:美国的经验及启示[J].生产力研究,2010(004):195-196.

[93] 蒋谦.国外公交导向开发研究的启示[J].城市规划,2002(8):82-87.

[94] 金凤君.空间组织与效率研究的经济地理学意义[J].世界地理研究,2007(4):55-59.

[95] 金凤君.基础设施与区域经济发展环境[J].中国人口、资源与环境,2004a(4):72-76.

[96] 金凤君.基础设施与经济社会空间组织[M].北京:科学出版社,2011.

[97] 金凤君.我国航空客流网络发展及其地域系统研究[J].地理研究,2001(1):31-39.

[98] 金凤君,等.铁路客运提速的空间经济效果评价[J].铁道学报,2003(6).

[99] 金凤君,王姣娥.20世纪中国铁路网扩展及其空间通达性[J].地理学报,2004b(2):293-302.

[100] 荆新杆,付晓豫,施其洲.京沪运输通道——经济带系统协调研究[J].铁道运输与经济,2009,31(7):25-28.

[101] 鞠志龙,霍娅敏.交通运输系统对城市群发展支撑作用的探讨[J].铁道运输与经济,2009(3):39-42.

[102] 郎茂祥.我国修建高速铁路的社会经济效应分析[J].上海铁道科技,1999(1).

[103] 李晨光.我国高铁发展及其对旅游业的影响[J].北京大地风景旅游景观规划院，2012-8-17.

[104] 李德刚.综合运输网中的通道分析与系统配置研究[D].成都:西南交通大学,2006.

[105] 李德琪.高速公路建设与经济协调发展理论探讨[J].黑龙江交通科技,2009(2):119-120.

[106] 李婧.运输通道发展对节点城市经济影响的量化分析[J].科技交流,2008(003):55-60.

[107] 李建东.高速铁路对沿线区域经济产业的影响[J].合作经济与科技,2012(5).

[108] 李涛,曹小曙,黄晓燕.珠江三角洲交通通达性空间格局与人口变化关系[J].地理研究,2012(9):1661-1672.

[109] 李祥妹,刘亚洲,曹丽萍.高速铁路建设对人口流动空间的影响研究[J].中国人口、资源与环境,2014(6):140-147.

[110] 李袁园.中国省级人口迁移和区域经济发展研究——基于"六普"数据的分析[M].北京:社会科学文献出版社,2014.

[111] 林晓言,陈小君,白云峰,等.京津城际高速铁路对区域经济影响定量分析[J].铁道运输与经济,2010(5):5-11.

[112] 刘冰.交通运输与区域经济发展的适应性分析[D].北京:北京交通大学,2007.

[113] 刘灿齐.现代交通规划学[M].北京:人民交通出版社,2001.

[114] 刘强,陆化普,王庆云.区域运输通道布局优化三层规划模型[J].清华大学学报(自然科学版),2010(6):815-819.

[115] 刘舒燕.交通运输系统工程[M].北京:人民交通出版社,1998.

[116] 刘耀彬,李仁东,宋学锋.中国城市化与生态环境耦合度分析[J].自然资源学报,2005(1):105-112.

[117] 刘耀彬,李仁东,张守忠.城市化与生态环境协调标准及其评价模型研究[J].中国软科学,140-148.

[118] 刘奕,贾元华,朱俊峰.综合运输通道结构演化的自组织机制研究[J].综合运输,2009(8):24-27.

[119] 陆大道.区域发展及其空间结构[M].北京:科学出版社,1995.

[120] 骆玲,曹洪.高速铁路的区域经济效应研究[M].成都:西南交通大学出版

社,2010.

[121] 罗鹏飞,徐逸伦,张楠楠.高速铁路对区域可达性的影响研究:以沪宁地区为例[J].经济地理,2004(3):407-411.

[122] 吕晨.人口的迁移与流动——人口空间集疏的机理研究[M].广州:中山大学出版社,2014.

[123] 吕孟兴.大城市组团间交通运输通道规划研究[D].南京:南京林业大学,2007.

[124] 吕永忠.交通经济带及其GIS分析[D].北京:北方交通大学,1997.

[125] 罗仁坚.运输枢纽与通道布局规划的关系及其分类[J].综合运输,2005(6):19-20.

[126] 马伟,王亚华,刘生龙.交通基础设施与中国人口迁移:基于引力模型分析[J].中国软科学,2012(3):69-75.

[127] 毛蒋兴,闫小培.城市交通干道对土地利用的廊道效应研究——以广州大道为例[J].地理与地理信息科学,2004(5):58-61.

[128] 毛敏.综合运输通道自组织演化机理[J].西南交通大学学报,2007(5):631-635.

[129] 毛敏.城市化进程中区域客运走廊的发展研究[D].成都:西南交通大学,2005.

[130] 毛敏,蒲云.综合运输通道研究综述[J].世界科技研究与发展,2006(5):76-81.

[131] 毛敏,喻翔,张锦.区域性轨道交通与珠江三角洲城市群的可持续发展[J].城市轨道交通研究,2004(6):23-26.

[132] 梅振宇,陈峻,王炜,等.区域运输走廊形成机理及其界定分析[J].交通运输工程与信息学报,2003(2):91-96.

[133] 孟国连.区域性运输通道布局规划的方法及应用研究[D].北京:北京交通大学,2010.

[134] 孟庆松,韩文秀.科技—经济系统协调模型研究[J].天津师大学报:自然科学版,1998,18(004):8-12.

[135] 苗东升.系统科学精要[M].北京:中国人民大学出版社,1998.

[136] 帕克,伯吉斯,麦肯齐.城市社会学[J].芝加哥学派城市研究文集,1987:1-5.

[137] 潘海啸.大都市地区快速交通和城镇发展:国际经验和上海的研究,2002.

[138] 潘家华,牛凤瑞,魏后凯.中国城市发展报告,2009(2):31-44.

[139] 彭辉.综合交通运输系统理论分析[D].西安:长安大学,2006.

[140] 彭其渊.我国西部铁路运输通道的规划与设计研究[J].学术动态,2000(3):5-7.

[141] 彭峥,胡华清.高速铁路对航空运输市场的影响分析[J].综合运输,2009(007):70-75.

[142] 荣朝和,吴昊,程楠.关于通道规划及京沪通道资源优化配置的思考[J].交通运输系统工程与信息,2007(3):11-18.

[143] 邵俊杰.货物运输通道的演变及实证研究[D].北京:北京交通大学,2010.

[144] 沈志云,邓学钧.交通运输工程学[M].北京:人民交通出版社,2003.

[145] 石海洋,侯爱敏,等.发达国家及地区高铁枢纽站周边区域产业发展研究[J].天津城市建设学院学报,2012(2).

[146] 舒慧琴,石小法.东京都市圈轨道交通系统对城市空间结构发展的影响[J].国际城市规划,2008(3):105-109.

[147] 孙爱军,吴钧,刘国光,等.交通与城市化的耦合度分析——以江苏省为例[J].城市交通,2007(2):42-46.

[148] 孙斌栋.我国特大城市交通发展的空间战略研究——以上海为例[D].南京:南京大学出版社,2009.

[149] 孙正安,陈大伟,李旭宏.基于OD分布的运输通道识别方法[J].交通运输工程与信息学报,2010(3):116-123.

[150] 田成诗,盖美.中国人口流动规律、动因及对经济增长的影响[M].北京:科学出版社,2015.

[151] 王成金.中国高速公路网的发展演化及区域效应研究[J].地理科学进展,2006(6):126-137.

[152] 王花兰,周伟,王元庆.中心城—卫星城间交通发展对城市空间扩展影响模型[J].经济地理,2006a,26(004):594-597.

[153] 王花兰,周伟,王元庆.主城对卫星城市基于交通通道的经济扩散模型[J].交通运输系统工程与信息,2006b(5):78-82.

[154] 王慧晶.武广高速铁路开通后既有线客流变化的实证分析[J].湖南铁路科技职业技术学院学报,2012(2).

[155] 王姣娥.公交导向型城市开发机理及空间效应研究[D].北京:中国科学院研究生院博士学位论文,2008.

[156] 王姣娥,丁金学.高速铁路对中国城市空间结构的影响研究[J].国际城市规划,

2011(6):49-54.

[157] 王缉宪,林辰辉.高速铁路对城市空间演变的影响:基于中国特征的分析思路[J].
国际城市规划,2011,26(1).

[158] 王庆云.交通运输发展理论与实践[M].北京:中国科学技术出版社,2006.

[159] 王锡福.上海市近郊区快速交通对土地利用的廊道效应分析[D].南京:南京大
学,2005.

[160] 王兴平,赵虎.沪宁高速轨道交通走廊地区的职住区域化组合现象——基于沪宁
动车组出行特征的典型调研[J].城市规划学刊,2010(1):85-90.

[161] 王先进,刘芳.基于重力模型的交通对人口迁移影响分析[J].综合运输,2006
(1):14-17.

[162] 王元庆,贺竹馨.多方式协调发展的运输通道布局规划体系[J].交通运输工程学
报,2004(3):73-78.

[163] 王杨堃.高速铁路对我国相关产业发展的影响分析[J].综合运输,2011(8).

[164] 冈田宏.日本高速铁路(新干线)的发展[J].中国铁路,2000(2):38-41.

[165] 温子兴.运输通道综合交通运输功能结构与运输结构研究[D].西安:长安大
学,2008.

[166] 吴冰花.与交通网络一体化的大型客运枢纽布局研究[D].西安:长安大学,2008.

[167] 徐海贤.发展走廊沿线交通与城镇互动关系研究[J].城市发展研究,2008:18-21.

[168] 徐长乐,郇亚丽.高铁时代到来的区域影响和意义[J].长江流域资源与环境,2011
(6):650-654.

[169] 徐和锋.依托高铁交通枢纽促进城市结构转型和产业升级[EB/OL].[2010-08-04]
http://news.dichan.sina.com.cn/2010/08/04/194631_1.html.

[170] 徐永能,李旭宏,朱彦东,等.大都市圈域走廊内各交通方式优化组合模型分析
[J].交通运输系统工程与信息,2005(4):35-39.

[171] 徐玉巧.同一运输通道内不同交通线路占地对区域发展的影响对比研究[D].硕
士学位论文,2008.

[172] 许学强.城市地理学[M].北京:高等教育出版社,1997.

[173] 杨建军,汤燕,连城.交通引导下的城市群空间组织研究——以浙中城市群为例
[J].浙江大学学报(理学版),2005(5):584-587.

[174] 杨涛,范东涛,常华.城市综合运输通道形成机理与基本特性研究[J].现代城市研究,1995(6):19-24.

[175] 姚华松.中国流动人口研究进展[J].城市问题,2008(6):69-76.

[176] 姚士谋.中国的城市群[M].合肥:中国科学技术大学出版社,1992.

[177] 姚士谋,朱振国,官卫华.大都市圈域交通走廊建设的新思维[J].城市,2003(5):3-6.

[178] 易骞.运输通道公铁系统路径合理配置研究[D].成都:西南交通大学,2008.

[179] 殷剑宏,吴开亚.图论及其算法[M].合肥:中国科学技术大学出版社,2003.

[180] 于世军,梁先登,刘英舜.运输通道结构变动的机理研究[J].综合运输,2011(2):62-66.

[181] 于涛.高速铁路建设的内外部经济研究[J].铁道运输与经济.2007(1).

[182] 袁婧.运输通道内运输方式布局探讨[J].交通标准化,2006(4):157-160.

[183] 袁晓勐.城市系统的自组织理论研究[D].长春:东北师范大学,2006.

[184] 詹运洲.城市客运交通政策研究及交通结构优化[M].北京:人民交通出版社,2001.

[185] 张兵.陆路快速交通的区域效应研究[D].北京:中国科学院研究生院博士学位论文,2007.

[186] 张国伍.交通运输系统分析[M].成都:西南交通大学出版社,1991.

[187] 张红丽.高速公路建设运营对沿线产业—经济带经济发展影响的实证分析[D].大连:辽宁师范大学,2002.

[188] 张丽青.关中城市群空间结构演化与布局研究[D].西安:西安理工大学,2006.

[189] 张明龙.经济区的内涵与划分原则[J].贵州社会科学,2000(4):27-30.

[190] 张萌萌,孟晓晨.高速铁路对中国城市市场潜力的影响——基于铁路客运可达性的分析[J].地理科学进展,2014(12):1650-1658.

[191] 张婷婷,胡兴华.城市群交通规划方案整合研究[J].交通标准化,2007(12):161-164.

[192] 张文尝.运输通道系统分析[J].交通运输系统工程与信息,2001(2):134-139.

[193] 张文尝,金凤君,樊杰.交通经济带[M].北京:科学出版社,2002.

[194] 张文忠,孟斌,吕昕,等.交通通道对住宅空间扩展和居民住宅区位选择的作

用——以北京市为例[J].地理科学,2004(1):7-13.

[195] 张务栋.交通运输布局概论[M].上海:华东师范大学出版社,1993.

[196] 张铱莹.基于场论的运输通道聚散效应研究[D].成都:西南交通大学,2010.

[197] 张铱莹,彭其渊.论运输通道的聚散现象[J].铁道运输与经济,2010(2):18-23.

[198] 赵丹,张京祥.高速铁路影响下的长三角城市群可达性空间格局演变[J].长江流域资源与环境,2012(4):391-398.

[199] 赵丹丹.京沪高速铁路建设对沿线产业空间布局的影响[D].成都:西南交通大学,2010.

[200] 赵海静.一般运输通道的吸引范围研究[D].北京:北京交通大学,2008.

[201] 赵航,何世伟,宋瑞.区域运输通道网络设计研究[J].土木工程学报,2007(5):74-78.

[202] 郑卫.交通走廊对城镇形态演变的影响研究[J].浙江大学学报,2004.

[203] 中国赴日高速铁路考察团.日本高速铁路的发展[J].世界铁路,1994(2).

[204] 周骊巍.港口城市空间结构和交通的耦合研究[J].城市道桥与防洪,2011(7):271-274.

[205] 周尚意,王海宁,范砾瑶.交通廊道对城市社会空间的侵入作用——以北京市德外大街改造工程为例[J].地理研究,2003(1):96-104.

[206] 周焱,徐建刚.基于GIS的交通经济带空间边界界定方法研究——以沪宁杭高速公路经济带为例[J].世界地理研究,2003(2):79-85.

[207] 朱海.运输通道与城市群空间结构发展的适应性分析[J].铁道运输与经济,2011(5):69-74.

[208] 朱健梅.竞争性运输通道选择的博弈模型研究[J].西南交通大学学报,2003(3):336-340.

[209] 宗跃光.城市景观生态规划中的廊道效应研究——以北京市区为例[J].生态学报,1999(2):3-8.